本书为国家自然科学基金重点项目"新媒体发展管理理论与政策研究"（项目编号：71633001）的研究成果之一。

PHILOSOPHY

人民日报学术文库

鉴往知来

——媒体融合源起与发展

谢新洲　等｜编著

人民日报出版社

北京

图书在版编目（CIP）数据

鉴往知来：媒体融合源起与发展／谢新洲等编著
. —北京：人民日报出版社，2020. 12
ISBN 978－7－5115－6718－5

Ⅰ. ①鉴… Ⅱ. ①谢… Ⅲ. ①传播媒介—发展—研究
—中国 Ⅳ. ①G219. 2

中国版本图书馆 CIP 数据核字（2020）第 230914 号

书　　　名：鉴往知来：媒体融合源起与发展
　　　　　　JIANWANG ZHILAI：MEITI RONGHE YUANQI YU FAZHAN
编　　　者：谢新洲 等

出 版 人：刘华新
责任编辑：程文静　杨晨叶
封面设计：中联华文

出版发行 人民日报出版社
社　　　址：北京金台西路 2 号
邮政编码：100733
发行热线：（010）65369509　65369846　65363528　65369512
邮购热线：（010）65369530　65363527
编辑热线：（010）65363530
网　　　址：www. peopledailypress. com
经　　　销：新华书店
印　　　刷：三河市华东印刷有限公司
法律顾问：北京科宇律师事务所　　（010）83622312

开　　　本：710mm×1000mm　1/16
字　　　数：260 千字
印　　　张：17
版次印次：2021 年 6 月第 1 版　　2021 年 6 月第 1 次印刷

书　　　号：ISBN 978－7－5115－6718－5
定　　　价：95.00 元

编委会名单

前　言

　　媒体融合，最早源于学术界对技术改变媒介的思考，被认为是"多种媒介呈现出多功能一体化的趋势"①，强调技术使原本互不相关的传播形态融合。随着新媒体的发展，媒体融合也成为全球新闻传播业界出现的一种媒体实践，其含义从传播形态融合演变为具有多重融合含义的复杂概念。在融合主体上，媒体融合既包括传统媒体的新媒体化，也包括"新业态媒体吸收传统媒体优长"②；在融合方式上，包括内容的融合、传播渠道的融合和媒介终端的融合等。无论从理论还是实践层面，媒体融合都处于不断丰富更迭的进行时态中。

　　在中国的语境下，媒体融合也并不是一个陌生和新近的词汇。我国的媒体从业者和新闻传播学界在时代的召唤下，顺应技术的潮流，开展了探索与尝试。媒体融合在中国的落地与生长，是技术、政治、经济多方面因素驱动的结果。

　　互联网的超文本、交互性与多媒体等技术特征改变了传统媒体的单向传播模式。以计算机技术、通信技术、网络技术为代表的信息技术的发展催生了网络媒体。1998 年，联合国秘书长安南在联合国新闻委员会年会上首次提出将互联网作为第四媒体。③ 1999 年 2 月 26 日，时任中共中央总书记、国家

① Baldwin, T. F., McVoy, D. S., Steinfield, C. Convergence: Integrating media, information &communication. Thousand Oaks, CA: Sage, 1996.

② 南长森、石义彬：《媒介融合的中国释义及其本土化致思与评骘》，《陕西师范大学学报（哲学社会科学版）》2012 年第 3 期，第 161 页。

③ 姜岩：《第四媒体的崛起（一）》，《新闻与写作》1999 年第 10 期，第 14—16 页。

主席江泽民在全国对外宣传工作会议上的讲话中强调，互联网的应用，使信息达到的范围、传播的速度与效果都有显著增大和提高。世界各国争相运用现代化信息技术加强和改进对外传播手段。我们必须适应这一趋势，加强信息传播手段的更新和改造，积极掌握和运用现代传播手段。这是首次见诸公开报道的党和国家领导人对新闻媒体要积极利用网络传播的重要指示。①1999 年，在第二届亚太地区报刊与科技和社会发展研讨会上，时任全国人大常委会副委员长、中国科协主席周光召，将以因特网和信息高速公路为主体的"第四媒体"概念引入国内，并预言网络媒体在中国具有可观的发展前景。② 2000 年 1 月，互联网公司美国在线（America Online）宣布以 1810 亿美元的价格收购老牌传媒帝国时代华纳（Time – Warner）。互联网企业与传统媒体的高调"联姻"拓宽了原有的限于大众传播的媒体内涵，互联网的技术潜能和媒体属性受到了世界瞩目。互联网提供全新的技术平台与先进的管理经验，为固化的传统媒体带来融合趋势。

借助着我国兴起于 20 世纪 70 年代中后期电子出版物的东风，传统媒体已沿着数字化和信息化的道路做出了有益尝试。数据库、CD – ROM 光盘等电子出版物是将计算机、信息处理和通信等技术运用到知识组织和管理中的产物，改变了信息传播模式和信息环境。1974 年，北京大学王选教授等人开始研制"华光"激光照排出版系统，被誉为中国印刷技术的再革命。率先使用"华光"系统的是新华通讯社。1985 年 5 月，《新华社新闻稿》首次采用"华光Ⅱ型计算机——激光汉字编排系统"获得成功。国内外发行上百万份的《经济日报》试用"华光"系统，改造印刷厂，1987 年底通过国家有关部门的鉴定。③ 1990 年底，《经济日报》建立了我国第一个报纸全文信息数据库。1993 年，《杭州日报·下午版》在全国首次采用计算机及通讯载体发

---

① 人民网：《1999 年的中国网络媒体与网络传播 新闻媒体网站"更上一层楼"》，http：//media. people. com. cn/n/2014/0415/c40606 – 24898191. html，2014 年 4 月 15 日。

② 光明网：《"第四媒体"冲击传统媒体》，https：//www. gmw. cn/01gmrb/1999 – 04/15/GB/18027％5EGM1 – 1514. HTM，1999 年 4 月 15 日。

③ 北京大学新闻网：《1989：华光激光照排系统日臻完善》，http：//pkunews. pku. edu. cn/xwzh/c1385d5f96e64df8afd94ca0cde854f4. htm，2018 年 12 月 7 日。

行报纸内容及要目索引，《人民日报》也发行了光盘版数据库。截至 1994 年 2 月，已经建成并投入使用的主要有人民日报全文库、经济日报库、新华社中文新闻稿库等。① 在这一阶段，媒介内容尽管仍是复制在磁、光介质上，但已在电子设备中实现文字、图像、声音形态的数字化，为随后主流媒体网络化奠定基础。

　　互联网作为新媒介，全面影响了用户获取和传播信息的路径，乃至工作与生活的方式。以互联网为代表的新媒体产业获得了急剧的扩张与发展，不断挤压传统媒体的生存空间，导致传统媒体倍感竞争压力。为解决这一困境，2006 年国家新闻出版总署报纸期刊管理司部署传统报业经营模式转型的重要策略，要求其广泛开展内容增值服务迎合市场需求。② 电视业、广播业和全国重点新闻网站等都紧随其后逐步转型。2009 年，我国媒体机构尝试转向建立现代企业制度，改善经营模式，增强市场竞争力与媒体影响力。媒体融合是在市场化背景下，传统媒体主动拥抱新技术，应对新兴媒体冲击的一条自救之路。无论是中央媒体还是地方媒体，都或锐意进取，或形势所迫地投身到了这场实践之中。

　　2013 年 1 月，国家广播电影电视总局出台《关于促进主流媒体发展网络广播电视台的意见》，指出"推动电台电视台发展新媒体具有战略意义，推动电台电视台与新媒体融合发展是必然趋势"③。2014 年 8 月 18 日，习近平总书记在中央全面深化改革领导小组第四次会议上提出"推动传统媒体与新兴媒体融合发展"的战略，媒体融合正式进入我国传媒发展的官方议程，成为最受瞩目的媒体转型路径。2018 年 8 月 21 日，习近平总书记在全国宣传思想工作会议上指出，要扎实抓好县级融媒体中心建设。媒体融合开始由头部向尾部延伸，并在全国迅速推进，形成融合大潮。事实上，我国媒体融合的历史可以回溯到更早的时代，在其被纳入顶层设计之前，传统媒体与新兴

---

① 宋明亮：《我国报纸信息数据库开发的现状与对策》，《中国图书馆学报》1995 年第 1 期，第 60—65 页。

② 《全国报纸出版业"十一五发展纲要"（2006—2010 年）》，收录在《中国报业发展报告（2007）》，北京：社会科学文献出版社，2007 年版，第 146—178 页。

③ 《广电总局：加快网络广播电视台建设》，《中国广播》2013 年第 4 期，第 93 页。

媒体的融合就开始了由表及里的渐进式实践。

第一个阶段是 1994 年之前，这一时期我国虽然尚未全面接入互联网，但已经开始了信息化、数字化的尝试，《经济日报》《人民日报》《文汇报》等报纸建立了报纸全文信息数据库，为后期联网提供经验支持。

第二个阶段主要表现为传统媒体在数字化时代的"抢滩登陆"，实现内容的数字化与网络化，对传播渠道进行物理性的搭建与扩张，加快和扩展新闻信息报道的速度和深度。1995 年 1 月，《神州学人》期刊将其内容数字化，建成联通国际互联网的站点，完成我国媒体机构的首次"触网"尝试。报纸作为历史最悠久的传统媒体，承担起了先行者和主力军的角色。1997 年 1 月 1 日，《人民日报》正式开通了网站，命名为《人民日报》网络版，同年 11 月 7 日，新华社开通了自己的网站，为体制内的其他党媒作出了表率。即便是当时如日中天的传统电子媒体广播电视，也不乏一些敏锐的从业者捕捉到了时代的先声，开始探索广电数字化和台网互动，并为后来的广电媒体融合积累了先期经验。1996 年 10 月，广东人民广播电台建立了我国第一家广播网站。1996 年 12 月，中央电视台建立网站。"三网融合"概念，也从 20 世纪 90 年代中后期开始出现在学者和业界人士的讨论中，被认为是信息产业、民族工业的重大机遇。① 这一阶段，网络仅仅作为内容传播的一个新增渠道，传统媒体仅仅是简单地将内容放在网络上传播，很少根据网络特性编辑和分发，互动性较差。

第三个阶段，随着互联网技术的不断更新与智能设备的层出迭代，各类新技术形式、媒体产品层出不穷。传统媒体主动适应互联网的"互动"特性，借助商业平台或自有平台提升影响力，表现为传统媒体入驻微博、微信公众号等迅速崛起的商业社交平台，利用新型技术手段，在形式上实现新旧平稳过渡的同时，发挥资源优势和专业优势，在网络时代凸显影响力与公信力。2009 年末，《中国日报》（China Daily）开通新浪微博账号，最初只是将网站上的新闻链接发布在微博上。2012 年 7 月 22 日，《人民日报》法人微博正式开通，并得到了网友的积极响应。2013 年 1 月，"人民网"微信公众号

---

① 韦乐平：《三网融合的大趋势》，《世界电信》1998 年第 3 期，第 9—11 页。

开通运营。主流媒体利用社交平台发声，改进传播策略，重构与用户关系，促进传播格局变革，构建新的网络舆论生态。

第四个阶段则是依托移动终端的快速发展，脱离商业内容平台，建立或设计自己的传播工具"客户端"。2011年6月，新华社面向全球推出"中国网事新媒体客户端"，这是国内首个集文字、摄影、视频、微博报道于一体的"融媒体"新闻客户端产品。此后，中央媒体、地方媒体兴起了建客户端的热潮，在2015年达到了井喷之势。

第三、第四个阶段在生产流程、机构变革方面的代表性实践是由人民日报社、新华社、中央电视台等大型传统媒体推出的"中央厨房"或融媒体中心。"中央厨房"的目的是将传统媒体内部原来分属不同部门、机构的人财物资源整合起来，统一调度、共享资源、聚合优势、汇集优质内容。

第五个阶段，面向用户需求，建立内容共享平台与机制，将传统媒体的新闻属性转换为信息与服务属性，扩大传播规模与效果，构建立体多样的现代传播体系，最终实现整体的新媒体转型。移动化、智能化、平台化时代的到来，彻底消解了不同媒体之间的发展疆界，利用平台积累海量用户、精准分发内容、嫁接不同产业成了新的风口。基层媒体，尤其是县级媒体融合正是在这一思路的指导下，在各地热火朝天地展开。各县在资源相对匮乏、经验欠缺的情况下，涌现出一些优秀"样板"模式，体现了基层媒体人和相关从业者富有激情、敢于突破的想象力与创造力。地方媒体融合应当发挥近地的区位优势，以平台化的思维转化新闻属性，嵌入到当地的政务服务、公共服务和社会治理中去，以优质服务吸引群众，从而达到"引导群众"的最终目的。

此外，创新是互联网的本质属性，也是媒体融合的发展动力。新一轮科技革命和产业变革正在重构全球创新版图，也在重塑互联网行业生态和媒体发展格局。在万物互联、万物皆媒的时代，将机器人写作、传感器、人工智能、5G通信等高新技术运用到媒体融合中已成为大势所趋。

本书还对图书出版业予以了一定关照。书籍文献关系着人类的知识传承与文化延续，传统的图书出版面临着碎片化时间、移动化生存的冲击。出版业在生存压力下开启了数字化转型升级，新型信息存储、查询、阅读技术与设备，促进传统出版业与新媒体的融合发展。个人不仅是知识接受者，也可以作为知识传播者与他人互动，进一步推动了知识传播向网络化、大众化的方向发展。

在为实践者和研究者的每一次破冰拓荒而心潮澎湃之余，个案中折射出的共性困境也依旧如沉疴一般存于今天的媒体融合实践中。第一，理念和思维的落后。一些传统媒体仅仅将新媒体视作渠道与工具，沿用旧有的工作思维与习惯，缺乏创新式的全盘设计和长期规划。第二，机制体制和组织管理的不顺畅。传统媒体多在国家体制内，新媒体则是市场环境的产物，政府对两者实行双重管理标准，地位本身就不对等。"属地管理制度使传统媒体存在区域化分割和行业化分割的体制性制约，媒体资源过于分散，难以集中。"① 融合起来壁垒重重，体制外的力量被压制，难以形成一体化的传播体系。在大部分媒体集团内部则依旧按照媒体类型划分组织结构，沿用工业时代的科层制组织模式，无法适应互联网开放共享的特征，使得融合发展浮于表面。第三，规制的滞后性。媒体融合过程中出现了版权侵犯、隐私侵犯、恶性竞争等多方面的乱象，许多学者深入探讨了媒体融合中的规制问题。此外，人才素质有待提升、技术创新性不足等问题也同样制约着媒体融合的进程，这些问题本可以通过市场优化资源配置解决，但是体制制约了生产要素的合理流动。本书撷取与不同时期探索者的对谈精华，将其延展成线、连缀成篇，试图从他们的叙述中为当下的实践者和研究者回答上述问题提供可以参照的依据和思路，激发破局创新的火花。

在媒体融合向纵深发展的当下，与回忆峥嵘岁月相比，本书更多的是想借助一手访谈资料呈现中国语境下媒体融合从自发实践到政治话语再到整体浪潮的脉络，厘清政治、资本、技术、市场等逻辑如何复杂交互，影响媒体融合的走向，鼓舞依旧在这条路上奋进的媒体人和学者。

（注：在本书收录的访谈中，访问者简称为访，受访者以姓氏作为简称。）

---

① 黄楚新、王丹：《2014—2015 中国媒体融合发展状况、问题与趋势》，《现代传播》（中国传媒大学学报）2016 年第 5 期，第 131—136 页。

目 录
CONTENTS

第一章

报网互动开启传统媒体融合之旅

　　早在 20 世纪 80 年代，报业就已成为我国媒体市场化改革的先锋。进入 20 世纪 90 年代以来，我国加速推进信息化建设，互联网产业得到快速发展，网民规模逐年递增，对信息消费的需求也愈加多元化。面对信息传播环境的变化，以报纸为代表的传统媒体开始寻求转型。我国报网互动在发展过程中呈现出以下特点。

　　第一，报纸网络版的诞生成为传统媒体"入网"的早期形态。随着互联网的发展，新闻单位利用互联网发布新闻的热情被逐渐释放，政府部门推动新闻媒体上网的力度也在日益增强。以《人民日报》、新华社、《光明日报》等为代表的传统媒体尝试开办"网络版"，在此阶段，传统媒体只是将互联网作为一种信息发布与传播的拓展渠道。如人民网前总裁何加正所言，"当时的电子版还只是《人民日报》纸质版的一个形态转变，内容并没有实质性变化"。第二，新闻网站走向"独立"，并与传统媒体形成互动。从 1999 年初开始，传统媒体掀起改名热潮，如《人民日报》网络版把名字改为"人民网"，而新华通讯社网站把名字改为"新华网"，《光明日报》电子版则把名字改为"光明网"等。人民网前总裁何加正谈到，名字的改变实际上是认识和战略的转变，"人民网是对《人民日报》的继承与发展，继承《人民日报》的魂，并由此走出一条独立的、具有人民网特色的发展道路"。在寻求差异化发展的同时，新闻网站也开始探索报网互动，如人民网在网页上开辟了"人民日报记者遍全球"专栏，与传统纸媒形成良好的互动。第三，从相加到相融，不断提高主流媒体的传播力、公信力、影响力。互联网重塑了内容生产流程，主流媒体继承传统媒体的优质内容生产，把握网络传播的新规律，坚持正确舆论导向，面向用户需求，提供多元化的新闻信息服务，以寻求可持续的发展道路。正如中国经济网总裁王旭东所说，"融合不是目的，而是为了更好地发展"。

从传统媒体的电子化与网络化到探索"你是你，我是我"的独立特色发展，从"你需要我，我需要你"的良性互动到"我中有你，你中有我"的深度融合，传统媒体经历了由表及里的渐进式融合实践。本章通过对人民网、新华网、光明网、中国经济网等具有代表性的中央新闻网站相关负责人的访谈，展现传统媒体从"触网"到与新媒体实现深度融合的发展历程，反映传统媒体的融合特点以及所面临的突出问题。

第一节　从农村天地到网络空间的转型

——访人民网原总裁何加正

"有人说，人民网是中央让上市的。其实，没有任何人告诉我们可以做上网试点，所有一切都是我们自己争取来的。还有人说，'何总，人民网上市了，你的梦想实现了'。其实我的梦想没有实现。上市不是我的梦想，上市只是实现我梦想的一个手段，是整个梦想里面必须走的一步。我的梦想是把人民网做成全球一流的媒体。"

——何加正

一、个人转型：从农村天地走向网络空间

访谈者：何总，您曾长期在人民日报经济部工作，如何实现从资深传统媒体人向新媒体的领导者转型的？

何加正：其实一开始我没有打算做新媒体，是报社让我来做的。

我在报社26年，主要是做经济报道，前期的重点是农村报道。20世纪70年代末到80年代初，整个中国的改革大潮是从农村改革开始，充斥媒体

的全是农村的事。我有幸参与到这个大潮当中来。到 20 世纪 80 年代中期，改革向城市转移了，农村这块相对要弱一点，但还是非常重要。

我做农村报道时间比较长。这段时间对我来说，是非常重要的经历。我的大部分成长、成熟，乃至我的经验的积累都是在这段时间形成的。特别是改革开放初期，参与报道中国农村改革大潮，了解到有很多新的思想、新的观念、新的方法，在报道中也结识了很多朋友，特别是有一大批走在前面的农户，他们从最普通的农民变成农民企业家的经历对我们从事报道的人来说，是学习新事物的一个重要过程。

访：当时报社为什么要将您从经济部调到网络版呢？

何：实际上，2000 年报社已经有了网络版，我是后来加入的。当时中央领导出访回来后，看到我们的纸媒在海外发行遇到的困难比较大，觉得未来很有可能互联网会取代它，所以中央想加强网络版的工作。人民日报网络版早期人少，没有经验，要加强领导。当时编委会的同志们动员我参与到网络版的建设中。

访：当时您自己是怎么想的？

何：刚开始，因为对这部分业务不太熟悉，我本身不太想来。但其实我对互联网是很熟悉的，我大概从 1995 年底到 1996 年初开始上网，是中国最早的一批网民，对新生事物、新的东西比较容易接受。我自己感觉，互联网确实很神奇，从兴趣爱好上来说，可能跟我比较吻合，于是最后接下了这份工作。

访：实际到任后，您有什么新的体会吗？

何：说句实在话，看起来好像是隔着一行，其实就某些方面来说，它有很多共同的规律，有很多相通的东西。

一开始，我觉得自己是来做新闻的，想象着互联网应该是很神奇的，可以借此做很多事。但到了网络版以后才发现，实际做不了那么多事。原因是，我们当时的版面设计有问题，太简单，栏目太少。我觉得，首先得有个筐，把东西放进去，读者才能到这些筐里取他所需的东西。如果你没有这个筐，读者来了以后没有地方去选择，那还不如看报纸呢。因此，我首先感觉，就是要改版。这应该说是新闻人的一个本能。

　　第一次改版从读者需求出发，来增加筐。但改完以后，还是不行，还是解决不了问题，马上考虑还要改。当时互联网到底怎么做，说句实在话，我也是一头雾水，我只是从本能出发，从一个新闻人的感觉出发，它应该不是这样子，而是那样子，所以我要对它进行改版。

　　当时，（人民日报网络版）首页应该怎么表现，大家都争论不休，很模糊。到底首页上应该多放一点新闻好，还是少放一点新闻好；栏目多一点好，还是少一点好；栏目到底怎么放，更合理，当时没有参照。所以，完全是自己在那儿想……两次改版以后，还是达不到我的要求。我直觉，互联网应该不是这么做，应该把它好的潜能挖掘出来。

　　我从《人民日报》到了人民网的时候，还是一个平面的思维，没有一个立体思维。一个新闻人，只想着新闻怎么去表现，没有想到新闻是建立在一个互联网技术基础上的。所以我就研究，什么叫底层。结果发现，所有表面上实现的这些东西，都得有技术的支撑，你要一个流程，要有一套技术的设计，编辑才能做得到。否则，编辑是没法做的。

　　这时，我发现，原来互联网是个立体的东西，所以就下决心再改版。怎么改？当时人民网有三套流程，互相之间都是隔绝的，技术水平也很差，特别慢。编辑稿件时困难重重。我下决心把这几个版统一起来，做了第三次大改革，真正从底层做起。做完以后，一直到今天，人民网的这一套技术流程，都是当初第三次大改版留下来的，没有太大变动。

　　访：这个阶段您成功帮助人民网完成了转型。

　　何：对一个事物的认识，在于你自身的责任感和不断学习的态度。只要你是一心一意想把这个事情做成，就会下决心去学习它，不断地去探索，去理解，在这个过程中，自然而然地、不知不觉地就转型了。

　　实际上，我刚到人民网的时候，心理上有很大的落差。为什么？原来在编辑部，我每天会有一种成就感。这种成就感来自我每天出来的版面。编稿也好，写稿也好，对全国都有很大的影响。我每一天做了些什么事，都能看得到。我们当编辑、当记者的，更看重的是文字出来的东西。我负责经济部时，也有成就感。每天帮年轻人改稿子，指导他们怎么写，连续三四次指导后，年轻人就出来了，就可以独立地写一些评论、社论，这对于我来说也很有成就感。

到人民网后，我没有时间写稿子，稿子根本与我无缘。我整天脑子里想着网络怎么弄，人家怎么弄，他们为什么能做到，我们为什么做不到，从编辑层次、人员、内部架构、基础等各方面去找原因。这些跟原来写稿完全不是一码事。因此，刚到人民网的时候，心理上有落差，每天觉得很空虚，还有点紧张，有点慌，好像没做事情。

但后来一想，不对，我必须转型。过去我是一个新闻人，是一个编辑、一个记者。到这儿我既是新闻人，也要是一个懂网的人，要调整自己，放弃心理上的障碍和原来的评价标准，一心一意转到人民网来，才有可能真正把人民网做起来。

二、网站转型：从新加坡电子版到人民网

访：您能帮我们回忆一下人民网的创办过程吗？

何：其实，人民日报社当时的领导对电子形式的新闻业态还是比较敏感的。大概在1995—1996年，《人民日报》在新加坡就有了电子版，这种尝试是非常早的。

访：为什么选在新加坡呢？

何：当时新加坡有技术支持，国内没有这个平台。国内当时也很少有人懂。国内比较早的网络是中国信息中心的经济网，但他们只是做自己的网站，没有一个供大家发布的平台。正好新加坡有，所以有人建议人民日报社到那儿去办自己的电子版。

1996年，报社编委会决定，做一些尝试。当时，《人民日报》事业发展部牵头做这件事。开始人也不多，但他们对人民网的创办发挥了很重要的作用。当然，电子版做完以后，确确实实在管理上有些问题。怎么能够把它做到既符合大众需求，又符合《人民日报》的要求，在某种程度上来说，就是一个"度"的把握。

访：最初《人民日报》网络版在很多人看来，就是把印刷版放到网上的一个电子文件。

何：网络版实际上就是纯粹的《人民日报》。人民日报社早先做了电子

化，把所有的纸质的媒体转换成一个电子文件储存起来。因为前期做了这项工作，放到网络版上就很方便。《人民日报》排版时自动生成一个电子版，然后就原封不动地传到新加坡，让他们发布出去。它完全就是一个形态的转换，内容都没变。但到网络版的时候，就有所变化。基本上还是以《人民日报》为主，但是它已经开始有自己的东西，有《人民日报》以外的内容。

访： 当时这个网络版已经在国内了吗？

何： 网络版是我们报社自己办的，它就是自己的一个平台，无所谓国内国外。上网都能看的，它就打破了地域界线。

访： 当时提出做网络版时，报社内外是怎么看的？

何： 我印象中，刚开始大多数人不认可网络版。他们觉得，办报纸是主要的。如果有人愿意做网络版，就让他们去做，未来到底怎么样，谁也不知道。但是，从 2000 年开始，中央开始重视网络版。当时，中央确定了五家国家重点新闻网站，包括人民日报网络版、新华社（当时还不叫新华网）、国际广播电台、《中国日报》和国务院新闻办的中国网。当时重点考虑外宣。这是一个重要契机。

访： 从《人民日报》网络版到人民网，是一次根本性的转型。做出这样的决策是基于什么考虑？

何： 这个应该是大趋势。从名字、形式和承载的内容上看，网络版不是一个独立的网站。我们当时考虑，要做大，真正做好，可能还是要建成独立的网站。当时大家讨论应该管这个网站叫什么名字，觉得干脆就叫人民网。后来新华社也叫新华网，这应该是 2000 年到 2001 年之间的事。改名后就整体改版。事实证明，改名非常必要。你刚才说的我同意，这一步是一个很大的战略转变，为后来人民网的发展开拓了很大的空间，是很重要的一步。

三、理念转型：寻找权威性与大众化的结合

访： 能请您谈谈当时人民网的发展理念和思路吗？

何： 我到人民网以后，提了三个词：权威性、大众化、公信力。

我认为，编辑记者要从权威性和大众化的结合点上找突破，这是办好人民网的关键。有别于《人民日报》，它既要有权威性，同时也要大众化，要

找到两者的结合点。人民网的许多创新在哪儿？就在结合点上。这是当时的办网宗旨。

后来，我们在门口贴的一个大标语：权威、实力源自人民。理念上的东西，要灌输到员工当中去。一个企业，特别是一个网站，如果没有灵魂，大家不知道往哪儿走，步伐没有办法协调。有人说，这东西太虚了；我就跟他们说，不虚。我要从实实在在的事情做起。怎么做起呢？就是员工的培训。

我在人民网的感觉就是，所有事情最后都取决于人。人就是创新、权威、大众化的结合点。它实际上既是一种创新，又是对《人民日报》的继承。要创新，就要考虑到权威性；要创新，同时要考虑到大众化。你不能搞一个东西，很有权威性，结果老百姓谁都不愿意看。这样有意义吗？没意义。白花费劳动力。或者说，为了吸人眼球，搞那种小道消息、桃色新闻，也是不行的。

所以我强调，要在两个点上找突破，做出来的东西才是人民网自身的、有特点的、有自己风格的。怎么培训？内部交流。谁在找点方面做成功了，我就请谁来讲，介绍他是怎么做的、怎么想的、为什么这么做、做出来的效果怎么样等，他讲完我一个一个点评。为什么要点评？我要再点拨大家，就是你们遇到的各种各样的事情，都可以从这两点去找，最后做出有人民网特色的东西来。通过一期一期的培训，无形之中就把我们的编辑记者的层次提高了。所以培训是非常重要的。

访：在寻找结合点的过程中，有没有失败的案例？

何：对于人民网而言，安全是非常重要的。无论是社会的非议，还是上面的批评，都可能带来网站的灭顶之灾。所以，要想发展，首先必须保证自己安全，这个非常重要。当年强国论坛接二连三地出问题，我还写了两次检查，差一点就要把它关掉。后来我仔细研究论坛发现，要教给负责论坛的年轻人具体怎么办，让他们有能力和水平把强国论坛做好。所以，我们就下很大的功夫给大家培训。当时，我与强国论坛负责人说，强国论坛只能做成一个权威性的论坛，将权威性和大众化两点结合，把那些调侃的、低级的、庸俗的东西全部去掉，关注国际国内民生。什么事促使我做这个决定的？早期我曾经通过朋友请一位专家到强国论坛和网民交流，结果对方反馈说，不愿意来。说，跟他们（网民）没法交流。这让我意识到，如果不采取措施，我们论坛就永远做不成权威性的论坛。当时，他们就很担心，说这么一弄就没有人了。我说不一定。结果，网民不但没有减少，还在增长，最后，我们请来国家领导人到人民网做访谈，一拨一拨的，权威性就做起来了。

四、转型节点：从写检查到整体上市

访：在人民网的发展历程中，有哪些重要的节点，或者您印象深刻的事件？

何：刚才说到，因为强国论坛我写过几次检查。后来，我向社长保证，肯定能把它做好。因此，接下来就是培训，建立规章制度。采取一系列的措施以后，时任中央政治局委员、中宣部部长丁关根来了。原来定的是半个小时，结果在我们这里谈了大概一个小时，其他事都没谈，就了解强国论坛的情况，我把强国论坛怎么做的、做到什么程度、现在怎么样等讲完，丁关根听后说看来论坛是可以管好的。

之前有个说法是，所有的网站暂时一律不许开论坛。当时唯一的论坛就是人民网的强国论坛。其他媒体都想做论坛，但是那个时候不让做。丁关根随后到了新华网，当时的新华社社长就问他，新华网想办论坛，行吗？他同意了！新华网很快就派人来到人民网，学习强国论坛，回去以后他们做了一个发展论坛。后来中华网等几个网，都到我们这儿来学习交流。交流完了，他们回去办了不同的论坛。媒体论坛的口子是我们强国论坛。我们用事实说明，论坛是可以管住的，是可以做好的，对整个互联网界，应该说是我们作了一个贡献。

新闻报道方面，我记得清楚的就是南丹事件①。广西南丹煤矿透水事故，死了很多人，信息被瞒报。当时，人民网通过《人民日报》广西记者站实地探访，把内幕揭出来了。这个过程很危险。那时矿主有点黑社会性质，再加

---

① 指2001年7月17日发生的广西南丹的矿井特大透水事故，致81名矿工遇难。矿主与当地政府共同隐瞒事故真相，最终被媒体曝光后，引起党中央和国务院的高度重视，事实真相才逐渐大白于天下，相关责任人受到法律制裁和党纪政纪的处分。

上当地政府想隐瞒，社会影响非常大。当时网站没有现场直播，没有手机。记者赶快写稿，发回来，我们随时上传，把它传播出来。中间有人也给我打电话，劝告说，"老何，你们见好就收吧，不要再做了"。我觉得这个事情，既然已经做了，我们还是要把它做下去，事实证明，我们做对了。最后中央批示，要严肃处理。在人民网的历史上，这应该说是一件比较大的事情。

再一个，就是广东的孙志刚事件。社会关注的是新浪、搜狐。其实人民网起了非常大的作用，大量的信息都是从人民网报道出去的。

2008年6月20日，时任中共中央总书记、国家主席胡锦涛来到人民网和网民交流，应该是一件大事情。在这之前，领导人下去考察，从来都是晚上由中央电视台播新闻，第二天报纸发布。我们第一次打破常规。胡锦涛总书记9点钟到的人民日报社，我们大标题就出来了——《胡锦涛总书记在人民日报社考察工作》。当时应该是一个大的突破。

当时，我有一个指导思想，我们既然不像新浪之类的有线，无法把全国各地的媒体内容买过来，那我们一定要发挥自己的优势，除了中国共产党、人大、政协这些大的新闻板块外，我们还要抓住政府的每一次重大活动，参与进去。所以每年全国"两会"，我把全网的人和资源集中起来，不断做大，效果慢慢显示出来。一开始没有人找我们，后来新浪、搜狐、网易等，一到国家有重大活动，就提前找来了，商量合作。更大的经济效应随后显现出来。

访：人民网上市应该也是令您自豪的大事吧？

何：我觉得人民网第一个上市，是我最大的成功。

因为在很多人的观念里，党网与上市及完全市场化的距离很大。一直到上市以后，我还听到有一些传统媒体的人讲"人民网上市是个错误！"党网，党中央的机关报的网站怎么能上市？但我更觉得这是一个很重要的成就。我们是新闻网站里第一个上市的，是中央媒体里第一个上市的，是第一家捆绑式整体上市。比如，北京青年报也上市了，但他们把编辑业务分出来了。

访：为什么人民网能第一个上市？

何：说起上市，我们酝酿了很久。在做互联网的过程中，我发现，网站上市非常重要。要成为一个公众的媒体，非常需要这一步。

有一段时间，我们报社有人说，人民网做到现在也不如新浪，不如搜狐，怎么回事？抛开体制内的很多事不说，当时我就回答：你们所举的例子都是上市公司，我跟它的差距就在上市。没有上市的网站，不管它是新闻网站，还是商业网站，哪一家能超过人民网？结果，大家举不出来。后来大家想明白了，是这个问题。所以，人民网要真正成为一个公众媒体，必须走上市这条路。

我从2003—2004年内部改革开始，基本上就考虑到未来的上市需要。人事部的同志来检查以后，认为我们是整个新闻事业单位里，人事制度改革最彻底的一家。人民网的发展跟这有关，上市也与之有关，我们随时为上市做着准备。

2009年，中央确定10家试点单位转企改制，中央媒体3家，其他都是地方新闻网站。中央文件明确，如果条件成熟的话可以上市。我抓住这个机会，进行了转企改制和上市的全面工作。当时我给报社编委会提了三点建议：第一，人民网一定要转企改制，要整体上市；第二，人民网必须争取第一个上市，不能第二个；第三，人民网现在转企改制和上市工作要两步变成一步走，不能分两步走，只有这样才能保证上市。后来的大半年时间，我做的实际上就是整个上市的工作，每天下午5点钟我们开一个领导小组工作会议，研究上市中遇到的各种问题，怎么解决，一步一步地解决。把这些问题全部解决完了，我退休了。

有人说，人民网上市是中央让上的吗？其实，没有任何人告诉我说，你们可以做试点的，所有这一切都是我们自己争取来的。

访：您有没有享受到上市公司的待遇？

何：我从来没拿过。之前因为不是上市公司，我是跟报社的那些局级干部拿一样的工资。我从来没有拿上市公司的薪酬。我花了10年时间，把人民网做到200多亿元的市值，值得我自豪，我也心安。

五、转型启示：媒体创新不能等批示

访：从全国来看，人民网对其他传统媒体和网络媒体发展有什么意义？

何：至少我们起了一个领头羊的作用，让人家感觉到，我们新闻界，我们体制内的党报党媒，一样可以把自己的网站做大，利用互联网平台把我们的事业做得红红火火。

但我们确实有很多体制性的障碍，外人很难理解。有人说，体制内的单位国家那么支持，好像样样事情就很好做，其实受到的束缚是相当多的。这个时候，你怎么去把握好，既要冲破一些束缚，把事情做起来，同时又要不出问题。真是很难的！

比如，人民网上的中国共产党新闻频道。最初，我给领导写了一封信，谈了办中国共产党新闻网站的想法。一两个月，信纸原封不动地放到我桌上。被退回来了！没有任何批示。我就想，自己做了一件傻事。因为我向领导请示，是在为难领导。领导没有权力批准我做中国共产党新闻，需要报中宣部，然后报中办。当时的情况下，大家对互联网还有很多偏见，领导怎么能同意呢？所以，我觉得自己做了一件傻事。

后来，我找了两个编辑，让他们帮我设计一个中国共产党新闻网站。做完后，我们每天在上面发东西，不声张，不宣传，不对任何人讲。闷声做了两三年，没有人批评我，也没有人赞扬我，什么都没有。我说没关系，先把它做起来。

到2006年，大家感觉到有必要建这个网站。我们就发了一个内参上报中央，说现在全球互联网已经成为主要阵地，所有的政党都有自己的网站，唯独全球最大的执政党——中国共产党没有自己的网站。我首先讲了人民网的想法。当时大家一致同意说应该做，而且应该由人民网来做。这件事，如果要等到上面给批示，再去做，就不一定能做得起来了。

早期改革开放的很多新鲜事物，都是下面创造出来的。等你创造出来以后，领导觉得这个挺好，整个社会认可你了，就做成了。做互联网，必须有这样一种精神状态，要不断地创新，要不断地冲破原来的东西，要有新东西出来。对其他网站有什么意义？就是说告诉大家，不能墨守成规，必须要勇于承担责任，冲出去。但是你要把握住，知道怎么冲，冲到哪儿不会出问题。

访：你认为国家重点新闻网站和商业网站之间应该是怎样的一个关系？

何：我历来同意竞争。任何一个事业，如果垄断，肯定做不好，必须有竞争，才会激发创新。与新华、新浪、搜狐等，我们也有竞争。但我将他们看成有竞争关系的合作伙伴。如果在竞争当中，用各种各样的手段去打压他们，我认为这是一种无能的表现。有的人就把这个东西对立起来，一谈竞争就是想办法把对手给灭了。我觉得，这不是正确的态度。

访谈时间：2016 年 7 月 26 日

第二节　从新华网到中国搜索的融合
——访新华网原总裁兼总编辑周锡生

"怎么融和融合成什么样，都是要在创新中不断解决和回答的问题。个人认为媒体融合有几个问题非常关键。第一是思想认识问题，第二是理念观念问题，第三是人才问题，第四是系统和平台问题。此外，还需要有体制机制做保障。"

——周锡生

一、新华网艰难起步

访谈者：周总，您曾任新华社国际新闻记者，从何时开始关注互联网的？

周锡生： 我是 1995 年 1 月初去美国当记者后开始关注互联网的。当时美国的互联网社会应用也还不是很普及，主要是图书馆和机构组织等用得较多。我第一次使用互联网是在华盛顿一个图书馆，它就在我们新华社华盛顿分社的附近。当时主要是上网查找资料，因为我主要负责美国的外交、内政和文化教育方面的报道，这需要了解大量的背景情况，通过上网查找，可以较快、较全面而且较准确地获得可靠资料，也比较方便。

访：能否请您回忆一下，当初新华社领导层决定开设新华网的决策过程？

周： 我是 1999 年 1 月份回国的，当时在国际部工作，任国际部副主任。

当时新华社已经有"新华通讯社网站"了，每天都摘要编发一些重要的新闻。至于当初新华社领导层是怎么决策的，我不在国内，也不大了解。有一天，我在新华社礼堂门口遇到新华社党组成员、技术局局长孙宝传，他毕业于清华大学，对计算机很熟悉，对互联网已经有很多研究。老孙（注：当时我们对新华社领导都不用头衔相称）不仅业务精通，而且为人很好。我们在交谈了一些国际报道方面的事情后，老孙告诉我说上面有要求，新华社要更加重视发展互联网了，他希望我多关注一些这方面的情况。1999年下半年，由于多种原因，我从国际部被调到新华社经济信息部工作，当时新华社的网站就在信息部，新华社的网络办公室也在信息部，时任信息部主任是由当时的新华社副秘书长王礼觊同志兼任的，老王对互联网了解较早，也一直都在积极推动。特别是当时的新华社副社长蔡名照同志，他既是社领导，又对信息业务很精通，尤其对互联网信息新兴技术和应用很重视，很有前瞻性思维，他一直都在大力地支持和推动新华社的互联网和经济信息等新兴业务。我到信息部后，主要是按照两位领导的要求，具体负责新华社网络办的工作，重点是发展新华社的网站。

访：您当时去有没有压力呢？毕竟中国的互联网刚起步。

周： 在当时条件下，新华社办互联网站既有很多优势，也有很多制约。优势是新华社本来就是世界性通讯社，在全国各地和世界各地都有我们新华社的文字、图片和信息等记者，后来又增派了视频记者，这非常适合互联网的理念和内容需要，这种优势可以说是独特的。但同时也有很多复杂的事、矛盾的事，主要是新华社本来就在24小时不间断发稿，在国内外有各种用户，并且上面也要求大力发展用户，这些用户都是长期的订户，是另有渠道抄收的。如果新华社把每天24小时发布的新闻，哪怕是其中一小部分，原汁原味地同时或适当滞后地上网发布，网站可能会比较快，受众也能迅速获取新华社的新闻信息，但新华社总社以及国内外分社很多的部门和人眼，这么多年来辛辛苦苦发展的订户就会丢失，甚至会引发其他问题。

这对矛盾是很难解决的，这不仅涉及订户和经济效益的问题，还涉及新华社业务布局、报道组织指挥结构、各语种稿件的审发稿流程、市场营销理念与营销队伍和利益分配，以及相应的人事配备、管理等一系列极其复杂的问题，这与报社等新闻单位的情况是完全不同的。因为报社每天只出日报或早晚报，不可能随时发稿，广播电视报道后人家拿不到文字图片稿，网站无法即时转发，而新华社却存在着稿件是网上晚发还是先发、全部发还是部分发、谁来签发和如何处理改稿等一系列具体问题。当时的互联网才刚刚兴起，尤其是体制内，存在着很大的意见分歧，很多人要么不看好、不看重网站，要么担心网站会直接冲击传统新闻报道业务。

我原来一直都是当记者编辑的，既不了解其中的各种利害关系和复杂因素，也没有能力应对处理这些复杂问题。甚至很多复杂情况和问题，都是在一步步往前推进网站发展的过程中，才逐步发现、了解和意识到的。

应该说，大家都是为了新华社的事业，都想把工作做好，但站在不同的角度，出于不同的考虑，由于不同的思维，抑或更加复杂的问题，有不同的考虑也很正常，至少在当时乃至现在，也很难说谁对谁错，而新生事物往往处于劣势和艰难。在传统业务历史长久、传统力量极强的体制内媒体单位里，创新不是一件简单的事。我自认为自己责任心比较强，凡领导要求的事情，组织分配的工作，都想尽最大努力去干好。特别是当时我去参加了一些重要的会议，听到了重要指示，领受了重要任务，社分管领导又要求我积极推进，我当坚决执行，奋力推进，全身心地投入。由于我当时是新华社网站的具体负责人，万事开头难，一系列具体工作需要启动，于是我必然成了各种分歧、矛盾的中心。很多事情就不去回顾了。我认为当初虽然施恩艰难，但得到了很多锻炼，也是一种收获。现在回想起来，主要是一种感谢的心态而不是抱怨。

在新华网创办和前行的路上，应该说我们还是幸运的，当时虽有很大分歧和争议，但新华社党组、新华社的领导，总体上是积极支持新华网发展的。当时的分管领导、后来主管全国互联网的中央外宣办主任蔡名照同志，亲自给我们讲课，讲形势、讲任务、讲要求，给了我们很多的鼓励，帮助我们协调解决了一系列困难和问题，许多事情、许多场面，至今历历在目，难以忘怀。

后来田聪明社长来了。我记得是在2000年7月份，田社长专门为新华网主持召开了一个社党组的决策会议，并审议新华网改版事宜。田社长政治立场坚定，格局大，站位高，富有远见，也非常有魄力，他坚决支持新华网。那是我第一次见到田社长，他从党和国家事业发展的高度提出了看法，做出了英明正确的决断。当时，田社长到任不久，说话声音不大，但透着坚毅刚强和一股正气，这大大增加了我们的信心。社党组的其他领导也都积极支持新华网。孙宝传同志一直都很关心支持我们，当时的国内部主任何平同志是全社各部门中最支持新华网的。对于各级各方面的领导对新华网的关爱支持，这里我就不一一点名了。我要强调的是，对于在新华网创办初期的艰难中所有关心、支持新华网的领导和有关部门，我都永远记在心中，不会忘记。

2000 年 7 月党组会后，新华网进行了第一次全新改版，带宽也由几兆增加到了 100 兆。改版以后，新华网的访问量一下子增加了很多倍。

访：新华网在创办之初，还有哪些值得回忆的事情？

周：值得回忆的事情还是不少的。这里我说几件事。

第一件事是 2001 年全国"两会"后，时任国务院总理朱镕基答记者问，由新华网独家现场直播。在当时来说，这是非常不容易的。虽然很艰难，但是我们胜利地完成了任务。

第二件事是 2001 年 6 月，新华网在青岛举办了全国首届网络媒体论坛，论坛的主办方是中华全国新闻工作者协会（中国记协）。记协邵华泽主席非常支持我们，亲自去参加并致辞。当初互联网处于泡沫破裂后的寒冬时期，但这个论坛办得很成功。规模很大，出席的规格也很高。既有领导，也有各方面的网络专家，还有好多网站的老总。记得当时新浪网总裁汪延、搜狐的老总张朝阳等都去了，姜昆老师也去了。我们还在央视王文斌同志的帮助下，设法邀请到央视著名主持人王小丫主持了这个论坛，小丫清新活泼的主持风格，备受欢迎。即便现在看，当时论坛的发言也很有水平。论坛期间，300 多人在论坛现场的标牌上纷纷签名留念，互相支持鼓励，很有意义。

第三件事是负责创办 APEC 会议史上第一个官方网站。2001 年 10 月，APEC 会议在上海举办，要开中文和英文官方网站。新华网与上海东方网合作，在外交部新闻发言人章启月的带领下，两家网站采取内容和形式无缝连接的方式合办，办得很成功，国外政要发来贺信，给予充分鼓励和高度评价。时任外交部新闻司司长朱邦造对我们的网站非常满意，他在新闻发布会的现场专门和我打招呼说这个事，我记忆犹新。

二、网络直播早期创新

访：在新华网发展历史上，曾经有许多令人振奋的创新。您觉得还有哪些重要活动最能体现新华网的传播创新？

周：在新华网发展过程中，我们依托新华社的优势，开展了一系列现场直播，直播的影响力不断扩大，也由此带动了新华网的社会知名度和影响力。印象比较深的还有新华网对当时中美元首会晤的直播，以及时任国务院总理温家宝三次到新华网与网民互动。

美国总统老布什 2002 年到中国访问，中美两国领导人在人民大会堂共同会见记者，新华网进行了现场直播。这次是文字＋图片＋视频，开创了真正意义上的全球政要活动互联网现场直播的先河。当时我是现场总指挥，压力非常大。一是我们没有这方面的经验，而当时的场面非常宏大，也非常严肃；二是现场有好多美国记者，他们也很好奇，我们的直播既要发中文稿，也要发英文稿，这个难度就大了。我们的听打录入员是当时非常优秀的，录入速度在全国领先，但她是北方人，对元首的即席讲话听不大懂，急得快哭了，我在旁边鼓励她，为她翻译，终于把记者会的内容准确地发布出来了。很多美国记者在人民大会堂看到我们的直播页面后很惊讶，说以后这种记者会的报道方便多了，从新华网网上下载就可以了，省得自己记录。

还有一件大事是美国时任总统奥巴马在上海科技会馆的演讲直播。这个直播非常难，难在要中英文同时直播，而事先又拿不到奥巴马的演讲稿，不知道他会讲什么。早期，针对奥巴马来中国访问一事，美国大使馆曾请我们几家媒体的负责人去商量，询问他们的总统访华时间很有限，如何才能在有限的时间内扩大与中国民众的接触面。当时有人建议奥巴马到一些地方看看，但是大使不怎么赞成，说这样的话看不了几个地方，也接触不到很多人。于是，我立刻想到了新华网的中美元首直播，于是建议洪博培大使对奥巴马总统进行一次访谈，或者做个演讲，由新华网对其演讲活动进行一次网络直播。洪博培大使听后眼睛有些亮光，但他毕竟是老练的政治家、外交家，没有直接表态同意。午餐时，我又设法对他进行这方面的引导，他表现出了兴趣，我也很高兴，估计这事有戏。

后来，外交部通知我们说美方已确定在奥巴马总统来访时，在上海做一场演讲，并确定要进行网络直播，但他们原先准备让其他的商业网站直播，后来有关部门建议美国驻华使馆与新华网谈谈。我与对方先后谈了13轮，终于艰难地但成功地说服了美方：奥巴马的演讲由新华网负责现场直播，这个意义是很大的。我随即向新华社和有关部门领导作了汇报，得到批准和全力支持。

奥巴马总统来华访问时，我带队到上海，事先做了全方位的精心准备和多种报道应急预案。当时的外交部发言人、后来的外交部副部长秦刚亲赴上海，到现场直接部署和指导我们，这是对我们的最大关心、信任和支持，让我很感动。当时美方对记者的限制很严格，只允许中美双方各选派25人进场。我们挑选了中方的25人，我组织他们事先多次演练。整个直播很顺利，规模和声势都很大，美方原来很担心我们做不下来，但最后很满意，白宫发言人在直播结束后，忍不住兴奋，冲着我喊："GREAT（了不起）！"其间有很多惊心动魄，也有很多交涉，这里就不讲了。但我必须感谢外交部和秦刚的支持指导，以及外交部礼宾司的全力帮助。

非常难忘的是温家宝总理三次到新华网访谈。当时的新华社社长李从军，总编辑何平，以及国办、国家有关部门和新华社技术局等领导，都全力支持和直接指导我们工作，我们自己也精心制订了多种访谈方案，包括准备了很多问题，还有一些临场发挥的问题。三次直播访谈都是新华网的主持人主持。三次访谈引起了很大轰动。温家宝总理在现场讲话时说："我每天晚上打开网，还是先打开新华网。"温家宝总理到新华网访谈以及他的讲话在中央电视台报道后，整个新华网的影响就更大了。

另外，我们承接了很多国家级的网站建设任务。最重要的是中央人民政府门户网站的筹建。在国办的领导下，我们进行了两年多的筹备，光是网站筹建设计方案，就足有一米五高。对于办中央政府网，大家总体上是赞成的，但如何办，谁来具体提供内容和服务保障，甚至部门如何排列、名称如何简写等，遇到了很多具体难题。

在国办领导的带领下，我们到一个个政府部门交流，以更好地形成共识。虽然比创办新华网更艰难，但在各方努力下，终于按照预定时间正式推出了中国政府网。此外，新华网还依托新华社优势，承办了中国文明网等多个国家级网站。这些事情都很难忘。这些网站的承办，很多是当时的社长田聪明亲自带领我们做的，重大事项也是他直接带着我们去谈定的。

访：新华网和人民网几乎同时面临着上市融资的机会，为什么实际的 IPO（首次公开募股）远远晚于人民网呢？

周： 新华网上市晚是有很多原因的。

新华网和人民网有所不同。人民网很早就开始公司制的运作，我们一直属于新华社网络中心，是一个事业单位。我们头两年的经营势头也很不错。为了扩大影响，新华社的地方分社积极性也很高，纷纷办了他们的频道。后来新华网就同意地方频道没有创办的创办起来，创办了的规范起来。前后大概将近两年，全国 31 个地方分社都建立了地方频道，这样也促进了新华网的发展。

后来，社里认为在网络管理和经营上应该全社统一，以更好地发挥新华社的优势。社里把新华网的经营部分划归给了新华社广告中心。从 2005 年到 2009 年 4 年之间，新华网只负责编辑，没有经营，技术上也由新华社技术局负责，新华网各个地方频道由新华社各地管理经营。当时我们不是一个独立经营的公司，而是新华社的网络中心，是一个事业单位，这与人民网等网站的情况不大一样。

2010 年 1 月，新华网顺应当时的全国网络发展新形势，根据上级要求加大市场化运作，于是新华网就改成了新华网络有限公司。我们决定好好干，劲头也很大，当年的经营收入超过了 6000 万元。后来，新华网经过转企改制，加快了上市步伐。

三、国家搜索融合发展

访：离开新华网后，您为什么会到搜索引擎领域进行探索？您觉得这两者有什么关系？

周： 我到中国搜索工作，如同我当初去新华网一样，基本上属于组织上研究决定，我个人服从组织安排，按照领导的要求开展工作。到中国搜索后，我更感到做搜索网站要比新闻网站难得多，当时我是新华社的副社长，本身还有很多工作，两头顾不上，于是我向组织和领导提出自己提前退出新华社的岗位，全身心地投入中国搜索的工作，要做就要把它做好。

搜索网站与新闻网站是大不相同的，业务面要大得多。但在新闻信息内容这一块，实际上是相同的，或者说搜索引擎就是一种融媒体，而且是一个非常好的智能化的融媒体，可以把文字、图片、视频、音频、图表等各种形式的新闻信息内容都融合在一起，根据受众需要，智能化地融合呈现。

访：那您觉得怎样才能真正做好媒体融合？

周：我个人认为，中央关于加快融媒体发展的决策是英明的、正确的。在全球互联网的巨大冲击下，媒体必须创新，不创新没有出路。怎么创新？我认为媒体融合是一个非常重要的创新。传统媒体必须要借助于新媒体才能更好地发展、更好地存在，新媒体如果不和传统媒体很好地融合，也做不大。所以，媒体融合是对的，但也确实是一个庞大的、复杂的、系统的工程，不可能一蹴而就。

怎么融和融成什么样，都是要在创新中不断解决和回答的问题。个人认为媒体融合有几个问题非常关键。

第一是思想认识问题。传统媒体过去几十年来基本上是一种变化不大的生产方式、采集方式、报道方式、传播方式，现在各种新媒体、融媒体起来了，再这样下去显然不行。但如何创新，存在很多问题，尤其是思想认识问题。因为传统媒体基本都是官办的，有的人认为不融合也能混得下去，慢慢融合也没问题。思想认识问题不解决，观念不更新，融合是很难推进的，但思想认识问题不是一朝一夕能够解决的，因为中间还存在好多实际的利益问题。

第二是理念问题。融媒体和传统媒体不一样，作为融合媒体，毫无疑问包括了传统和新型。一定要认真学习领会习近平总书记的重要讲话精神，强化互联网的思维。什么是互联网思维？首先就是互联的思维，互动的思维，开放的思维，不是单口相声一个人讲，需要去互动、去联合、整合各种各样的资源，同时一定要强化受众意识和互动意识，而不是像以前那样，将一个媒体单位分为一个采编部门、一个经营部门、一个技术部门、一个行政后勤部门，而要根据融媒体事业发展和创新的需要，作为一个整体，一个作战单位，随时根据情况来调整。在内容采编方面，不仅要想到主观上想要报道的，还要不断想到受众可能关心什么、需要什么，不能单相思。

我认为，既然是媒体，不管是传统媒体还是新兴媒体，不管是文图性的单媒体还是多形式的融媒体，毕竟基本属性是媒体。媒体必须立足于把内容做好，没有过硬的内容品质，仅仅是技术和形式上的创新，是不会成功的。作为媒体，创新是必须的，但创新不能忘了自己的初心和本质属性。

第三，一定要解决人才问题。如果人才问题不解决，那融合很难发展。因为融合媒体需要的是融合性、复合型的人才，既要懂传统媒体也要懂新媒体，仅仅懂传统媒体不懂新媒体，可能一个网页就把你难住了，一个互动的动作他也不会，那怎么能行呢？所以一定要有融合的人才，两边的业务都要比较熟悉，不熟悉必须尽快学习了解。传统媒体与新兴媒体的融合过程中，涉及技术、运营、推广、流量、广告点击量等，都与传统媒体不一样。所以，人才是非常关键的。从国际和国内的情况看，新媒体特别是互联网属性的媒体和媒体平台，创新创意并不是发动群众运动做起来的，而是少数高手精心创意策划的，有了雏形，才发动大家一起来做。

第四个问题，一定要有系统和平台。媒体融合没有系统怎么融合？我们自己研发了融媒体系统。依据我将近 20 年的传统媒体经验和将近 20 年的新媒体经验。我是从一个一个网站、网页和应用功能的设计制作开始的。所以我比较清楚这个融媒体系统怎么建才合理，假如从未做过媒体，不知道媒体操作中各个流程环节，仅知道开发代码，能把融媒体系统设计出来吗？媒体智能化与工业智能化等其他各种智能化是很不相同的。

我主导设计的融媒体系统，主要是从媒体采编人员和营销人员的使用方便考虑的，让凡是熟悉 OFFICE 软件、WORD 文档等的记者编辑人员，经过半天的培训就能熟练使用。同时考虑到了稿件送审、改稿、紧急撤稿等特殊环节，特别是让媒体单位的领导也能便捷地使用。此外，还考虑到了固定状态、移动状态以及紧急状态下的稿件采集、制作发布。很难说我设计的这个系统有什么特别先进之处，但可以说国内一般的新媒体、移动新媒体和融媒体采编发审传储等的各种功能都具备了，而且成本低，不复杂，但可以大大节省人力。毫无疑问，其中融入了新闻搜索的理念和功能。

还有，媒体创新发展一定要有体制机制保障，否则也做不起来。传统机制和传统部门看起来很完美，很漂亮，定编、定岗、定人、定责和考核，但最后做什么呢？最后可能就形成了，你多的人我不能调用，我多的人你也不能调用。所以必须赋予它非常灵活的体制机制，以项目和任务为核心，激动灵活地调整，否则根本不是商业网站灵活机制的竞争对手。我经常看到和听到有些网站在宣传自己的流量有多大，某条稿件的传播量又怎么怎么惊人了，其实给那些不了解不懂行的说说可以，对我们这些每天都在实时监看和分析比对的人是瞒不过的，我只是不想点破而已。

最后，新媒体、融媒体的生产制作的流程必须调整改变。从创意、策划到生产制作，一直到播放、监控、营销，都必须改变。流程不变，融媒体也推动不了。

访谈时间：2016 年 3 月 15 日

第三节　报网互动的光明之路

——访光明网总裁杨谷

"我认为我们做得最好的、最有特色的事情，就是把《光明日报》的优良传统和它形成的品牌影响力传承了下来，让我们在竞争如此激烈的网络新媒体时代拥有了一些独特优势。"

——杨谷

一、从媒体使命中找准发展定位

访谈者：从 1998 年 1 月《光明日报》电子版正式上线至今，光明网已经发展二十余年了，您认为这个过程中光明网最大的特色在哪里？

杨谷：《光明日报》是最早创办新闻网站的几家主流媒体之一。我国是1994年正式接入国际互联网的，到1997年，虽然大家对互联网会发展成什么样并没有太清楚的认识，但已经体会到互联网的神奇之处：传播速度如此之快，而且不受地域、时间的限制，甚至还有交互功能，可能会蕴藏着强大的生命力。新华社、《人民日报》、《光明日报》等几家中央媒体意识到，要在互联网这个信息空间里占据一席之地。当时光明日报社总编辑王晨同志很敏锐地捕捉到了这一点，在光明日报社内部成立了网络信息部，负责创办光明日报电子版，探索新的传播空间。《光明日报》电子版于1998年1月1日正式推出，当时承担这个工作的同志只有4个人、一部直拨电话、两台服务器，条件十分艰苦。一路发展至今，光明网由小变大，也做出了一些成绩，我认为我们做得最好的、最有特色的事情，就是把《光明日报》的优良传统和它形成的品牌影响力传承了下来，让我们在竞争如此激烈的网络新媒体时代拥有了一些独特优势。

一方面，我们传承并发展了《光明日报》的独特定位和核心价值。众所周知，《光明日报》创刊以来就是一份思想文化报纸，专注思想文化领域，通过纸质媒体来联系知识分子。在网络时代，我们的读者更多地通过互联网来获取信息，我们也跟着转到网上来，通过互联网、移动互联网来联系、团结知识分子。因此，《光明日报》的定位是"知识分子的精神家园"，光明网的定位由此延伸为"知识分子网上精神家园"，发挥传统优势，继续专注思想文化领域，利用新媒体技术和互联网来做好思想文化宣传工作，而不是什么都做。这也是2010年我们被列为中央重点新闻网站，进入"国家队"，成为"正规军"的重要原因。

另一方面，我们也继承了《光明日报》办报的经验与资源。同时既办报又办网，是我们不断发展的一个重要原因。在早期，这样做是因为人员不够。网络信息部成立后就兼具着办报的职能，除了建设网站以外，还创办了《电脑网络世界》周刊，传播普及与计算机、信息化相关的知识。我个人也是在四五年前才停止在《光明日报》签版，专职来做网站。

访：传统媒体向新媒体转型的过程中，总会遇到新旧传统、新旧体制的冲突，"同时既办报又办网"的模式确实非常独特，您认为这种模式的优势体现在哪里？

杨：这种"既办报又办网"的模式有两个好处。一是能够充分将报纸所积累的好资源用起来。多年以来，《光明日报》与教育、科技、文化、卫生领域的知识分子形成了非常好的互信关系：他们通过《光明日报》了解思想文化领域的新闻，表达自己的心声，对《光明日报》形成长期信赖。因此，我们在这些领域做事情，更容易得到他们的支持和认可。比如，我们与中国科学技术协会合作开设"科普中国·科技名家风采录"专栏，一些从来不做节目、不上镜的科学家听说是《光明日报》来做都很支持。这些宝贵的资源是在短期内花再多的钱也很难积累下来的。

二是能够把办报的经验移植到办网中去。对于全国大多数新闻单位而言，在转型过程中并没有大把的钱来试错，所以已有的做新闻报道的经验不能丢，一定要传承下来，这样才能以较高水准进入互联网空间里，生产出高质量的内容产品。"既办报又办网"的模式有效地解决了这个问题，办报和办网的是同一批人，内容编辑的水平自然不会下降。

此外，这种经验传承还体现在代际之间，通过"传帮带"为我们培养出一批新闻素质和技术水平过硬的人才。我们的队伍中有大量的年轻人，他们与《光明日报》的老编辑、老记者工作在一起，吃饭在一起，耳濡目染光明日报社的文化和传统，潜移默化地受到正确的价值观、新闻观的熏陶。与此同时，他们也将新想法、新技术带进了光明网，能够敏锐地把握现在年轻网友的需求。两种观念在光明网内碰撞、融合、升华，逐渐形成了一支在网络传播领域"能打赢"的光明品牌的队伍。

访：从您的介绍中，可以体会到光明网是一个"重传统，讲传承"的媒体，这种文化与氛围和光明网的定位也是一脉相承的。这些传统是如何作用于光明网的内容生产传播的？

杨：首先，有利于我们做好垂直领域的影响。我们基于"知识分子网上精神家园"的定位，聚焦教科文卫领域，往纵深做，深入挖掘用户价值，而不是铺开了什么都做。比如，在教育领域，和央视合作"寻找最美乡村教师"活动，携手全国高校招办主任开设"高校招办主任光明大直播"为考生家长出谋划策；在文化领域，开展非物质文化遗产系列直播和中国非遗年度人物推选活动，举办"文艺名家讲故事"活动；在卫生领域，制作品牌栏目"健康情报局"，举办"寻找最美妇幼天使""寻找最美青年医生"等活动。这些内容和活动都是利用新媒体技术和全媒体渠道，实现媒体资源与垂直领域的受众需求线上线下链接的优秀样板。

其次，要"沉下去"，重视用户体验，将思想理论文化宣传生活化、场景化，调动起受众参与的积极性。我们从 2014 年承接的来自中宣部宣教局的活动"核心价值观百场讲坛"之所以能成功，原因之一就是我们不再拘泥于写长篇大论的理论文章或专著，而是走进干部群众的生活或工作场景里去，去讲与生活场景、工作场景相关的话题。比如，在儿童医院讲医德话题，在高校讲支边报效祖国，去中朝边境的丹东讲抗美援朝精神等，针对性、现场感都非常强，自然能调动起当地干部群众的参与热情。

最后，强调传播的有效性，做有点击、有转帖、有点赞的传播。互动是网络传播的关键因素，有互动的网络传播才是成功的。传统媒体时代，传播是单向度的，受众几乎无法参与，到底谁在看、谁在听、反馈如何，无法知道。要抢占网络空间，就要强调传播的有效性，第一要解决受众能不能看到、听到的问题，不能大水漫灌式地灌过去，其实根本没有看、没有听；第二要解决反馈问题，不要让用户成为"沉默的大多数"，要通过互联网来倾听群众呼声，解决群众关切的问题。我们举办的"诗词中国""我家的故事""美丽中国·地名寻梦""阳光跟帖"等活动都鼓励大家来参与，并传播、放大用户的心声，效果很不错。以"诗词中国"为例，约 4000 万人参与，参与短信达 1.29 亿条，用户在参与过程中感受中国诗词的博大精深，这是一次成功的润物细无声式的中国传统文化传播。

二、从技术规律中探索发展机会

访：您刚才提到，2010 年光明网进入中央重点新闻网站行列，迎来发展新时期。这一年对光明网而言可谓意义重大。在业界，2010 年也被称为"移动互联网元年"，当时光明网是如何布局移动互联网的？

杨：技术先行是光明网的一大特色。新技术更新迭代，重塑着整个传播环境。要适应受众获取信息的新变化，获得良好的传播效果，就要跟上技术发展的步伐。在光明日报社内部，光明网担负着网络技术探索者的任务。

光明网对移动新闻客户端的探索是同行中的先行者，2010 年就推出了跨媒体新闻信息服务系统"光明云媒"，当时 3G 刚刚开始普及，安卓系统刚刚上市，苹果手机尚未出现，"光明云媒"作为第一批安卓 APP，在联想等品牌手机上预装。2011 年 11 月，我们又推出了移动媒体出版平台"云端读报"，聚合众多优质媒体的内容，被国家互联网信息办公室评为三大移动技术之一予以支持。2016 年 12 月 16 日，响应中央"主力军进入主战场"的号召，光明网更新升级"光明云媒"，更名为"光明日报客户端"，成为光明日报社媒体融合布局的重要组成部分。

2014 年，我们紧紧地抓住了 4G 网络普及的机会，为了适应这一变化，我们迅速研发新技术，提升光明网移动版的用户使用体验。效果非常显著，在不到半年的时间里，来自手机的点击量突然增加，从个位数增长到 50%，又过了半年，来自手机的点击量占到了整个光明网的 90%。其中的一项"光明云适配"新技术，已经走出光明网，被中国政府网采用。在不增加编辑人手的情况下，实现了智能手机的自动适配，等于新办了一个中国政府网的手机网。

访：根据您的讲述，可以感觉到光明网在技术创新与新技术使用上有很强的主动性。这需要大量资金投入，光明网作为一家主流媒体网站，与商业网站或者互联网公司不同，无法吸纳社会投资，那么是如何解决这个问题的？

杨：网络传播是高技术的事业，高技术意味着高投入、高回报，当然还有高风险。光明网作为体制内的网络媒体，不可能像商业网站那样使用风险投资，所有的风险都得我们自己承担。因此，用合作的方式开展技术创新，是光明网最合适的选择。

与合作伙伴一起发展，是《光明日报》和光明网能够在新媒体空间迅速获得成功的一个重要经验。《光明日报》是一家有创新基因的媒体，对新技术始终持一种开放态度，坚持新技术要为我所用，以提升传播效果，扩大影响力。对光明网自身而言，钱不多，也没有什么垄断性资源。如果我们把合作开展技术创新的路子走好了，就可以弥补在资金、资源等方面的不足，实现后发优势。

在技术合作中，我们博采众长。例如在国内第一个人工智能新闻信息服务"小明 AI 两会"中，我们采用了微软的面部识别技术和讯飞的语音技术，因为在这两个领域，他们分别做得最好。在他们的基础上，我们做了集成创新。凭着这一系列在人工智能方面的创新，北京市将我们评为新闻领域的人工智能重点实验室。

这样的技术创新模式，不但没有"烧钱"，反而做到了盈利。目前，光明网 60% 以上的收入来自技术创新，超过了广告收入。在网络时代，媒体传统的经营模式受到极大冲击，我们也一样承受着冲击。广告先是从传统媒体流向光明网这样的网络媒体，现在正急剧流向几大互联网巨头。在这种情况下，我们不能仅仅依靠以广告为中心的媒体属性来盈利，而要寻求多元化发展。对光明网而言，输出已有的技术和网络传播经验，是一条可选的路径。

作为中央重点新闻网站，我们必须在 960 万平方公里的范围内提供 365天、7×24 小时不间断的内容服务，而且还要导向正确、安全可靠。不少单位的同志说，你们连这么高的要求都能做到，做其他的网站肯定不在话下。于是，近年来，我们不断对外输出网站建设的技术和内容传播经验。特别是对体制内单位来说，长期支持一个专门的技术团队将面临很高的维护成本和很大的管理风险，而光明网的成熟经验很实用。

目前光明网对外提供的技术服务主要有两类：第一，直接输出已经掌握的各种新媒体技术，解决客户发展中遇到的各种技术问题。比如，承建首都之窗、中国科技馆、中国长安网、中国政协传媒网、国家粮食局等单位的网站，为"北京发布""北京审计""中国科学院国家天文台"等十余家公众账号提供新媒体运营服务，将光明云适配技术提供给国资委等国家部委的手机网站使用，等等。第二，利用新媒体创新表达方式为客户提供新媒体传播服务。比如，2018 年我们和北京市新闻办合作，制作了"40 年，我们和北京一起绽放"的短视频，并在国内渠道以及 Facebook 上发布，收获了 5 亿次点击量。

访：您刚才提到，以合作促发展是光明网能够快速获得成功的重要经验之一，除了技术合作以外，光明网还与合作伙伴有其他方面的合作吗？以

"今日头条"为代表的新闻聚合类平台崛起后，学界和业界一直在讨论网络上的内容版权问题，对今日头条和视觉中国引发的内容版权争议，您如何看待？

杨： 我觉得，合作是尊重互联网发展规律的做法。在互联网领域里，很难预测下一个风口是什么，也很难找出一家能够主导一切的公司。相互借力，合作共赢，共同发展已经成为不少企业成功的必然选择。

除技术方面外，光明网还开展过渠道、内容、人员等方面的合作。比如，与百度、360 等进行内容推荐的合作，与中国移动合作推广云端读报，与创维、海信、TCL 等电视机厂商以及机顶盒厂商、高德导航等合作推广光明云媒，与微软的 Skype 合作提供中文新闻信息服务，壮大了光明网内容的覆盖面与影响力。

在内容版权方面，我持一种开放的、向前看的态度。对于很多单位和媒体而言，做公众号、客户端生产内容，最大诉求是通过互联网及时、准确地传播出去，吸引更多的人来关注。光明网一直在探索内容共享模式。我们正在准备联合一批企事业单位和新闻媒体，搭建一个图片共享版权平台，由光明网负责平台搭建，图片靠大家提供，免费使用，通过设立激励机制来建构良性共享生态，比如采用积分模式，贡献越多，积分越多，能免费使用的内容也就越多。由此，激励那些愿意共享版权的企事业单位、个人来贡献内容，促进图片资源和知识的快速有效传播。

三、坚持用户和技术双向驱动，深化媒体融合发展

访： 从 2014 年《关于推动传统媒体和新兴媒体融合发展的指导意见》颁布，到去年 8 月 21 日，习近平总书记在全国宣传思想工作会议上指出，要扎实抓好县级融媒体中心建设，我国的媒体融合经历了从中央、省市向基层单位纵深延伸的发展过程。请结合光明网的发展分享一下您对媒体融合的看法。

杨： 2018 年 8 月 21 日，习近平总书记在全国宣传思想工作会议上指出，要扎实抓好县级融媒体中心建设，第一次把那么多新闻工作者带入媒体融合的话语体系里来，媒体融合发展的事业也因此进入了一个新时期，从选做题

变成了必做题、必修课，只要是新闻宣传系统的，不管是哪一级的，都必须到网络空间发声，做出好产品、好服务来。这么多新闻工作者涌进网络传播事业中来，必然会诞生一大批好的成果，也会孕育出很多新的发展模式和发展机遇。

从光明网的发展历程来看，我认为，等、靠、要的发展思路行不通，如果你什么都不做，只会抱怨"万事俱备，只欠东风"，那么"东风"永远等不来。一种比较可行的模式是先做出几个漂亮的样本来，再去吸引更多资源和支持，从而形成良性循环。传统媒体时代，办电台、电视台需要事先投入大量成本购置设备、场所。但在互联网时代，好产品不一定非要立即投入大规模资源，即便有了大规模投入也不一定马上就能生产出好产品来。因此，先做好几个产品，再慢慢吸引资源，把整个盘子做起来，往往更容易成功。

对区县融媒体中心的具体实践，我有两点思考。第一，区县搞媒体融合，做好舆论引导和新闻信息服务是第一位的。但是，如果仅仅满足于发布新闻信息，服务水平还是低的。现在互联网可以为用户做很多事情，要充分利用互联网平台的特性来创新服务，提升用户价值。这样区县融媒体中心的建设才会拥有源源不断的发展动力。比如，对于区县融媒体中心而言，可以接入当地的各种便民服务、社会管理中去。第二，要以用户为导向推进变革，变革是互联网永恒的话题，要不断从技术变革中汲取动力。新媒体发展的最大驱动力来自技术变革。技术的影响是双向的，在不断的变革中我们可能会失去今天所占据的优势与机遇，但变革也会消除一些旧有的屏障，开拓新的发展空间。我们无法预测技术的发展，但只要用户愿意去接受它，我们的传播渠道和传播方式就必须跟着走。如果区县融媒体中心能够做到与这个时代一起变革，不断推出网友喜闻乐见的产品和服务的话，我相信网友会选择我们，也能够让我们不断获得成长的机会。

访谈时间：2019 年 5 月 13 日

第四节　融合不是简单相加

——访中国经济网总裁王旭东

"融合发展，首先要融在一起，在很多方面要融为一体。难在体制机制融为一体。重点还在发展，不是为了融合而融合。如果融合半天没有发展，还不如原来，那就是失败。而且，融合要以新媒体为方向和核心。一定要想着把传统媒体变成新媒体，把新媒体的机制、体制、传播力、产品化用于改造传统媒体。只有这样才能真正实现发展的目的。"

——王旭东

一、严肃面对互联网

访谈者：在进入互联网之前，您长期从事新闻工作，参加过《东方时空》等著名栏目的编辑和访谈，也担任过大型报道的撰稿和现场导演，传统媒体的经历对您后来进入互联网有什么帮助？

王旭东：《东方时空》是1993年5月1日开始播出的，我1993年底到中央电视台工作。当时《东方时空》已经有了一定的影响。《焦点访谈》1994年4月1日开始播出。这段时间对我很重要的一个影响就是，接受了很正规的新闻训练，对新闻的认识有了重要的变化。比如，对于新闻的时效性、传播的针对性等。那些训练为我后来在网站的工作起到了基础性作用。我在工作中比较注意时间和时效，同时也注意怎么样讲好故事。新闻是要讲好故事的，不懂细节和情节，是无法打动观众和网民的。传播的基本规律是一样的。所以，如果说在传统媒体的工作有什么值得总结的，一个是对我在新闻方面的训练，一个是新闻资源的积累，都是重要的。

访：您是什么时候关注互联网的？

王：我在中央电视台工作时已经开始对网络有所认识，但是当时觉得网络非常简单，人们受网络影响很小。当时中央电视台有个部门叫网络事业部，负责把电视播出的内容放到网上去。虽然觉得互联网将来会是一个新东西，但是它究竟会有多大影响，还没有直观的认识。后来到了网站，逐渐感受到网络的变化。

特别是这几年，网络媒体不断有新的东西出现，传统媒体受到了挑战。像我比较熟悉的电视媒体，收视率在下降，开机率不断萎缩，但是网络媒体在非常蓬勃地发展，网民每年都在增长，网络传播技术也日新月异，网络传播形态也发生着很大的变化。像微信、微博、秒拍等很多东西都是从互联网长出来的。

回顾我自己从事的工作，传统媒体在互联网时代该怎样发展，的确到了必须严肃面对的时候了。融合发展，不是简单地相加、拼凑在一起就是融合了，一定要有一些基于互联网、围绕互联网的思考和选择。

访：您何时进入中国经济网？

王：2008 年 12 月我到的中国经济网。

二、打造中国第一财经网站

访：网上报道过您曾称赞东方网的上市，对您来说，这是不是也是中国经济网的目标？

王：东方网是办得很好的，它的整个业务的布局也很宽。徐总也是我的好朋友，我们在一起经常交流。当东方网在新三板挂牌的时候，我特别去向他们表示祝贺。应该说东方网走市场化、资本运作的道路，是很多网站现在选择的道路。中经网也曾经想着在资本市场上有所作为，但是相对于东方网来说，我们的体量是不够的，我们的业务布局太单薄。我们知道，在资本市场要有足够的力量才能撬动资本的杠杆，现在我们还做得很不够，主要还是我们的业务内容太少，特别是面向市场的产品太少。在做这样的准备，但是这个节奏显然要比东方网慢一些。如果有机会，将来会到市场上去。

访：最近几年，中经网业务发展有什么样的转变？

王：有比较大的变化。我们看到，国外的媒体实际上都走的是多元化的道路。我 2008 年底从报社到中国经济网，于 2009 年做了一个中国食品安全论坛。当时考虑到食品是我们国家的支柱性产业，到去年（2015 年）我们国家的食品工业的总产值已经突破了 11.4 万亿元，占整个国家 GDP 60 万亿元的 1/6。毫无疑问食品工业是我们国家第一大产业。从 2010 年开始我们超过了美国，成为世界上最大的食品生产和消费大国。中国人非常讲究吃，对吃特别看重，两千多年前我们就提出来"民以食为天"，把食品看作天大的事情。作为中国经济网，要关注中国经济，就不能不关注食品。

食品门类很多，平时吃的大米白面，包括盐油糖醋，全是食品。怎么样抓住人们最关心的东西？我们觉得食品安全居于食品的所有门类之上。于是在 2009 年 6 月我们国家第一部食品安全法正式实施的时候，举办了这个论坛。

通过办食品安全论坛，我们对食品的企业、行业、科学技术、产业、就业问题有了比较深的了解。后来国家成立了食品安全委员会，设立了国务院食品安全委员会办公室，我们又和这个办公室联合举办了全国的食品安全宣传周。这个宣传周从 2011 年开始到现在已经办了 6 届。中央高度重视食品安全的宣传，宣传周主办单位由 5 家发展到了 17 家，宣传周活动从 6 月的第 3 周开始，实际上持续了半个月，不是 1 周。从中央到省市县，都有食品安全的活动。中央的主场活动是中经网来承办的，时任国务院副总理汪洋同志连续 4 年都参加了在北京举办的启动仪式和主场活动，并发表讲话。

围绕这个核心，中经网还做了一些事情。我们成立了食品安全舆情研究所，开办了食品安全媒体训练营，举办国际食品安全和创新技术展览会，组织食品安全 30 人论坛，开设食品安全微信的公众号。今年食品安全宣传周之前，我们到一些企业去拍食品安全的 VR 作品。让大家可以 360 度看到一个食品生产的链条，非常清晰地了解到食品生产完整的过程和空间。这样大家对食品安全就有信心了。这是我们对食品安全的一些贡献。

2010 年，我们自己还做了电视中心，专门做了演播室，并且已经从标清升级到高清。我们把这些节目跟国外的电视台合作，把剪辑好的节目送给国外的电视台去播出。在国际传播的过程中，我们还引进了一些人才，如学俄语的、学韩语的。同时，以电视中心为基础，我们成立了视觉特效工作室。VR 就是他们来做的。我们还送员工去学无人机拍摄，下一步就是怎么用 VR 和无人机制作新的作品。这在新的传播方面有了一些准备和储备。

　　我们自己也储备了一些人才。比如，办展会就是挺专业的。一个展会，几天时间，成千上万的人要来看，这是一个很复杂的系统工程，要专门的人来做。所以，我们成立了专门的大型活动办公室，成立战略合作部。这些都是为活动做准备。这些是我们原来没有的。这些业务的拓展使得中经网业务的发展有了比较全面的、广泛的支撑。我觉得，我们看问题一定要长远看，做战略布局一定要坚定实施。你既然看好了这个方向，就一定要投入人力物力实施。

　　访：刚才您也提到，中央对中经网的要求很高。您觉得中经网的核心竞争力在哪里？

　　王：我们通过比较就能够总结出核心竞争力。

　　第一是国家队。跟地方不一样。像第一财经，是上海的。刘云山同志的批示是，一定要把中经网打造成"中国第一财经网"。要的就是"中国"第一财经网，北京第一财经网那不是中经网的优势。使命就是竞争力所在，我们是国家队，就不要把自己弄成地方队，我们的形象和定位就在国家层面。第二是财经媒体。做别的做不过人家，受众也不是来看别的，他们是来看财经内容的。所以我们核心内容就是财经类。第三是中央重点新闻网站。新闻是核心竞争力之一。如果把新闻放弃了，专门去做一个非新闻的内容，那不是我们的长项。一定要和新闻有关，做新闻的衍生品。把握这些，定位就准了。

　　所谓定位准，就是核心竞争力要做好。核心竞争力不是唾手可得的，是要努力才能得到的，是需要建设的。但是建设不要跑偏了。本来让你做网站，你去做衣服了，衣服做再多也不是核心竞争力。核心竞争力是社会期待，是和中央的定位联系在一起的。把这些做好了，核心竞争力就起来了。我们之所以有些影响，就是把核心竞争力做出来了。

　　访：能不能请您说一说中经网在各阶段比较突出的亮点？

　　王：从2009年中国食品安全论坛开始，2010年我们做了电视演播室，2011年办了食品安全宣传周，把原来的论坛延伸了很多，参与的部委也多起来了。2012年我们准备外文版，到2013年外文频道已经增加了8个，是目前财经网站中外文版最多的一家。2012年还办了第一届展会。2013年中国经济网成立 10 周年的时候，点击率和收入双过亿。2014 年中经网的一篇作品获中国新闻奖特别奖，这个特别奖是第一次被一个网络媒体拿到。2014 年我们还与韩国经济新闻社和韩国经济电视台合作，送了两个节目在那里每天播出。2015 年，配合习近平主席出访，我们做了一系列特别报道，在国际传播方面有比较大的突破。在习近平主席出访的时候我们在美国 CNBC 非洲台（CNBC 是美国 NBC 集团下的全球财经有线电视卫星新闻台）播出了一个 20 分钟的特别报道，他们一刀没剪，这是非常难得的。这些是比较亮眼的地方，也是我们这些年一步一步做的探索。

访：您刚才提到中经网作为国家队的一些优势。"中"字头出身有没有挑战？

王：当然有。提出这样一个目标，本身就是一个挑战。因为没有中经网能做别人不能做的。怎么达到"中国第一财经网"的目标？我们要以这种标准要求自己，这种挑战是非常严峻的。

现在互联网行业门槛非常低，谁都能做，有几千万微信公众号，有的微信号就一个人在办。谁都可以做，谁都可以办，什么题材都可以在上面发布。中国经济网要做得很差就没办法比啊。人家一个人办，我们几十个人办，成本就高了。"中"字头实际上就是要求自律的挑战，是自己定的标准，难度是相当大的。

访：您不断拓展中经网的活动，推出很多服务，能不能请您谈谈产品和内容的关系？

王：内容可以做成一种产品，服务也可以做成一种产品。最关键的就是要有用户意识。从用户的需求出发，看待用户的内容或者看待服务的眼光就不一样了。内容没有用，或者你把有用的东西包在里面看不出来，显然就不是用户思维。

很多人困惑："哎呀，我没有盈利模式"，就是没有从受众、用户的角度去考虑问题。盈利模式不是从天上掉下来的。有用的东西，人们就愿意付费；即便不愿付费，点击率高了，也有其他人愿意付费。比如一个微信公众号，如果影响很大，有上百万的粉丝，广告商就找你来了，盈利模式就建立起来了。

关键在于你是不是有用。内容产品需要打造，需要包装。那么多的东西，我挑出来一些，给他一些提示，给他一些表格，或者做成动漫，让他理解，让他接受，这就开始了产品化的过程，就是一个你为用户服务的过程。这样，就能把内容为王转换成产品为王。

如果你有本事做成一个大平台，大家的产品都放到上面来卖那就更牛，这就是现在说的平台为王。其实说到底就是你要把用户放到最重要的位置上。用户至上，用户就是上帝。这个理念建立起来了，后面就简单了。

三、发展是融合之本

访：从管理角度看，《经济日报》和中国经济网属于什么样的关系？

王：《经济日报》是中国经济网唯一的股东。我们网站原来是《经济日报》下面的一个事业单位，叫中国经济网传播中心，2014年转成企业，现在叫中经网传媒有限公司。我们在隶属关系上是很清楚的：《经济日报》是国家经济类的一个党报，我们是《经济日报》办的一个网站。我原来在报社工作，是被派到网站工作的，领导和被领导的关系很清楚。在办网的过程当中，报社编委会也是我们网站的领导，网站的发展都是在编委会的指导下进行的。

从媒体角度看，《经济日报》是一个传统媒体，中国经济网是一个互联网媒体。但是网站是一个企业，相对独立，有独立的企业法人，要为生存和发展开拓市场，做出自己的努力。没有这个是无法生存的，光靠报社是肯定不行的。

访：中国经济网与《经济日报》之间是否存在报网融合的思路？

王：报网融合完整的说法是"传统媒体和新兴媒体融合发展"。现在说报网融合，其实好多不是报，电视台、电台也有新兴媒体和传统媒体关系的问题。在这个问题上，我觉得可能需要澄清一些东西，明确一些东西，比如什么叫融合？为什么要融合？

现在中央提出来"你加我，我加你"变成"你中有我，我中有你"。融合发展，首先要融在一起，在很多方面要融为一体。比如，我们要在内容方面融为一体。不是提出中央厨房吗？内容加工以后，哪儿好用我们就放到哪儿去，这是一个比较低的层次。还有一个就是体制机制融为一体。原来是事业单位的、事业编制的人和现在网站从市场上来的、聘用制的、企业编制的人，工资标准都不一样，考核标准都不一样，绩效标准都不一样，怎么能融为一体呢？所以说，难点就在体制机制融为一体。必须按一个标准，把让大家攒一块。我们最早叫"同工同酬"，干一样的活拿一样的钱、一样的待遇、一样的标准，只有这样大家才觉得公平。公平感都没有，它能够融为一体吗？最核心的在这。

再之，融合发展，重点还在发展。我们不是为了融合而融合。大家坐到一起了，这就是融合了吗？我们的目标是发展，如果融合半天没有发展，那还不如原来呢，那就是融合失败了。

而且，我觉得融合是要以新媒体为方向、核心的融合，如果我们把新媒体跟老媒体搁一块就变成老媒体了，那这就是既没有发展，更没有进步，还怎么跟别人竞争？一定要想着把传统媒体变成新媒体，把新媒体的机制、体制、传播力、产品化用于改造传统媒体，只有这样才能真正实现发展的目的。如果在以谁为重心、核心、方向这个问题上模糊的话，不利于融合发展。

四、互联网并非简单的第五媒体

访：根据您的体验，对互联网媒体的管理与传统媒体有何不同？

王：互联网的出现不是简单的第五种媒体，不是说广播、报纸、杂志、电视之后是互联网，互联网不是和它们并列的另一个媒体。互联网不仅包容了传统媒体，还创新、突破了它们。互联网新媒体完全是颠覆性的媒体。所以在管理互联网、认识互联网、操作互联网时，一定要有跟原来做传统媒体不一样的思路、技巧、策略，要有突破，不能按照原来思路操作。

从技术层面说，要做超前的布局，还要做联动，因为好多东西咱们自己做不了，要和别人合作。像原先办报纸，编辑部就可以封闭做一些事情。现在不行了，要和别人一起操作。所以互联网经济是共享经济，媒体也是共享的媒体。所以我到经济网后，很多时间都是和别人谈合作，把自己的精力放在对外交流、合作方面。我觉得这是我们在操作的时候不一样的。

互联网要面向老百姓，要把网民当成用户，这和原来不一样。原来都是读者、观众。现在不一样了，你要让用户来用，一定要对他们有用。要做产品化的处理，要让人家觉得有用处，你的用户黏性才能提高。比如你要买辆汽车，你就是汽车公司的用户，那么你就要经常跟汽车公司有联系，经常看看车坏了去哪儿修，要加油，上保险，你离不开他，这才是用户。报纸读完了往那一放，报纸到哪去了也不管，这是读者。所以要把思维转到这样的角色和关系上来，这才是我们在调度互联网时一个基本的思路，要想办法把用户和网站捆在一起，增加用户黏性。

访：传统媒体的读者和互联网的用户，哪个忠诚度会高一点？黏性会好一些？

王：这其实和是不是传统媒体或者互联网没有必然的联系。就看你怎么做。比如报纸，做得非常好，大家每天都要读，读完才能睡得着觉，能够了解天下事，通过报纸才能把自己和世界联系在一起，那么这时候就离不开它了。互联网上，如果你做的东西不好，网民也不会是你的用户。所以，不在于是不是互联网，是不是传统媒体，而在于你是怎么认识的，怎么操作的。

我们看到，不少传统媒体办的网站办得也挺好的。其实就是转换过来了。但大量的传统媒体没有办好，它办互联网也办不好，就是因为它没有基本的转换。特别是有一些错误的认识，以为有了内容就有了一切，内容为王。这是很糟糕的一个认识。我们首先要从用户出发，一个用户要用你的产品，才能对他构成吸引力。如果说光有内容，内容对他有什么意义呢？必须要把内容变成产品，产品化之后成为他离不开的一个东西，才会发生联系，才有附着力。所以，我特别强调产品化。

访谈时间：2016 年 8 月 16 日

第二章

台网互动助力广电行业自我革命

互联网的快速发展给广播电视行业带来了极大的冲击。央视市场研究股份有限公司（CTR）发布报告显示，2020年6月，电视广告刊例收入同比减少15.1%，广播广告刊例收入同比减少20.3%。[①] 2020年第一季度，我国有线电视用户总量净减少310.4万户，降至2.06亿户。[②] 相比较而言，工信部数据显示，2020年第一季度，IPTV（网络电视）用户总数为2.99亿户，较上年同期增长10%；[③] CNNIC第46次《中国互联网络发展统计报告》显示，网络视频用户规模达到8.88亿。[④] 为应对用户规模及广告份额的双重流失，顺应网络传播环境，广电行业一直在寻求符合自身发展的媒体融合之路。

早在20世纪90年代，我国电视台已开始尝试与互联网技术接轨。1996年12月26日，中央电视台试运行央视国际网站（cctv.com），同年，广东珠

---

① 央视市场研究股份有限公司（CTR）：《2020年6月广告市场刊例收入同比下降12.6%》，中文互联网数据咨询网，http://www.199it.com/archives/1099092.html，2020年8月11日。

② 格兰研究与中国广播电视网络有限公司：《中国有线电视行业季度发展报告·2020年第一季度》，搜狐网，https://www.sohu.com/a/395231150_247520，2020年5月14日。

③ 中华人民共和国工业和信息化部：《2020年一季度通信业经济运行情况》，https://www.miit.gov.cn/jgsj/yxj/xxfb/art/2020/art_87827522d7b14498a99a472bd9e850f7.html，2020年4月21日。

④ 中国互联网络信息中心（CNNIC）：《第46次中国互联网络发展状况统计报告》，http://www.cnnic.net.cn/hlwfzyj/hlwxzbg/hlwtjbg/202009/P020210205509651950014.pdf，2020年9月29日。

江经济广播电台开通网上实时广播，被看作广电系统台网互动的开端①。广电行业虽然"触网"较早，但是发展较为缓慢。2004 年 6 月，国家广播电影电视总局发布了《互联网等信息网络传播视听节目管理办法》，对广电机构开办网络视听节目提出明确要求。2004 年，中国国际广播电台的网站"国际在线"开通中文网络电台；2005 年 3 月，上海百视通公司获得第一张 IPTV 全国运营牌照；2008 年，北京奥运会为广电行业的自我革新与转型发展提供了契机。至此，广电媒体融合进入快速发展期，各级广播电台开始寻求符合自身发展的融合模式。

我国广播电视的媒体融合发展可大致分为三种模式。一是以湖南卫视旗下的芒果 TV 为代表的自建新媒体渠道模式；二是与互联网公司合作共建，以上海文广（SMG）为代表，上海百视通副总裁芮斌在访谈中谈到，"百视通作为整个 SMG 新媒体的唯一主体，同时拥有 PC 的视频牌照、手机电视牌照、IPTV 牌照"，"百视通"通过资本运作，打通了广电产业链各环节，重塑内容生产流程；三是对广电集团内部资源进行拆分，重组新媒体平台，如江苏网络电视台。相比较而言，广播因其伴随性和应用场景，受到新媒体的冲击较小，但随着网络音频的快速发展，广播电台也在谋求新的发展道路，北京人民广播电台总编辑王秋谈到，要顺应时代发展，用互联网思维反哺广播发展，"把节目变成产品，把宣传变成服务，把听众变成用户"。

本章通过对上海百视通副总裁芮斌、北京人民广播电台总编辑王秋，以及中国电影电视技术协会台网协作发展专业委员会秘书长曾会明的访谈，一同回溯广播电视的媒体融合发展历程及特点，分析其面临的新问题与挑战，以及广电媒体融合未来的发展趋势。

---

① 王勇：《媒介融合背景下我国广电全媒体发展研究》，武汉大学博士学位论文，2013年。

第一节　试水互联网电视

——访上海百视通新媒体股份公司副总裁芮斌

"竞争最怕的是跑道跑错了。一定要知道竞争对手是谁，才决定你的格局是怎样的。BAT 的格局和我们现在传媒企业转型的格局是两个赛道。基因是很顽强的，优秀的和不优秀的都会一代代传承下去。避开基因谈完全革命的事情，我持保留态度。"

——芮斌

一、第一代互联网电视概念机

访谈者：我看到您微博的签名是"网络电视的老兵，移动互联网的新人"。您何时成为网络电视的老兵？当时的电视处于何种状态？

芮斌：我曾在 Intel 公司工作了 11 年。2000 年在 Intel 工作时，我主要是负责消费者业务，做嵌入式产品。当时公司要推广一种芯片，做机顶盒（Set Top Box）。我就代表 Intel 找国内的制造商来做。我们的逻辑是：不去直接找客户，而是去找客户的客户进而去影响客户。比如 Intel inside 就是强调用消费者去倒逼厂家接受 Intel 的芯片。Intel 的最直接用户是联想、方正，通过这种逻辑去影响最终消费者的心智，让他们觉得买 PC 最好选 Intel，再反过来让厂家去接受 Intel 的芯片。我们用这个逻辑去影响机顶盒的用户，让用户去影响设备制造商。

2000 年我跟华数进行接触，从终端、内容运营、软件角度一起聊未来机顶盒的模式。从那时候起，我就在这个行业里了解电视、电视运营、设备制造商、软件开发商等跟电视未来有关的业务，所以算"网络电视的老兵"。2005—2006 年，我算是最早一批提出"互联网电视"概念的人，我认为电视机不应该是孤立的，应该与互联网结合在一起。

2006 年，我们就做了一个尝试，与 TCL 和腾讯一起合作了一个产品叫

"ITQQ"，它可以说是第一代互联网电视，是把 Intel 的一个主板放进电视里，连上网，接上腾讯的 QQ 服务，在电视上提供 QQ 的互联网服务。其中有一个点很值得分享。ITQQ 的逻辑是这样的：我们知道 QQ 最早是一个社交产品，电视的主要消费者是父母和孩子，父母在家看电视关注的是孩子，希望看到孩子的 QQ 是"在线"，这样他们就知道孩子不忙，很多父母是不会用 PC 的，但他们可以通过电视看到孩子是否"在线"，这就是社交。当时做的"ITQQ"是概念机，没有大规模投入使用，上海证券报还为这个事情发了报道，TCL 的股票因此涨了一下。这对 TCL 来说也是品牌和技术提升的很好的帮助。

访：我们听到了两个概念，一个是"网络电视"，一个是"互联网电视"。我们在百视通的业务介绍里也同时看到了这两个概念，想问问这两个概念是一样的吗？

芮：其实是有区别的。"网络电视"结合了网络和电视，从过去的有线网接收电视信号到现在通过网络获取内容资源，更多的是把电视里的内容进行扩展。

首先是字面上，"网络"可以理解为两种含义，一种是"Internet"，另一种是"Intral－net"。"网络电视"有可能只是在一个圈定的网络内提供的服务，通过 IP 提供。"互联网电视"是一个更大的范围，是有更多的内容源和自由度来提供更多内容，这是二者在字面上的差异。从操作系统上来看，"网络电视"最早不是安卓系统。"互联网电视"概念出现后，原来手机的"安卓"操作系统开始进入电视，把原来移动终端的体验模式和应用带到了电视里。

综合看，"互联网电视"的内容源更广，不仅仅是视频，还包括其他的数据服务。同时还有一个完整的操作系统，比如安卓系统。二者内容来源不一样，一个在"广电网络"中，一个在"互联网"中。

二、集三牌于一身的"广电罪人"

访：百视通的互联网电视业务是如何运营的？

芮：我是百视通互联网电视的见证者。2008 年，我从 Intel 加入上海文广，它有一家公司叫东方宽频，我是总经理。上海文广当时有三块业务：互联网视频（东方宽频）、移动视频（东方龙）和百视通。三家新媒体公司中，我是做 PC 的，另外两个做手机和电视机。2008 年我加入百视通，2009—2010 年启动百视通上市，合并东方宽频和东方龙。至此，百视通成为整个 SMG（上海文广）新媒体的唯一主体，包含了过去的 PC 的视频牌照、手机电视牌照、IPTV 牌照。它意味着百视通成为中国第一家同时拥有三个牌照的企业。

访：百视通的优势是不是主要体现在牌照上？

芮：我认为，牌照的拥有只是迈入"游泳池"的门槛，关键比谁进门之后划得快。百视通是在所有牌照商里划得最快的，运营能力是最强的，更早地开始在新媒体行业中游泳，在涉水的能力上比传统的国有媒体有更强的生存能力。

访：能否举例说明百视通是如何涉水新媒体的？

芮：坦率讲，百视通是最早开始做互联网电视的。东方宽频合并到百视通之后，我们开始发展新业务——OTT 机顶盒，把互联网电视作为主要的发展方向。在这个领域，我是最早进入者之一。我从 2000 年开始做机顶盒，跟国内机顶盒厂商和六大家电企业（海信、康佳、海尔、创维、长虹、TCL）都非常熟悉，后来开始专注于互联网电视的新业务拓展上，也为总局提供一些管理意见，比如 SP 牌照、内容牌照等。

百视通从 2003、2004 年就率先开始做 IPTV 的业务。最早是在黑龙江省开始。当时希望在业务模式上走出一条新路，将上海文广的内容与运营商的宽带服务结合。黑龙江的发展速度快于上海。一个有意思的现象是，广播电视业务在经济不够发达的地方收视率反而更高，比如东北冷，娱乐活动少，上海的文化生活非常丰富，电视收视率不如黑龙江高。所以，我们在东北很快就建立了内容商和运营商合作实现 IPTV 的新模式。但阻力还是很大的，对当地的有线网形成了直接的竞争，成了"广电罪人"，掀起了颠覆电视的新浪潮。

访：您是如何给百视通定位的？

芮：上海可以说是中国的工业发源地，是中国电子行业、电视产业的发源地，出现过很多优秀的电视产业公司。进入信息时代后，上海在这方面落后了。上海要怎么去延续它的历史？该用什么方式延续上海在中国电视产业中的影响力呢？我认为是现代服务业。百视通当时上市主要考虑的因素是，在现代服务业中上海应该成为全国的排头兵，为全国的电视产业提供一个新的模式，为全国电视产业服务定位。工业时代上海是领导者，现代服务业时代，上海应该继续在电视产业中发挥作用，成为新的领导者。这是我当时对百视通上市的思考。

访：在互联网电视试水过程中，您至今印象最深的人或事是什么？

芮：上海文广SMG的副总裁张大钟先生，他分管新媒体工作，是开辟中国传媒IPTV历史的人。他在传媒历史上发挥了重要作用。第一，最早成立了东方宽频，是第一任总经理，最早实现了互联网视频的商业价值和商业逻辑。在2006年德国世界杯期间就第一次采购互联网视频版权，通过版权分销和广告形式建立了互联网视频的商业价值和新的商业模式，给中国的网络视频开创了新的模式。在百视通成立后第一个十年里，无论是开创还是运营，或者商业价值兑现上，张大钟锐利的眼光和执行能力、包容的胸怀都令我非常佩服。我直接接触的、受过恩惠的中国传媒史上的人就是他。在我的工作中，经历了很多优秀的领导，张大钟让我看到了一个睿智、有远见、有判断力、有执行力的领导是什么样子。执行力是非常重要的，很多时候战略和落地是不能衔接的，但张大钟可以做到。

三、重组后的定位选择

访：百视通重组上市后，有人认为它有可能成为BAT之后的第四极，您怎么看？

芮：我认为这个观点是不对的。当时对SMG定位时，我就认为东方宽频的定位在某种意义上不是和优酷土豆来竞争，而是和央视、地方卫视来竞争。也就是说，我们不能把姚明和刘翔来比较，他们不是一个领域的。这涉及一个游戏规则的问题。

竞争很怕的是跑道跑错了。一定要知道竞争对手是谁，才决定你的格局是怎么样的。BAT的格局和我们现在传媒企业转型的格局是两个赛道。基因是很顽强的，优秀的和不优秀的都会一代代传承下去。避开基因谈完全革命的事情，我持保留态度。我认为，传统媒体转型到新媒体上，完全用新媒体、互联网的游戏规则的话我们是无法竞争的，也就是说放弃我们优秀的本领，走到我们不擅长的领域去，历史上、经验上、学术上都认为是无法成功的。

BAT 是互联网公司、平台公司，百度占有信息入口，阿里是商务入口，腾讯是人际关系的入口。信息流、人流、资金流，三流合一。从"三流"这个角度来看，百视通不知道该怎么定位，与 BAT 比较，很勉强。今天百视通应该是在国有体制改革中，和央视的改革、传统国有媒体的转型来进行比较。百视通是内容入口，新媒体中的"媒体"是中心词，是主体，新老只是相对的。不应该和不同轨道的对手进行比较。

访：媒体如果也要"跨界"的话，该往哪里去跨界呢？

芮：媒体做的是影响力，互联网新媒体也是在做影响力，影响到别人，能够影响别人就能建立商业价值。做媒体要坚持一点，就是把媒体这件事本身做好。

四、电视机与家庭图腾

访：您认为以后还有人看电视吗？

芮：我认为有人看，只是电视不一定是现在的形态了。我认为，社会是由家庭构成的，而电视机是家庭的一种图腾。不买其他东西，电视机是一定要买的，象征着两个人合在一起了。从原来的壁炉、收音机到电视，是家庭的一种象征。只要社会不解构，家庭继续存在，电视就会继续存在。在这个意义上，可以将电视理解为"电视家具"，是家庭的一部分，所有人可以一起来欣赏连续活动画面的东西，可能不再叫电视机了，可能是一堵墙，但属于大家共用的设备，像冰箱一样。

五、移动互联网的替代

访：移动互联网会不会像互联网对传统媒体一样，抛弃传统互联网？

芮：我认为，PC 互联网已经在高速地走下坡路了，移动互联网正在高速上升。PC 更多地偏向企业用户，PC 应用更偏向于打字机的应用，Business 应用是主体，而移动互联网是以个人为主体。不是一种完全的替代，但作用、中心地位会被削弱，会颠覆市场的格局。Intel 也意识到这个问题了，要进入移动终端，否则在未来会被淘汰。所以，它一是抓服务器，二是抓移动、抓万物互联。

访：移动互联网目前处于一种什么样的发展阶段和状态？

芮： 发展速度在加快，指数性地爆发，千万不要低估万物互联这个产业的发展。我们应该充分拥抱互联网，现在看到的只是互联网的冰山一角，传媒、互联网创业应该充分意识到移动互联网对格局的影响。做小而美的服务，精致的、极致的小而美的服务的价值在未来还会持续存在。

访谈时间：2015 年 6 月 26 日

第二节　探路广播新媒体

——访北京人民广播电台总编辑王秋

"我们经常讲一句话，'把节目变成产品，把宣传变成服务，把听众变成用户'。我们发现互联网与广播在即时性、互动性等特点上的天然互通，一直在探索如何利用好互联网的媒介属性传播我们的电台内容。我们融合的思路是用互联网思维反哺广播，进一步提升北京人民广播电台在互联网领域的传播力和影响力，将它打造成新型主流媒体。"

——王秋

一、广播媒介与互联网天然匹配

访谈者：在互联网发展初期，传统媒体"上网"是一种潮流。北京广播网是全国第一家地区性广播网站，其成立到平稳运行与我国互联网发展同步，请您介绍一下北京广播网的建成过程。

王秋：北京广播网是2001年8月22日成立的，我们最初是想做一个辅助广播工作的网站，能够把电台的工作动态、宣传动态，业务中的一些优质作品平移到网络上，这是初级阶段。在这一过程中，我们发现这样的网站满足不了听众：一部分听众已经有了在网络上面获取电台广播回放和点播的需求，互联网技术恰好可以帮助我们在这里有所提升。因此，我们在网站的设计方面做了大幅度的调整。

首先是增加了BBS功能。2002年，我们发现可以利用BBS跟听众互动，立刻就组织成立网络资料中心，负责将电台所有栏目组的音频内容转成文字，再粘贴上BBS，并依据内容跟网友互动。当时BBS最多能达到1万人同时在线。

其次是开始尝试视频节目。2004年，我们开始做视频直播，把电台直播内容视频化，从图片到视频都由我们电台独立制作完成。2004年年底，我们在电台所有的直播间、机房都安装了视频设备，也招收了许多专业视频制作人员，可以在网络上实时看到电台直播间里的情况。一开始听众觉得很新鲜，但是看的时间长了，镜头老不切换，效果就不是特别好了。但我们在新媒体与广播结合方面已经有了很好的经验积累，因此逐渐开始承担一些大型电台宣传报道，比如奥运会、电台春晚、"两会"等。

访：北京广播网敏锐地察觉到了社会化媒体快速发展、关注用户双向互动的大方向。基于这些变化，北京人民广播电台在新媒体建设方面还做过哪些有益的尝试？

王：原先电台内容转文字或是电台节目直播视频，因为内容有些单调，效果不是很好，所以我们决定先开始做碎片化处理。文字和视频都进行再加工，变成短文字，重新起标题，对视频进行裁剪。内容多了之后，我们跟技术部门洽谈，将这些频道重新整合，我们自主投资的网站"菠萝台"上线了。

"菠萝台"包含北京人民广播电台全部16套广播频率的近600档直播和回放节目，网友可根据个性化需求，在我们的音频资料库里把电台进行任意组合，把喜欢听的广播，自行列出时间表和顺序，形成自己的专属电台，还可以把自己建立的电台分享给网友，打出的口号就是"我的电台我做主"。

当时"菠萝台"是全国唯一支持多路广播节目混排、自定义各节目播放时间且节目内容实时更新的网络电台。借着"菠萝台"，我们把北京人民广播电台网络基础都整合在一起了。

这个思路在当时是很有价值的，2013年，我们获得国家新闻出版广电总局颁发的科技创新一等奖。当时"菠萝台"积累了近40万的网友，叫"菠萝蜜"，通过点播、流量已经产生了用户黏性，当时类似的APP都没有进入市场，我们是这一领域的先行者。可以说，我们发现了互联网与广播在即时性、互动性等特点上的天然互通，一直在探索如何利用好互联网的媒介属性传播我们的电台内容，"菠萝台"的诞生是长期积累的结果。

二、广播媒介融合要有长远目光

访：移动互联网对广播媒介的冲击是近年来学界、业界热议的话题，这一技术对北京人民广播电台实际发展带来了怎样的影响？

王：2015年，我们网络电台的下一步发展面临战略选择：是选择转到APP，还是继续加大投入，把网站做好。最终台里决定用市场方式解决问题，我们成立了一支基金并分出来一个公司进行投资。那时候喜马拉雅、蜻蜓FM已经占据互联网音频产品市场的大半江山，但我们还是决定拼一下，电台毕竟是以声音见长的媒体，我们也积累了一些优质的音频产品与资源。

2014年11月，我们自主可控的听听FM手机客户端上线了，在保留我们本身电台内容的基础上，纳入了直播功能，也有自主生产的内容。目前客户端累计安装用户超过2000万，月活跃用户（MAU）接近200万，日活跃用户（DAU）超过30万。在传播渠道的设计上也突出了移动互联的多主体性，强调电台内容与其他新媒体平台如微信、微博、抖音的贯通，形成多平台立体内容发布网络。

2015年，我们电台建成了"微信公众号矩阵"，将"北京电台"官微、各专业广播、品牌节目、知名主持人的微信公众号都纳入进来，发展至今已形成涵盖70余个微信公众号的矩阵，拥有300多万粉丝。其中，北京新闻广播运营的微信公众号"问北京"还与北京市委督查室建立了报道问题督办机制。2017年，电台微信小程序"建外十四号"上线，实现了北京人民广播电台16路广播的音频直播、节目回放、精品节目推荐、视频直播等功能。"建外十四号"也在2018年入驻抖音，以生动活泼的短视频形式呈现北京电台内容制作台前幕后的故事，发布短视频93条，播放量326.3万，获得点赞1.4万。此外，我们与北京时间网站、新华社客户端、今日头条、一点资讯、网易新闻、凤凰新闻、腾讯新闻、一直播、秒拍等多家优质新媒体客户端紧密合作，一个集音、视、图、文的立体内容发布网已经形成。

2018年11月8日，我们推出"听听FM"3.0版本。新版本从过去"大而全"的音频聚合平台改变为"小而美"的服务互动平台，以"把美好送到你耳边"为口号，更加突出优质声音与垂直服务相结合，主打广播电台、精品专辑、互动直播、用户社区四大版块，打造一个独具特色的音频服务客户端。借这次客户端的升级改版，我们还激励一部分主持人尝试以互联网思维制作原创音视频节目，让广播媒体在移动端更具吸引力，用垂直类节目精准定位受众。我们融合的思路是用互联网思维反哺广播，进一步提升北京人民广播电台在互联网领域的传播力和影响力，将它打造成为新型主流媒体。

访：北京人民广播电台一直敢于在新媒体领域进行探索，在数次实践的基础上，您认为广播媒介应采取怎样的融合措施？

王：2000年年初，我在《大陆传媒和网络的预言——敢问路在何方》一书中基于当时互联网发展的调查情况，对未来传媒业进行了展望。视频、音频、文字、图片一定不会以单一形式呈现，肯定是你中有我，我中有你。当时的环境看似网络依附于媒体，但是未来媒体一定会依赖网络发展。这些趋势很快得到了印证，我们也就如何促进广播业与互联网的融合进行了多次探讨，应该说我们目光一直放得很长远。

就具体实践方面，我们先在组织架构上做出调整。一方面保留北京广播网，将大部分的人员投入微信公众号进行视频制作；另一方面改变项目组的运行方式，将原先的市场部、采编部整编为小组模式，服务于我们已经经营完善的微信公众号。我们一共成立了17个小组，已经初步搭建起一个微信公众号传播矩阵。为保证传播效果，现在微信公众号都由商业公司统一运营。我们还在不断拓展内容传播的渠道，愿意与更多信息平台合作分发好的内容。中国移动咪咕平台上有我们的音频节目，今日头条和一点资讯也都有推广和内容推送。2017 年，我们开始跟北京时间 APP 进行合作，采用多流采集、多平台实时发布的系统，运用跟车或移动直播进行视频拍摄。

三、广播媒介未来还大有作为

访：传统媒体向新媒体转型已是大趋势，北京人民广播电台未来在融合方向有哪些设计？

王：广播媒体融合的实践虽然很早，推进速度却非常慢，没有先例可循的情况下，只能摸着石头过河。音频很容易与网络相结合，融合在广播行业实际上不存在太高的门槛，但主流媒体有坚守的底线与更高的标准，不会盲目跟从市场逐利，我们内容生产有明确的界限，这很难逾越。

还有一点，我们作为传统媒体进行融合的探索，不是整个跳进去，而是轻轻试水，根据我们的实际情况进行安排。在这种情况下，我们尽可能去了解市场需求，对用户进行整合，以两年为期做短期目标，这样更符合现实要求。

电台从 2016 年开始研究如何做媒体融合，到目前已经确定两个大方向，一是做平台，二是做数据。平台就是开发讯听云，制作采编平台，类似"中央厨房"的雏形；我们还计划建设自己的数据库，负责收集用户信息。原来广播收听指标就是收听率，数据信息量比较少，分散在各个台和部门。现在有微信公众号的支持，我们可以定位用户群体。

我们经常讲一句话，"把节目变成产品，把宣传变成服务，把听众变成用户"。

媒体工作最重要的就是用户，我们收集这些数据除了用于分析，也希望能够在广告方面带来帮助。电台用户扩大确实有难度，我们目前能做的是利用数据库对用户进行分层，并针对这些用户群体提供不同的服务。

访：近年来互联网音频类产品重新在市场活跃，您身在传统广播行业，对这一领域的未来发展有何预测？

王：音频产品的快速发展体现了强大的市场需求，人们对于好声音的需求不会停止。所以我认为无论是传统媒体的音频市场，还是新媒体的音频市场，都会有比较好的发展前景。至于提供什么样的内容，这是将来媒体融合发展的一个分水岭。

传统广播媒介生产的音频作品都能保证声音质量与内容质量，比如我们的《长书连播》栏目，不是只把作品读出来，而是要再创作，用声音塑造形象，把故事讲得绘声绘色，达到享受声音的境界。而商业音频平台相对来说门槛比较低，声音产品参差不齐。短期内可以听一个热闹，但时间长了以后，用户为了追求更好、更优质的音频作品，需要付出相应的费用。

对电台来说，这批专业的、训练有素的人员，无论通过什么样的平台传输，由他们提供的原创作品都拥有持久的生命力。无论商业平台还是传统媒体，一定要有好的作品，应该生产那些有文化品位、有信息含量、有内容享受、有音质享受的音频。

访谈时间：初访于 2017 年 7 月 4 日，补访于 2018 年 12 月 13 日

第三节 "台网融合"的市场化探索
——访中国电影电视技术协会台网协作发展专业委员会秘书长曾会明

"台网融合的含义可以从两个层面来理解：第一，是单向广播方式和互联网双向互动传播模式的融合。传统电视都是广播方式，具有单向传输、点对面等传输特征，而互联网是点对点的方式，所以'台'代表广播方式，'网'则代表更丰富的互动。第二，是内容和渠道的融合。'台'指的是内容层面，而'网'是在一个传输渠道的层面，既包括广电的有线网、无线网、卫星网络，也包括电信网络、互联网等。"

——曾会明

一、摸着石头过河的"台网融合"

访谈者： 您在广电行业深耕了二十余年，在这个过程中，哪一份工作让

您最印象深刻?

曾会明：我是 1994 年从北京大学毕业，一开始在广播电影电视部（国家广播电视总局）的信息中心工作，从事和信息、软件相关的事情。在此期间，我有幸成为第一波互联网建设的实践者，大概在 1997 年前后，我参与了广电部网站的建设。后来工作调动我去做了媒体，在总局的《广播电视信息》杂志社做社长兼主编。2008 年，我辞职创业，创办了中广互联。这是广播电视第三方的一个行业网站，其主要的诉求，是为这个行业提供信息资讯和与咨询相关的服务。从事广电行业 20 余年之后，我意识到了电视台跟有线网络以及互联网融合的必要性和紧迫性，于是 2017 年，我们在中国电影电视技术学会下面组建了台网协作发展的专委会，希望通过第三方的行业组织推进台网融合、台网协作。

说到印象深刻的工作，应该是我参与建设广电部互联网网站的那段时间。当时，我们组织了首届广电行业因特网研讨会。那时候，互联网才刚刚起步，国内还没有互联网这个词，而是根据英文"Internet"直译过来叫因特网。与会的嘉宾包括新浪前身四通利方的汪延、网易的丁磊等一批国内互联网的先行者，可谓是国内互联网浪潮的起点，所以留下很深的印象。

访：目前学界对"台网融合"存在很多不同的定义，您能具体谈谈您是怎么来界定台网融合的?

曾：关于"台网融合"，实际上业界对这个词的概念定义并没有特别统一。在我看来，台网的"台"多半指电视台，"网"则涵盖多种网络，在行业内包括有线电视网、无线的网络及卫星的网络等。2010 年国务院提出"三网融合"之后，不仅包括电信网、广播电视网、互联网，同时也包括移动通信的数据网络。因此，台网融合的含义可以从两个层面来理解：第一，是单向广播方式和互联网双向互动传播模式的融合。传统电视都是广播方式，具有单向传输、点对面等传输特征，而互联网是点对点的方式，所以"台"代表广播方式，"网"则代表更丰富的互动。第二，是内容和渠道的融合。"台"指的是内容层面，而"网"是在一个传输渠道的层面，既包括广电的有线网、无线网、卫星网络，也包括互联网等。从历史进程来说，当年有一个政策叫作"四级办"，即充分调动各级积极性，开办了中央、省、地市、县四级广播电视台。当年这一政策大大推动了全国广播电视的建设。

实际上，近些年"网"的发展很快。一开始网络都是专属网络，需要通过地面的无线电来做传输。随后，20世纪70年代出现了有线电视，80年代发展了直播卫星。紧接着，1994年4月20日互联网正式进入我国，我国的互联网宽带开始大规模普及，再到移动互联网，时至今日，我国已步入"网络泛在化"的阶段。网络技术的变化，带来了视频内容的传播方式的变化。首先，带宽的扩容实现了视频传输的功能。原来无论是移动通信网络，还是互联网都是窄带的，受带宽限制，信息传输的速度差、质量低，信息传输只有通过专属的网络才能够传视频。其次，终端形态从单一转变为多元化。现在的信息传输不仅有大屏电视机来接收，甚至有智能手机、pad等丰富的终端形态。总之，带宽的扩容以及智能终端的普及，逐步形成了从网络到终端整个的生态体系。最终，网络的泛在化、终端的智能化，使得内容可以通过更多的渠道向用户提供视频服务。

访：从历史上看，"台网融合"的形成过程一波三折。当时"台网融合"的背景是怎样的？最大的阻碍是什么？

曾：我认为，从媒体的技术及市场发展来看，内容与渠道存在"合久必分，分久必合"的趋势。媒体、内容和媒介最初是一体的，然后随着技术的发展逐渐分离，之后发展到一定阶段，在渠道、媒介的多元化趋势下，市场竞争又在推动一体化的整合。那么在"台网融合"的关系中，传统有线电视台中的台网是一体的，只有"网"，但不传播内容，它就不成其为"台"，而现在的台网则呈现出分离、再融合的状态。从本质上而言，这是随着生产力的演进，推动生产关系的变化。

为了更好地管理媒介内容和渠道关系的变化，1997、1998、1999那几年，已经有学者提出类似现在我们所说的"三网融合"的概念，当时的说法叫作"三网合一"。就这个命题，当年包括北大周其仁教授在内的多方曾有一场关于"三网合一"的大辩论，议题的核心是如何将广电网、电信网和计算机网（即互联网）进行协同建设与发展，在整个社会形成了广泛的影响。记得当时有一个观点认为，国家基础设施应该由国家统一建设，各家运营商来租用，从而避免一些重复建设，这有点像今天的铁塔公司。当年没有采用这一建议的原因，可能是担心基础设施的垄断会形成寻租。

与此同时，国家开始全面推进信息化。1997 年，国务院在深圳召开了国家第一次信息化工作会议，时任国务院副总理邹家华提出"一个平台三个网"的总体结构，"一个平台"指的是互联互通平台，"三个网"即广电网、电信网和计算机网。也就是，将三个网——国家的信息化基础设施，统一在一个互联互通的平台上。我个人认为，"一个平台三个网"的提法，比后来的"三网融合"更加科学。

当年关于"三网合一"的讨论，回过头来看，焦点在于当时作为先进生产力的有线电视网络能否进入电信、互联网接入业务，甚至成为国家信息化基础设施之一。从技术角度来看，有线电视网络 Cable 线比当时电话双绞线更具备宽带传输的能力，代表着先进生产力，而电话网的网络带宽有限，当时还靠 Modem 拨号上网。比如，当时山东淄博的有线电视已经可以实现电话业务、互联网接入业务的功能。而在此之前，网络都是专属网络，电话网只负责打电话，有线电视网络仅负责电视业务，但是实际上，从网络特征的本质而言，是可以实现功能复用的。因此，网络技术的发展，引发了新的竞争，当年在长沙甚至发生了流血事件。

1999 年，国办发 82 号文件，提出"网台分离"，分离电视台和有线网。而原来有线网刚出现的时候叫有线电视台，它同时拥有有线网络和电视频道，台网是一体的。82 号文件规定，"三网融合"业务，只在上海做试点，其他地方就叫停了。

同期，信产部（现工信部）也提出，由于原来有线电视台是事业单位，如果要做"三网融合"，应该把"台"和"网"剥离开，让"台"去做宣传的事情，"网"参与所谓"三网融合"的竞争。

现在看来，"网台分离"的政策，尽管由于历史原因有一定的合理性，但仍然存在一些问题。一方面，媒体有它自身的规律在，技术上它可以实现内容和渠道的分离，但同时从意识形态上，需要确保内容和渠道的一体性，尤其在中国，媒体作为党和政府宣传的喉舌工具，它拥有了更多的责任；另一方面，随着网络技术的进一步发展，媒体内容与用户的互动需求日益凸显，这需要内容和渠道的紧密配合，而渠道多元化带来的竞争，也催生了内容和渠道进一步整合的需求。

回到"台网融合"的话题,业界开始提"台网融合",主要是互联网发展到一定阶段的产物。一开始的提法可能还是指台网联动模式的"媒体融合",将电视台的内容搬运到两微一端进行呈现。但后期阶段,互联网的发展已经引发产业链重构和价值转移,甚至牵涉一些版权问题。在所谓的"先网后台"的新型播出模式下,逐渐地衍生了专业内容制作的民营企业和资本主导的内容生态,比如爱奇艺等视频网站投入了大量的资金去做自制内容,网大、网剧、网综在这些年发展得越来越快。内容与渠道的关系也就越来越复杂。

二、曲折的商业模式探索

访:如您所说,台与网的关系经历了台网一体化、台网分离、台网联动到如今的台网协作四个阶段,似乎内容和渠道的融合关系更加密切了,这将对商业模式有怎样的影响?

曾:狭义上的"台网融合"是指电视台和广电网络,但目前二者已经不可能再合并为一体了。在国内,他们的资产属性发生了变化,电视台属于事业单位,而有些网络则已经转制为企业了。换句话说,目前"台"和"网"的关系分属两个主体,难以合二为一。

尽管如此,内容和渠道将日益密切,并且驱动商业模式走向台网协作。其背后主要有三个层面的原因:第一,渠道的竞争必然带来内容差异化的追求;第二,传统广播电视媒体线性播出的局限性难以满足与用户实现互动的需求;第三,有线运营商亟待向信息化转型升级。

第一,从市场竞争的角度来看,互联网改变了原有机构的商业模式。在渠道单一的背景下,广电机构主要采用 B to B to C 的模式,即将内容卖给有线电视网络,再由有线电视网络卖给用户。但在移动互联网环境下,能够把视频向终端用户提供的渠道和手段越来越丰富了,即所谓的 OTT(Over The Top),越过这些渠道的顶。

为此,作为渠道,无论是有线运营商还是通信运营商,面临同质化的市场竞争,必须构建差异化的内容新门槛。比如,去年迪士尼对福克斯进行了并购,并推出"迪士尼 +"("Disney +"),本质就是 DTC(Direct To Consumer）的概念，旨在通过差异化的内容，保证用户的留存率。又如，芒果TV 提出来独播战略，即便对版权的对外销售有一定影响，但更大利益在于流入的用户。不过当这些渠道竞争充分，达到一定平衡以后，我相信这种独播又会开放，内容和渠道的绑定又会解耦。因此，我认为，渠道和内容的关系是合久必分，分久必合，才能符合社会化分工的自然规律，实现价值最大化。

第二，内容和用户的互动关系发生根本性的变化，用户不仅仅是被动的消费者，而是真正主动参与到内容生产环节之中，甚至能够改变内容进程。这不仅仅是传输介质、内容分发方式、消费内容形式的改变，更主要的是产业链的变革。在这一方面，央视已经做了一些尝试，把电视作为主播出平台，然后通过互联网进行互动，比如春晚红包等，只不过这些互动功能仍处于初级阶段。如果未来互动增加以后，应该打通所有渠道，比如有线网的用户可以直接通过机顶盒的遥控器进行控制，这相比通过手机再去扫码参与互动，大大精简流程，提高互动效率。

第三，以用户为中心，覆盖全渠道、全终端、全场景的内容生态。传统的服务以媒介为区分，视频网站就在电脑上，电视台就在电视机大屏上看，服务用户的场景都相对固定单一。但是未来，媒体生态将围绕着用户需求而覆盖不同场景，然后提升内容服务的精准度。换言之，未来的台网融合需要整合所有资源，更多地以人为本地全方位提供服务，用户在哪儿，服务就要能在哪儿。比如制作《健康之路》电视节目，其本质不是节目内容本身，而应该定位于做健康服务。那么除了在《健康之路》开设一个栏目，制作者还应该考虑在社交媒体、网站上投放哪些内容，应该如何去组织医疗专家，为用户提供更精准细致的服务。

因此，对于媒体而言，必须深刻认识到整个互联网的发展和信息流的打通性，不断革新自己的商业模式，放下原来高高在上的、只做内容输出的姿态，去产生更多的连接和关系，直接到达用户。只有做到有台有网有渠道，才能够与用户形成更深度的互动、更广泛的连接，实现深度的服务，完成自身商业模式的转型。

访：当前党和国家越来越重视大数据的安全性。目前，"台网融合"泛

连接的商业模式不可避免地会涉及数据隐私问题。"台网协作"应当如何平衡二者的关系？

曾：从国家层面上来讲，对于大数据的安全性关乎社会安全问题、政治安全、意识形态安全，甚至是军事安全、国家安全，因此，必将对大数据的管理提出更高的要求。中国政府对于信息化和网络安全的重视程度，甚至也发生了顺序的变化，将网络安全前置于信息化。因此，台网协作需要发挥广电网络的资产纯粹性的优势，即根据 WTO 的规则广电网络不对外资开放，并由它负责国家智慧城市项目，来保证大数据的安全性。

在国际上，广电网络在整个 WTO 里面也具有特殊性要求。区别于电信网络，它有一条规则叫文化例外（Cultural Exception）。这条 WTO 规则最初由法国人提出，目的主要在于对欧盟进行一体化管理，欧盟希望能够持续地保持他们自己的文化传统，不过多地受外来文化的影响，对于任何一个区域或民族都有这样的诉求。而对于电信网络，应全球化趋势，是必须对外资开放的，它仅发挥了一个通信工具的作用，比如中国的三大电信运营商，都是有外资参股的。总之，广电网络在大数据安全方面发挥着作用，由于它具有特殊的资产属性，将成为数字中国、智慧社会的主导、支撑性网络。广电网络要充分利用政策优势，主动探索商业模式，兑现其社会服务功能。

2019 年 6 月，广电也获得 5G 牌照，它拥有了更多的网络服务能力，其实对国家来说，多一个第四运营商没有意义，原来三个兄弟挣钱，现在只是多一个孩子来分钱，分到四个孩子兜里。更重要的是，要意识到网络数据对于社会结构和政治结构的影响，避免数据泄露或谣言扩散引发社会失序。

访：那么在商业模式改革过程中，有没有让您印象深刻的商业化案例？

曾：在台网协作方面，不少机构做了一些尝试。比如重庆台，它有一个面向少儿的地面电视频道（台），他们与重庆有线（网）合作开了一个专区，叫 i12，这实际上是个重庆话，12 的谐音是幺儿，孩子的意思，i12 是爱幺儿的意思。它除了提供直播，也可以提供点播，同时二者之间还可以相互打通。当用户在观看重庆少儿频道的时候，如果发现一个感兴趣的节目，可以选择观看前面一集的点播，或者后面一集的付费点播或者相关联的一个剧集，抑或是相关联的产品或者商品订购。事实上，它有机地对线性和非线性的内容进行了组合。除了做电视大屏，它还设立了一个手机 APP 的专区，尝试开展一些线下的活动。可以说，它已经成为一个面向少儿的服务平台，而不仅仅是一个播放少儿电视节目的产品，那么未来就一定会走向线下的少儿教育、玩具市场等。由此看来，媒体未来一定走向服务业，因为媒体本身的公信力，赋予了它强大的跨界连接能力。

国际上，也有类似的案例，比如迪士尼发展主题公园。这些演变其实都没有脱离开原来最传统的塑造品牌的商业模式。本质上而言，它就是一个内容加产业的模式，形成一个品牌。但就迪士尼而言，其实它生产的内容并不是很多，量并不是那么大，但是它的品牌很深入人心，在全球品牌内，都具有广泛的影响力和知名度。只不过现在有了互联网，有了更精准的数据，可以获得用户信息的反馈和更多的互动，能够衍生出更深度的服务模式。目前，迪士尼有了更大的动作，它不但收购 FOX，也控股了 Hulu，但它依然觉得 Hulu 这个平台不够，还是要做"迪士尼＋"，更新的一个品牌。

总之，广电行业应当发挥公信力的优势，只要做好品控和社会连接，就有机会延伸产业链。基本的商业规则从来不会改变，最简单来讲，有需求就会有供给，而且等价交换。只是因为网络终端提供了反映用户需求的数据，进而带来了渠道和服务的变化。

三、5G 时代"台网融合"的出路

访：5G 对台网协作商业模式起到了一个什么作用？

曾：最主要的作用简单用两个字来讲，就是赋能。5G 不只是一种技术，更是一种能力。许多学者也曾提到 5G 跟 1G 到 4G 最大的区别是，4G 是改变人们的生活，5G 是改变整个产业，乃至整个社会。换言之，1G 到 4G 主要是对 C 端的影响，5G 是对 B 端的影响。那么就 C 端的影响来说，4G 刚出来的时候，央视曾经让我做过一个研究，就是 4G 对版权以及视频市场的一个影响，当时至少有两条结论，我觉得在现在来看都是完全正确的。

第一，版权的规则会进一步规范。由于能够看视频的终端、场景、渠道增加，它的规则问题就会受到更多的重视。第二，社交短视频会快速发展。现在短视频已经快速发展了，但当时还没有抖音、快手等短视频 APP，这个

结论大体上是没问题的，但其实还有一点差距。我觉得下一步是短视频的社交化，包括腾讯也在发力，开发微视等产品。

但是5G不一样，5G带来的是万物互联，各行各业通过5G结合于物联网，社会会产生前所未有的巨大变革。具体而言，通过5G的赋能，广电可以通过内容连接各行各业的服务，可以生产丰富的跨界产品。比如今年的中秋晚会在洛阳开，中间穿插李白描写洛阳的诗词等，都是洛阳城市对外的形象宣传和推广。这可以说也是媒体＋产业的一个案例。

回到台网协作这个层面，它只是媒体融合发展趋势中的一个节点，我们认为二者通过融合和协作能够更好地去推动媒体融合，更好地推动媒体的商业模式转型。如果再结合上5G，它会使这种能力更强，它所有的连接会更加顺畅。因此，在5G的赋能下，广电现在也在转型升级为运营服务的主体，再加上文化例外的特征和属性，它就具备更多的这种跨界能力，从而提高用户体验。

访：2020年3月，国家广播电视总局召开落实《全国有线电视网络整合发展实施方案》电视电话会议，加快推动全国有线电视网络整合和广电5G建设一体化发展，就"全国一网"整合工作进行动员部署。这对广电行业有怎样的指导意义？

曾：国网的整合和5G建设一体化主要有两方面的意义：一方面是保持政策的一致性；另一方面，互联网技术提供了台网协同发展的契机。

十年前，2010年1月，国务院作出了加快推进电信网、广播电视网和互联网三网融合的决定。但是回过头来看，当时推进"三网融合"有一个非常重要的背景。当时全球正值金融危机，那次的常务会议主要讨论的也是怎样应对全球金融危机。2010年年初，在部署全年经济工作时，提出"三网融合"是希望能够应对金融危机，拉动产业发展的。"三网融合"实际上是广电、电信业务的双向进入，但当时广电网络还是一个分散的网络，没有办法真正实现双向进入。

十年之后再看，当时说希望"三网融合"拉动经济增长的目标，我认为是没有达到的，其实也很难达到，因为其先决条件就难以满足。先决条件就是当年电信改革的时候，由一家中国电信拆成几家，有中国移动，后来又成立了网通、联通、铁通，然后又重新几次整合。当时是垄断、服务差、价格高，一开始装一部电话要几千块钱，但那时候人们收入才几百块钱，那几千块钱实际上是国家给予的政策，是作为电信的建设基金，目的在于快速地集资建设。后来，通过打破垄断、增加竞争的市场调节手段，确实在一定程度上起到了快速拉动整个经济增长的作用。而 2010 年提出"三网融合"的时候，市场跟当年电信重组的时候已经大不相同，并没有太大的空间了。

国网的全国性整合，可以说是源于 2010 年提出的"三网融合"，是当时政策的一个延续。但是现在三网融合，正如我前面所说，多一家运营主体竞争其实没有意义，对国家也没有意义，这个时候实际上它的意义已经转化了，就是国家在大数据发展的阶段，需要一个智慧城市、数字中国、智慧社会的大数据安全运营网络，那么作为广电这张全国性的网络，应该去承担怎样的责任。

另外一个层面，技术升级推进传输渠道的融合。传统的电信网络、电视网是专属网络，二者难以相互逾越，但互联网属于数据传输，能够跨越电信网络、电视网的鸿沟，直接通过 IP 技术进行 5G 传输。因此，5G 和全国一体化运营是政策统一性和技术驱动的结果，也决定了商业模式的未来。

四、5G 时代的网络视频与广电行业

访：5G 时代网络视频对广电行业有什么影响？它们是不是在一个赛道上？

曾：对于视频不同主体之间的竞争，有没有 5G，其实都有竞争。只要存在互联网宽带，就将带来激烈的竞争。只是 5G 对所有主体来讲都是一种赋能的关系，谁有能力把 5G 用得更好，谁就更有可能在竞争上又往前走一步。

访：5G 将对视频行业带来怎样的影响？

曾：我从三个方面来说这个问题。第一，从 5G 的角度来看，它一定是对整个行业的影响，而不只是在视频行业。第二，从视频的角度来看，5G 确实可以带来更好的用户体验、更大的带宽，包括将来的终端，或者显示技术、投影技术越来越成熟以后，它能带来类似于全息投影等更丰富的体验。但现阶段有些技术未必那么需要 5G，4G 已经满足用户的视频观看需求了。如果再进一步发展，比如技术可以实现全息投影的时候，需要更大带宽传

输，5G 肯定更能发挥作用。第三，从内容制作和传输层面来看，如果无人机结合 5G 的技术，可以带来非常丰富而精彩的直播。之前 4G 也有类似的技术，但是通过将几个 4G 的卡绑在一块等过渡性的技术方案来解决，而 5G 无疑使这种能力提升了。未来的冬奥会转播将充满亮点，比如可以通过 5G 技术拍摄滑雪项目的俯拍镜头。

但是，整体而言，5G 对整个产业带来的变化将不会像 4G 对 3G 那么迅速。不过我相信，正如 Win-tel 联盟推动 CPU 与操作系统交替发展，5G 网络也一定会推动终端和各类行业应用的发展。现在 VR、MR、全息投影等终端产品的屏幕、显示技术、电池技术都已经在逐步变化了，那么未来跟 5G 的结合肯定还会有更丰富的衍生品。

访：网络视频和广电之间是什么样的竞争关系？网络视频给广电行业带来了哪些挑战？

曾：目前来看，网络视频和广电之所以竞争激烈，本质上是因为它们采用了近乎相同的商业模式，皆以广告和内容付费等两大模式为主。不过互联网的商业模式会稍微多元一些，比如爱奇艺、优酷、腾讯等视频网站，尤其是腾讯和爱奇艺，它的用户付费收入超过广告收入，可见它们在会员制度和广告投放之间有一定的博弈，会员制度比例增加，即意味着减少广告收入。当然现在也衍生了 VIP 基础上的产品，做 VVIP，但当未来商业模式趋同的时候，仍然存在竞争。

下一步，电视台的媒体融合，不是简单的主力军进入主战场，这只是一个运营层面的事情，更多还是要实现商业模式根本的变化，向整体的服务转向。在节目层面，目前已经出现趋向市场的分工。广电在新闻上有专营权，主要生产新闻、时政等内容，但娱乐性内容，比如综艺和电视剧越来越多地被资本控制。

湖南台至少在综艺上还有一定的优势，收视率排第三，这主要得益于它独特的内容制作规则。前些年广电其实有提到社会分工，或者说社会组织形式问题，叫"制播分离"，即制作和播出分离。当时在制作的社会化发展下，由资本负责做电影、做电视剧，诞生了华谊、华策、光线等一批民营企业。但是湖南台提出的是"台内制播分离"，他们认为内容制作的源头要牢牢掌握在自己手里，否则内容制作的主体不利于电视台去企业化，因此，湖南台才有了今天内容上的优势。

总之，广电实现媒体商业模式转型之前，竞争会越来越激烈，而且这一阶段是资本说话，互联网企业会越来越具有优势。而对于广电来说，无论是台还是网，除了发挥媒体的舆论引导、娱乐功能之外，更应该在智慧城市、数字中国、智慧社会领域发挥自己独特的优势。

访谈时间：2020 年 10 月 19 日

第三章

网络论坛构建新型舆论空间

作为意见交换与民意汇聚的场域，网络论坛具备了公共领域的特点，成为思想文化的集散地和社会舆论的放大器①。1994 年 5 月，国家智能计算机研究开发中心开通曙光 BBS 站，这是我国第一个真正意义上基于国内网络体系的 BBS 站点；1995 年基于校园网的"水木清华"论坛与基于 Chinanet 公网的"一网情深"论坛相继开通，中国第一批网民就此聚集，体验这一新型互动媒介带来的自由表达，网络论坛成了新的舆论场。

随着网络论坛搭建技术的开源，网络论坛数量在 1997 年前后快速增长，其内容的影响力从线上发展至线下。如 1997 年 11 月 2 日发表在"四通利方"论坛题为"大连金州没有眼泪"的帖子被《南方周末》编辑、转载，成为第一个登上报纸媒体版面的网络内容。1999 年，以人民网强国论坛为代表的主流新闻网站论坛迅速崛起，政治与民生话题成为网络论坛的主要内容。主流新闻网站论坛以中央及地方重点新闻网站为依托，在凝聚共识、舆论引导方面发挥优势作用，正如时任强国论坛部主任白真智所言，"强国论坛在党和政府各界人士与广大网民之间构筑了沟通的桥梁，承担着坚守主流价值，传递民意民声的使命"。2000 年至 2006 年，以"西祠""猫扑""凯迪""天涯"为代表的商业论坛得到快速发展。西祠胡同原总经理刘辉在访谈中谈到，与主流新闻网站论坛不同，商业论坛的内容更加"贴近民生、贴近生活、贴近百姓"，向着人文、生活、体育、娱乐、时尚等领域积极拓展。网

---

① 谢新洲等：《互联网等新媒体对社会舆论的影响与利用研究》，经济科学出版社，2013 年 10 月。

络论坛的交互性和匿名性，一方面有利于公众意见的自由表达与社会问题的解决，如"孙志刚"事件等；另一方面，个体意见经过发酵后易演变为群体舆论，甚至会出现群体极化、网络暴力等乱象，对网络内容治理提出挑战。2009年之后，社交媒体以及移动互联网的兴起，对网络论坛产生了一定的冲击，很多网络论坛未能与时俱进而逐渐式微。

本章立足于网络论坛的发展历程，以"强国论坛"及"西祠胡同"为样本，通过访谈相关负责人，对以下四方面问题进行梳理：一是主流论坛的诞生、发展及转型；二是商业论坛的发展历程及变化；三是网络论坛面临的突出问题以及管理；四是媒体融合时代，网络论坛的发展方向。

第一节　强国论坛惊艳亮相

——访蒋亚平、何加正、单成彪和白真智四人

"强国论坛就是一个权威性和大众化结合的论坛，是广大老百姓参与的议政议事平台，关注国际国内大事，关注国家经济社会发展，关注民生民意，关注老百姓关心的话题。这个定位必须明确，大家的认识必须统一。只有这样，最终才能形成强国论坛的个性。"

——何加正

"我很快意识到开通论坛的机会到了，但是否需要请示。考虑过后决定不经请示、直接发布新闻和开启论坛。这在当时是很有风险的事情，但其实综合分析下来是一个水到渠成的决定。"

——蒋亚平

"强国论坛通过发挥互联网的特性，把民间舆论场和官方的一些声音结合起来，借此在海内外产生影响，因此强国论坛在互联网发展历史上有其独特的贡献。"

——单成彪

"20年来，强国论坛承载着千百万网友的拳拳爱国心，将社会各界

的爱国之情、强国之智凝聚成建设和谐社会的力量。我想这是强国论坛最大的特质和得以发展的根本原因。"

——白真智

一、强国论坛两大特色：嘉宾访谈互动平台和热点事件舆论场

访谈者：作为我国新闻网站类第一个时政论坛，强国论坛从创建以来一直承担着"政府官员与网民互动、传达民情民意"的角色，与其他网络媒体相比，强国论坛最大的不同点，或者强国论坛得以发展的根本原因是什么？

蒋亚平：嘉宾访谈是强国论坛的王牌栏目，就是结合时事或者热点事件进行的人物访谈。

何加正：到我接手强国论坛时，网友变得更加复杂，开始谈论一些低级的、庸俗的、无聊的话题，不再以关注国际国内民生和与老百姓生活相关的话题为主。这也是我们下定决心采取措施，把强国论坛建设成权威性论坛的原因。我们邀请到了成思危同志来强国论坛做访谈，他是第一位做客人民网访谈栏目的国家领导人，这样强国论坛的权威性就一步步做起来了。

单成彪：与其他论坛相比，强国论坛的嘉宾访谈是最具竞争力、最有特色的一个优势，也是在各个新闻网站里最早开始做访谈的。强国论坛成立不久，邀请的第一位访谈嘉宾是王逸舟，针对当时北约轰炸中国驻南斯拉夫大使馆的事件，请他帮助大家分析国际局势，理性看待一些事情。强国论坛逐步成为政府官员、专家和学者等表达一些想法、与网民进行交流和对话的一个场所。

白真智：强国论坛自诞生之日起，致力于打通官方、民间两个舆论场，在党和政府及各界人士与广大网民之间发挥了重要的桥梁纽带作用。强国论坛不仅为用户提供线上交流的平台，更通过多种形式的线上线下活动为网友提供建言献策、实现价值、施展才智的舞台，为引导舆论、凝聚共识发挥了独特的作用。20年来，承载着千百万网友的拳拳爱国心，将社会各界的强国之智凝聚成建设和谐社会的力量。我想这是强国论坛最大的特质和得以发展的根本原因。

访：访谈之所以成为特色栏目，除邀请的嘉宾比较有吸引力外，还有什么好的做法吗？

单：首先，坚持访谈嘉宾与网友的互动。访谈几乎全是以网友的提问为主，问题提得好，专家的回答分析也有特色。这种通过网络突破空间的即时交流，能碰撞出火花，碰撞出一些智慧。

其次，坚持访谈内容的分享与多次传播。嘉宾访谈的内容，有的在访谈过程中转出去，有的整理出来形成访谈记录被媒体转出去，有的编成新闻在电视台、报纸、网站等进行多次传播，受到了海内外媒体的高度关注。

最后，坚持访谈形式紧跟技术发展的变化。早期的访谈是以文字为主，网友提问，嘉宾回答。嘉宾自己输入文字，或者我们的速记员代录入，强国论坛是第一家用速录做访谈的论坛。后来逐步出现了图片、视频等形式，访谈也逐渐走向专业化，但始终保持着互动的精神。

白：目前，访谈主打高端名人访谈和中央政策、重大热点事件解读两大版块。高端访谈立足高端、权威、专业，主推有影响力的访谈。中央政策、重大热点事件解读的访谈，答疑释惑，回应社会热点和网民关切，从而正确引导网上舆论，强调时效性和传播效果，嘉宾主要是长期关注所在行业最前沿话题的新锐中青年专家学者、意见领袖、学科带头人等。

访谈主题选择上兼具广度、深度、热度，高大上与接地气并重。注重访谈提纲设计，问题紧扣社会热点，从老百姓最关心的带有普遍意义的热点话题切入，做到下情上达。访谈嘉宾要把中央的方针政策讲通讲透，入脑入心，从而实现政府与公众的良性互动。

随着移动互联网的迅速发展，短视频迅速占领巨额互联网流量。我们越发注重后期内容提炼和小视频剪辑制作，根据不同平台的传播特点量身定做不同的小视频，通过微博、微信、客户端、抖音、快手等多个新媒体平台分享转发，从而使访谈传播效果达到最大化。

二、强国论坛创新转型发展历程

访：蒋亚平先生，强国论坛创办之时，正好是互联网进入中国的第五年，哪些事情使您印象深刻？

蒋：一是我们对互联网的认识和态度方面。早在 1996 年创建《人民日报》网络版时，我们就在酝酿论坛的事情。但是考虑到三方面的原因，觉得时机不是很成熟，论坛就没有放在《人民日报》网络版。首先，1996 年还是"谈网色变"的时候，提起互联网就容易和黄色的东西联系起来；其次，因为 20 世纪 90 年代中国的网民比较少，当时没有相应的管理经验；最后，《人民日报》开设网络版本身就是一个很大的突破，当时为稳妥起见我们就没有创建论坛。

二是两个比较重要的抉择。1999 年 5 月 8 日晚上收到北约轰炸中国驻南斯拉夫大使馆的消息之后，我当时面临着两个方面的抉择。第一就是这则消息是否发，如何发。第二就是我很快意识到开通论坛的机会到了，但是否需要请示。考虑过后决定不经请示、直接发布新闻和开启论坛。这在当时是很有风险的事情，但综合分析下来是一个水到渠成的决定。1999 年 5 月 9 日上午，全名为"强烈抗议北约暴行 BBS 论坛"（以下简称"抗议论坛"）在《人民日报》网络版上线，当天大概有 9 万多个帖子，几乎全是抨击美国和北约的。6 月 19 日，"抗议论坛"开通一个月左右，我们根据当时的形势，把"抗议论坛"正式改名为强国论坛，以强国的精神内核继续运行下去。

访：何加正先生，您接手强国论坛时，其状况是怎样的，并做了哪些创新性的探索或者尝试？

何：从临时的"抗议论坛"发展成长期的强国论坛的决策是非常好的。但是，强国论坛经过一段时间的发展，在读者层面和国家管理层面都出现了很大争议，甚至有可能影响到它的生死存亡。这里面既有长期形成的社会主流意识对这种形式的不适应，也有强国论坛自身的许多问题。主要是方向感有些模糊，从业人员缺少明确的是非界限的把控能力和度的把控标准。特别是一些敏感的政治话题，明显超出了法律界限，突破了社会容忍的底线。这些问题如果处理不好，就会严重影响它的权威性和影响力，甚至影响它的生存。所以，首要任务就是怎么为强国论坛重新创造一个能够良性发展的环境，妥善解决人民网自身存在的问题，为强国论坛的长远发展奠定基础。对此我们进行了一系列整体性的整改。

首先，进一步明确强国论坛的发展方向和定位。明确强国论坛是人民网所办的论坛，具有《人民日报》的属性。它必须符合人民网的身份和办网宗旨。具体来说，强国论坛就是一个权威性和大众化结合的论坛，是广大老百姓参与的议政议事平台，关注国际国内大事，关注国家经济社会发展，关注民生民意，关注老百姓关心的话题。这个定位必须明确，大家的认识必须统一。只有这样，最终才能形成强国论坛的个性。其次，整体性提高员工素质，加强人员学习培训。根据强国论坛的定位和长远发展的目标，对强国论坛的从业人员和编辑进行多方面培训，提高大家的理论水平和业务素质。再次，制定具体的管理措施。在内容方面，坚决删除、清理以往无聊的、调侃的、低级的内容；在论坛开放时间方面，也做了相应的调整。这些有效的措施扭转了强国论坛一度被社会各方诟病的情况。最后，决定把强国论坛扩大成强国社区。成为社区后，以强国论坛为主的强国社区，内容更加丰富，功能更齐全，品牌更响亮，人气更加旺盛。这也为后来的发展开拓了更大的空间。

访：白主任，现在社交媒体日益崛起，面对网民的分流，您觉得这种情形对强国论坛的发展有什么影响？强国论坛最需要改进的是什么、坚守的是什么？在具体转型发展中，强国论坛是怎样做的？

白：强国论坛被誉为"中文第一时政论坛"，是人民的传声筒，政府的麦克风。在 BBS 论坛整体式微的情况下，客观上来讲这种情形对强国论坛的发展也带来很大的不利影响，强国论坛也同样面临用户分流、传播力减弱的局面，但是强国论坛依靠自身特有的平台优势和长期积累下来的官员、专家等优质用户资源，依然充分发挥打通官方与民间两个舆论场、汇聚民智、正确引导网上舆论的桥梁作用。

在新媒体强势崛起的情况下，强国论坛最需要改进的是坚守论坛的爱国强国特质，聚焦使命任务，坚持守正创新，增强品牌意识，整合优质用户资源，提升原创内容的专业性与不可替代性，充分发挥微博、微信、抖音、快手等多种新媒体优势传播论坛的主流声音，要善于运营与引导，在趋于目前大众需求的情况下保留自己的特色才是强国论坛真正复兴的方向。强国论坛最需要坚守的是强国论坛打通官方和民间两个舆论场的桥梁作用不能变，爱国与强国特有基因不能变，权威性、大众化、公信力的担当特质不能变，坚守权威声音、主流价值，坚持传递民意民声的使命担当不能变。

在具体转型发展中，作为时政网络论坛，强国论坛不断创新内容生产，深耕用户关系，提升访谈品质，拓展线下活动，推动公民有序参与国家政治生活，充分汇聚网络正能量，人民访谈紧跟时政热点。2018 年，强国论坛的人民访谈栏目完成访谈 130 场，嘉宾近 190 人次，其中 62 位副部级嘉宾，4位正部级嘉宾，4 位副国级嘉宾，2 位外国政要。原创视频爆款迭出，创新交互升级用户沉浸式体验，累计阅读破亿。紧跟新媒体阵地，拓展年轻网民用户。2018 年 6 月，我们开通了强国论坛抖音官方账号"强国号"。这是强国论坛积极探索新兴媒体平台的一次尝试，在新媒体平台为强国论坛占领发声地，摸索一条让强国论坛用户焕发活力的道路，拉近与年轻网友群体之间的距离，同时实现了部门优质内容的多形式、多平台传播。

三、强国论坛启示录

访：强国论坛的发展期正好也是我国互联网高速发展的时期，为了适应外部环境的变化，强国论坛做了哪些调整？

单：首先，强国论坛的栏目或者内容随着时间的不断变化也在相应地进行调整，以适应互联网的发展和网民的一些需求。我们频道相关的内容根据网友的兴趣进行分流，比如读书开设读书论坛，体育开设体育论坛，地方发展开设地方论坛，与女性频道相关的开设情感论坛，版主和网友聊天就是联谊会等，慢慢地就形成了一个论坛群。实际上就是从论坛到论坛群、慢慢地再发展到社区，就是现在看到的强国社区。随后，逐渐引入博客、播客、微博等功能，不限于时政，还包括其他的内容，形成一个网友有黏性的强国社区。

其次，强国论坛实行严格的管理规定和人性化管理相结合的管理方式。一方面，我们除严格遵守相关的法律法规外，还精心编撰了强国论坛用户的管理条例，例如，网友发布的内容、注册的用户名、留言板等每一项都有非常清楚的规定。另一方面，在这些规定的前提下，我们的版主实行人性化管理，与这些网友交流，挖掘出好的意见，把这些闪光点整理出来，变成新闻报道或者内参舆情，有的报道还会发在人民网或者《人民日报》上。

　　最后，人民网专门成立论坛部应对强国论坛中出现的管理问题，组建了国内第一支专职版主队伍。专职版主专门服务于时政论坛，无论是政治素质要求，还是各种人文素质要求都比较高。我们首先从人民网的各个编辑部门，如中文、体育、外文频道等挑选骨干；然后根据发展需要，又陆续招聘了一些有一定工作经验的版主充实队伍。

　　白：20年来，伴随着中国互联网的发展和人民网的快速壮大，强国论坛也由原来单一的网友BBS论坛成长为UGC（用户生产内容）、PGC（专业生产内容）、OGC（职业生产内容）齐头并进，既关注和倾听网友声音，也持续传递权威声音，搭建党和政府与人民群众沟通的新平台，在人民网各品牌栏目中独树一帜。短短一两年来，短视频迅速崛起，折射出技术发展和社交需求对青年信息获取方式带来的深刻改变。人民网互动部顺应移动传播规律，打造出"Rap动画唱两会""高考满分舞""雄安电子书"等一批"现象级"融媒体"爆款"，导向正、创意新、质量优，相关特色精品策划累计曝光量破亿。抖音官方账号"强国号"，目前已发布498个视频，积累粉丝超54万，获赞1722万余次。进一步通过多元化产品形态充分彰显了新时代主流媒体的活力姿态。

　　20年来，围绕诸多重大事件和热点，累计有2000多位嘉宾做客强国论坛与网民交流，这一长串名单包括了国家领导人、省部级官员和世贸组织总干事、俄罗斯总理、各国驻华大使等。

　　强国论坛积极举办线上线下各类策划、活动。连续十多年在全国"两会"前期推出"我有问题问总理""我为政府工作报告献一策"，征集网民建言献策；2015年3月26日，强国论坛网友刘建华应邀到中南海参加座谈会，在会上做了关于网络问政建议的发言。令我印象深刻的是，网友"黎莘"发帖说，强国论坛之所以强，重要一点在于论坛的平等开放，论坛里不分职业、职务高低，"我们对国家政策、对社会、对政府官员都可以发表自己的看法，也可以提出建议"。

　　访：您觉得强国论坛在这些年的发展过程中，对我国互联网的发展有哪些贡献或者留下哪些可以借鉴的经验？

　　单：强国论坛通过发挥互联网的特性，把民间舆论场和官方的一些声音结合起来，借此在海内外产生影响，因此强国论坛在互联网发展历史上有其独特的贡献。

在经验方面，我们也是有总结的。互联网发展带来的这些新鲜事物，首先不要惧怕而是要勇于尝试，同时也不能放松管理，只有两者结合起来才能够使互联网各种形态的栏目有比较好的发展。其次就是在互联网，尤其是移动互联网到物联网快速发展的背景下，探索更多的中国新经济快速整合发展的可能性。现在互联网发展很快，尤其是在移动互联背景下，社交媒体、社交平台、各种应用和电商平台发展也很快，与西方发达国家相比，应该说中国有种弯道超车的感觉。最后就是鼓励中国老百姓发挥创造力，他们的创造力发挥出来是很强的，所以在将来我们会看到互联网还会有更精彩的东西出现。

白：强国论坛发展的一个重要经验是理性。爱国不需要理由，但需要理智，理智来自尊严和自信。少一点冲动，多一点常识；少一点抵制，多一点实干；少一点戾气，多一点温度。从强国论坛运营和发展的实践中，我们发现，需要把加强教育、提高网民素质与加强网络立法、净化网络环境相结合，既要防止极端民族主义、民粹主义，又要防止历史虚无主义，引导网络爱国主义有序、健康发展。

近些年来，带有爱国主义色彩的事件频发，公民自发形成的相关网络舆论随着现实事件的演变而不断发酵，并会反过来助推事件的进一步发展，其中所包含的广大民众的心声也受到了国家和政府的关注。因此，我们在大力弘扬社会主义核心价值观，共筑伟大中国梦的同时，也必须充分重视网络爱国主义情感的理性表达这一现实议题。

强国论坛发展的另一个重要经验是开放。以后的发展，坚持开放的胸襟是最基本的前提。今年是强国论坛诞生20周年。1999年5月9日，强国论坛诞生于满满的爱国情怀之中。20年间，强国论坛是人民的传声筒，传递了社情民意；20年间，强国论坛是网友的麦克风，构筑了沟通桥梁。风雨兼程二十载，继往开来续辉煌。20岁的强国论坛朝气蓬勃，正焕发着青春的力量！

访谈时间：蒋亚平访于 2017 年 3 月 16 日；单成彪访于 2015 年 12 月 18 日；白真智访于 2019 年 7 月 15 日

第二节　西祠的传奇与转折
——访西祠胡同原总经理刘辉

"西祠在艺龙待了 15 年，15 年中有好的是艺龙给的，也有艺龙的弊端让西祠失去了发展机会。尤其是刚才提到的那段时间，确实是后悔的，但既然已经发生了，也还是可以通过其他方式弥补。"

——刘辉

一、西祠传奇

访谈者：您最早是做通信的，西祠是做论坛的，什么机缘让您转入西祠？

刘辉：我从 1994 年就开始接触互联网。最早接触的是邮件系统。我那时候在爱立信，当时它就在做通信，很先进。因为当时很多人都在用传真。估计你们年轻人已经不知道"传真"这个概念了。那时都是传真来传真去的，时间很不好把控，但是有了邮件系统就很方便了。当时的邮件好像用的是 DOS 系统。

进入摩托罗拉之后，正好公司在向信息化转型，我才真正开始关注互联网。1996 年的网站界面很简陋，只有几块内容，但是我已经觉得它很了不起了，网上的东西比报纸更丰富。2000 年左右，互联网第一波浪潮期间，我接触的还不是论坛，而是三大门户网站以及像亿唐、艺龙这类宣传比较广的网站。通过跟他们接触，对互联网创业热情比较认同，互联网当时的快速发展促使摩托罗拉无线寻呼整个部门，几乎从老板到下属，一起关注并转移到互联网上。那时候我们有个域名叫 asia.com，这是我第一次真正跨入互联网行业。也就从那时起，我真正进入了西祠，因为西祠 2000 年被艺龙收购掉。我是在当年 6 月份加入的。后来由于工作的变动，我再一次重新接管西祠工作是在 2003 年 5 月。这才真正加入了西祠，开始完全跟 BBS 接触。

访：您最初接触的 BBS 就是西祠吗？当时印象比较深的是什么？

刘：一开始就是西祠。当时觉得西祠还挺神奇的。因为这个网站跟其他网站不一样，它更多是文字表现形式。其他网站图片会多一些。当然，西祠各版里面会有一些图片，但给人的第一印象就是文字。然后有很多内容在里面，有很多网友互动。它明显跟当时的三大门户网站新浪、搜狐和网易，以及亿唐，都不一样。当时觉得挺有意思的。但是并没有深入研究 BBS。

2000 年到 2006 年间，凯迪、西陆，以及后来逐渐成长起来的天涯和我们的西祠号称四大社区，当时西祠首屈一指，排在最前面。我只关注这四大社区，当时还有网易的社区和新浪体育论坛等。社区从技术上、人气上，覆盖范围上，西祠应该都是首屈一指的。所以当时很多人玩完西祠之后，就不会再玩其他论坛了。

地方性的论坛从 2008 年前后，风起云涌，相继起来。除了像我们这种综合性社区之外，地方性、专业性的论坛开始兴起。我比较关注的是跟我们形态比较一致的，比如四大社区，另外一个就是杭州"19 楼"。

访：您能说说西祠胡同早期用户的情况吗？

刘：前几年，我跟响马年代的老用户交流过。响马对技术比较热爱，一直以来我认为响马在技术方面属于大咖级。他有自己的个人兴趣。他当时开发的这个平台，应该说是个相当先进的互动系统，首批用户就是来参与技术交流。另外就是情感交流和本地话题交流。因此，西祠的最早使用者就是技术 Fans（粉丝），还有一些本地玩过论坛的用户，因为用户体验完全不一样，被吸引过来。

最早靠口碑传播，即行业内的人口口相传。现在的人们说微信好玩，当时就说西祠很好玩。就这样，西祠传遍了全国。2000 年艺龙并购西祠是一个重要节点，当时是完全收购。

为什么艺龙会收购西祠呢？艺龙现在的定位很清楚，做商旅和酒店，但最早不是。最早是全国有名的生活网站，提供当地的吃喝玩乐信息，而且有一个全国性交友频道。当时很简单，就是你把照片发上去，然后就可以互相联系起来。西祠被收购后，艺龙将这些内容导到西祠里面，对于西祠日后成为全国综合性论坛有至关重要的作用。因为，它让西祠的用户成倍往上翻，再加上西祠论坛的独特性，先进的技术性，很快风靡全国。2000 年到 2003 年，应该说是西祠发展的一个火爆点，也是关键的增长点。

　　2010 年之前，西祠用户构成一直没有太大变化，从阳春白雪到下里巴人，什么都有。它是当时中国整个社会的一个缩影。2009 年出现微博之后，对西祠的冲击是比较大的。现在，西祠用户及运营实际上转向江苏地区。所以我们更关注江苏本地用户的生活和话题。这与大的形势不无关系。

二、两大挫折

　　访：您刚才谈到微博的冲击，您觉得西祠胡同在不同发展阶段遇到的困难和挫折主要有哪些？

　　刘：西祠 18 年发展历程中遇到的最大一次挫折在 2003 年前后。因为当时整个艺龙公司要上市，对所有的部门都有收入要求。西祠被它收购后，也算是整个公司的一个部门，因此也有营收的要求。这对西祠而言，是第一次吃螃蟹。它第一次在免费互联网的大环境下提出了收费。当时要求，每个月开版费用 5 块钱。在 PC 时代，互联网跟用户收费是奢谈。因为最早养成的习惯都是免费的。不像现在移动时代，你交钱付钱，天经地义。西祠做了第一个吃螃蟹者。

　　当时互联网环境中，这种逆向而行造成一批很优秀的版主流失，甚至导致版主跟西祠发生对立化情绪，这也是一个很大的打击。当时正好是整个西祠运营人员最少的时期，就 2～3 个人。我加入西祠后，加大了整个运营投入，加大了官方和版主之间沟通交流的机会。尽管网站某些站规政策方面不尽如人意，但是通过与版主之间的很人情化的人际交流和活动，有助于恢复版主心态和社区生态。2003 年 12 月，西祠在南京搞了第一次轰动全国的大聚会，为整个社区的恢复寻找到一个平衡点。

　　另一次挫折发生在 2009—2010 年。在转型移动的过程中，西祠遭受了第二次冲击。这个挫折跟西祠的发展没有太多关系。我们西祠管理层应该说是比较有危机感和超前意识的，在 2009 年的时候决定成立移动开发组，但由于艺龙当时自身比较困难，把西祠的移动升级决策给否掉，我们不得不把移动开发小组取消，让西祠丧失了一个最早的竞争优势。这个挫折主要不是自身发展原因，而是外部原因。移动互联网，迟一步，就迟百步。如果西祠能在2009年发力尝试移动，我觉得，西祠不至于像现在这样受微信、微博的冲击这么大。主要挫折就是这两次。

访：您刚才提到艺龙收购西祠之后，它作为一个部门，管理上有什么影响吗？

刘：一个独立的网站变成了一个部门，管理上肯定有影响。网站变成艺龙网站下的一个频道，既有好的一面，比如，艺龙把自己的交友社区也并进去了，这对西祠是一个巨大的推动，同时也有不利的一面。因为西祠的发展要跟随艺龙的发展，这对西祠是一个巨大的制约。艺龙公司好了，资金放一放，西祠就会好一些。等到艺龙要收一收的时候，正好赶上西祠要发展，就会造成负面影响。比如刚才说的西祠移动开发，正赶上艺龙最困难的时候，它一收缩，西祠的最大发展机会就没了。西祠在艺龙15年，15年中有好的是艺龙给的，也有艺龙的弊端让西祠失去了发展机会。尤其是刚才提到的那段时间，确实是后悔的，但既然已经发生了，也还是可以通过其他方式弥补。

三、西贝落地

访：我们看到当时西祠社区有使用西贝货币，当时这个思想是比较超前的，这是出于什么原因？

刘：从2005年开始，西祠响应当时政府的号召，开始落地运营。我们叫"三贴近"，即贴近民生、贴近生活、贴近百姓。这是第一点。第二点，2003—2005年政府刚刚介入互联网管理，对西祠的管理事实上被作为整个国家互联网管理的试点。因为过去互联网都很简单，都是浮在空中的。十年前，很盛行这种互联网是虚的观点。虚拟社会怎么管理，这就是当时政府给我们的一个课题。我们当时就认为互联网一定是跟现实生活密切相关的，互联网不可能长期脱离现实生活。这是我们当时的一个判断。根据这个判断，西祠在2005年前后让论坛从虚拟走向现实。所以那段时间，西祠社区讨论版从过去的谈天说地，谈政治、谈经济转向谈生活，为西祠真正的落地打下了一个基础。西祠开始尝试落地，就是所谓的O2O，而真正的O2O风潮在后面几年才开始。

我们当时怎么做O2O。我讲个例子。当时我们到一个商场去，两层楼里面有很多小店。这些小店都有一个共同的属性，都有西祠的版号。也就是说，每一个有趣的店名背后对应的都是西祠讨论版里的版号。我们当时也很吃惊，并不是我们去引导他们这么做，而是网民自己在做。网民推动了我们的落地化。这是第一。

第二个就是商业化。后来顺应这种潮流，我们就开始与他们进行合作。这时西祠就把线上的人气转化为线下的商流。我们做了线上线下集合，我就在考虑线上的行为能不能转化为虚拟的货币，这虚拟的货币能不能跟线下的商品和真实的交易打通。这是我们在2005—2006年开始筹划的事情。在当时，确实是相当超前。这是西祠的创新。

另一个创新是在2008年我们就开始筹办线下婚博会。现在线下的展会风起云涌，各种网站都在做。但最早婚博会是西祠的创意，线上所有婚博会商家在西祠均有自己的讨论版，那我就把线上人气带到线下婚博会。这也是怎么把线上的人气变为线下的商气和现金流的一种方式。

现在的社区，无论是西祠也好，还是其他社区，没有一家不在做线下。线上只是它一个辅助的工具。但线下更多的是一种实实在在的服务。这已经成为一种常态了。老百姓要的还是实实在在线下的服务。

四、试点实名

访：刚才您提到，西祠作为国家互联网管理的试点，做了哪些管理探索？

刘：2003年我来西祠之后，提出互联网要有秩序，但无为而治对西祠的发展也是至关重要的。这也是为什么线上线下有那么多好的形式。

2008年我在外做讲座说过，西祠一个是无为而治，一个是顺势而为。我们西祠一定是所谓的小政府，松散管理，轻管理。顺势而为就是瞄准西祠社区中的网民需求而动，促进社区自动形成运营形态变成一种模式。这是西祠无为而治最大的好处。

但无为而治也不能完全违背现实生活中的要求。例如，2003年我们曾把个人版变成官方版，当时对西祠来说注册版或者申请版是非常自由的东西，但一旦影响到线下真实企业行为时，一定要管。当时还没有正式的法规，都是根据官方盖章的公函、律师函进行调整，这种管理方式一直延续至今。现实生活中，用别人家的品牌、名称注册，要通过人工协商和干预达到圆满解决，这在西祠已成为惯例。这种处理方式既松又紧，是有秩序的松散，这个模式对于西祠线上线下的发展是有利的。后来，遇到一些本地著名品牌和企业关于版号版名问题时，我们进行了管理创新。第一，和原有版主协商；第二，建议著名企业或著名商标自己注册论坛版号，我们会在后面加"官方"进行引导，既不伤害原有版利益，同时也保护著名商标。这种管理在线下越来越落地，打破互联网虚拟空间概念。

纯粹的松散管理对网站初期发展利大于弊，但是后期，不管是O2O还是整个线下，这种松散管理是网站方和政府要去改变的。到现在为止，网络为什么要提倡清朗空间，这既是我们强调的，也是政府希望去做的。西祠实名制，不仅是响应政府要求做试点，也是西祠模式转变需要。不同于国家的一刀切式的实名制，我们提供更多的服务，鼓励网友对言行进行一定约束。

访：网络实名制至今也存在争议，它对网站的商业化有什么影响？

刘：新鲜事物总是有利有弊。国家在2012—2013年开始治理互联网，从国家层面解决网站和网民间的矛盾。比如第一次要求实名制，网民不理解为什么西祠要这样做，就不来玩了。一旦国家规定了，网民会认同国家意志。网站则不断尝试承担社会责任，商业性会减弱。

五、新锐媒体

访：2003年西祠入围《新周刊》新锐媒体，您认为西祠为什么被称为媒体？

刘：2006年到2008年间，互联网在讨论自己能不能成为媒体，能不能成为国家认同的主流媒体。那个时候，互联网被认为不入流，是谣言散发地，主流媒体对互联网都是不屑一顾的。2003年我加入西祠时，朋友都不太赞同，但被评为新锐媒体还是挺自豪的。对我来说，一方面，西祠BBS模式是向上的趋势，西祠在Web2.0流行之前，早就是Web2.0式的互动。最早的新浪、搜狐、网易只是单向传播，没有互动，西祠的互动技术是大家最认同的方式。另一方面，西祠汇聚了草根人群的观点和意见，这些意见能在2003年被《新周刊》认同是对互联网的赞赏，对以社区为主的互联网媒介属性的认同。历史上，西祠在话语方面扮演了先锋角色。

访：西祠是如何成为媒体的？

刘： 2008年是互联网走入主流媒体的元年。有几件大事。第一，奥运会在国外传递火炬时，网络媒体第一次和主流媒体发出相当的声音。第二，汶川大地震中网络媒体在速度、参与度、贡献内容方面超过传统媒体。第三，奥运会开幕式的网络传播。从2008年起，网络媒体成为参与公共事务的亮点，真正走入主流媒体。

这一年，西祠也发生过一些公共事件，比如，"徐宝宝"事件中，因为医院工作人员疏忽，婴儿未得到及时救治，导致其病情恶化不治身亡。西祠第一次在网络上通过公众参与传播，促进医疗事故得到公正透明解决。另外，网络反腐第一案也从西祠爆发。网民检举揭发南京房产局局长，通过人肉搜索，展示其贪污轨迹。后来很多反腐事件也从网络陆陆续续曝出来。2008年，网友利用西祠影响力，利用草根媒体，推动公共事务进步。天涯后期也发生过类似的事件，接过了西祠的大旗。政策对西祠的管理是趋严的，影响了西祠后期的一些发展，但这对企业来说是社会责任，是要做出一定牺牲的。

六、明日论坛

访：您觉得BBS这种形式会在未来以什么形式发展？

刘： 论坛社区毕竟商业化比较难，任何公司要生存下去，必须考虑商业化，商业模式。论坛不是纯粹的工具，商业化要么跟行业结合，要么跟本地生活结合，这样才能有商业之道，所以论坛发展这么多年，要么落地，做本地化社区类，要么和垂直社区结合，这是从商业角度考虑的问题。

访：怎么才能完成商业化呢？

刘：今天，中国互联网发展的方向不同于 20 年前。现在互联网已经成为生活的一部分，将来的发展方向还是根据人的需求而来，而不是空想创新。华东和北京的不同在于，我们这边更多从老百姓的需求出发发展互联网。第一从生活，第二从工具，并非完全从资本角度考虑，而是要将生活成本降低。这也是我们的发展战略，即通过提供更好的产品和功能服务使得我们社区能够在困难环境下生存下去。现在的十大社区，凡是能落地的，我觉得基本上都是可以抗严冬的。所谓落地，就是要跟老百姓生活相关，能帮老百姓解决问题，老百姓自然会信任你。

访谈时间：2016 年 9 月 10 日

第四章

数字阅读促进出版融合

数字技术的发展深刻地变革了人类获取信息和阅读的方式。正如中国新闻出版研究院副院长张立所说，数字化技术可以将内容从具体介质中抽离出来，变成信号直接传输，在终端再与显示介质结合，变成可以阅读的内容。这种由技术驱动所带来的本质性变化势必会导致内容生产、传播方式的彻底变革。正是伴随着数字化、信息化的发展趋势，媒体融合初见端倪。传统图书出版的周期与现代人的阅读需求之间发生了冲突，传统的图书出版流程面临着新型阅读方式的挑战，要求出版社在媒体融合的进程中更多地创新。由此，出版业开启了数字化、数据化、网络化的转型升级。

1989 年，重庆维普资讯有限公司创建《中文科技期刊篇名数据库》（为《中文科技期刊数据库》前身），是我国最早发行的中文全文数据库。1990年底，《经济日报》建立了我国第一个报纸全文信息数据库。1993 年，北京万方数据股份有限公司推出了我国第一张数据库光盘。同年，超星数字图书馆成立。1996 年，中国知网建立了"中国学术期刊全文数据库（光盘版）"。1997 年，武汉大学出版社出版了《文渊阁本四库全书》电子版；1999 年，上海人民出版社出版了《文渊阁本四库全书》原文及全文检索版。从纸书上网到全文数据库，从纯文字形式到多媒体呈现，印刷载体不再拘泥于纸张而以电子形式存在；网民开始从"读者"向"传播者"甚至"生产者"转变，阅读习惯日趋碎片化；新型信息存储、查询、阅读技术与设备，加速了传统出版业的新媒体化进程。

需要指出的是，传统出版业与新媒体并非零和博弈。新媒体在即时性、交互性上具有传统媒体不可比拟的优势，而出版是知识的集萃，更是文化的传承。因此，在"海量化""碎片化""分众化""泛娱乐化"的内容生态下，出版在内容整合、规范、分析上的作用就更不可替代。[①] 正如王志刚所说，出版社的责任，就是要把这些碎片化和无序化的信息重新整合和调整，让它变成有针对性的、有用的信息。因此，出版社在信息高速发展中，要确定自己的位置和责任。归根结底，新媒体变革的是内容生产方式而非内容本身，传统出版在内容价值提取、优质内容孵化、用户需求挖掘等方面优势仍然明显，在媒体融合发展进程中仍保有其独特且广阔的发展空间。但放在"数字化—碎片化—体系化"的数字出版发展进程[②]中，当前的数字出版仍然处于碎片化阶段，缺乏面向系统化管理的知识架构。对此，知网总经理王明亮坦言，现在的共享还只是一些文章，只是一个初步的状态，真正要共享的不是线性知识，而是个人知识、硬性知识。可见，内容整合与价值提炼始终是数字阅读与数字出版的题中之义。

第一节　在碎片化阅读中寻找定位

——访电子工业出版社原社长王志刚

"出版社的责任，就是要把这些碎片化和无序化的信息重新整合和调整，让它变成有针对性的、有用的信息。因此，出版社在信息高速发展中，要确定自己的位置和责任。"

——王志刚

[①] 谢新洲、石林：《数字阅读构筑内容生态内核——访时任阿里巴巴数字阅读事业部总经理胡晓东》，《出版发行研究》2019 年第 8 期，第 61—63、60 页。

[②] 张新新：《变革时代的数字出版》，北京：知识产权出版社，2016 年 1 月。

一、电子信息奠基媒介融合

访谈者：您曾长期在电子工业系统工作，接触互联网较早，能请您从信息化角度，谈谈中国互联网发展的背景吗？

王志刚：我于1965年开始在电子工业部，曾在电子行业发展司、通讯与系统装备司担任副司长，1998年到电子工业出版社，实际上没脱离电子工业。1983年，美国人阿尔文·托夫勒的《第三次浪潮》一书出了中文版，它对我们国家的信息化发展起了非常重要的作用。但当时，大家对信息技术的认识还很片面，所能够拥有的技术也很局限，所以就简单地认为，信息技术推动工业化发展就是机电一体化，即机械和电子结合。在此背景下，国家把电子部和机械部合并了，成立了机械电子工业部。

因为我们国家的机械化生产是有一定基础的，加上计算机控制设备后，产值可以翻五番。由计算机来控制这些设备，实现了设备飞跃式的发展，显现出它的重要性和作用。它的局限性就是阻碍整个信息化的发展，信息化基础设施建设仍然处在一个很薄弱的状态。打电话基本上还是那种模拟式的，数字式的交换设备占的比例还很少，很多地方电话还不通。

这里有一个故事。有一位外国专家到中国来工作，在边远地区帮我们安装、调试设备，很长时间没有办法和家里联系，等到他回家的时候，夫人已经不在了。就是因为长时间没有通信联系，发生家庭变故后不能第一时间获知消息。那个时候，很多外国专家到中国来安装调试引进设备，要跑很远的地方才能打上一次电话，这就是当时整个的信息基础设施落后的实情。

访：电子工业在信息化进程中发挥了怎样的作用？

王：到了20世纪90年代，我们国家大力发展通信事业，通信网络和通信设备的建设速度和数量都是史无前例的。1993年电子工业从机械制造业分离，成立新的电子部，部长是胡启立。新的电子部做了三件非常重要的推进信息化工作的事情，一个是"三金工程"，一个是打破通信垄断，一个是提倡"三网融合"。

"三金工程"指的是金卡工程、金关工程和金桥工程，是我们国家信息化发展的基础，也是互联网发展最前沿的基础。那个时候，国家提出用信息技术来改造和提升金融系统。因为当时我们的金融系统非常落后，信息不畅通，30%到40%的资金处于在途，不能够及时发挥资金效应。所以，中央提出来要建立金卡工程。金关工程主要是服务对外贸易，提升我们的贸易效率。金桥工程实际上就是在政府内部建立一个数据信息系统。当时的实时统计数据上不来，有时候差半年，等你发布某信息的时候，情况早就变了，特别是地方和中央的信息断裂。金桥工程就是要把政府间信息连起来。随着"三金工程"的发展，实际上衍生了若干金字号工程。

打破通信的垄断对我国互联网发展也是至关重要的。因为过去的互联网发展依赖于通信技术的发展。当时的通信是由邮电部主管，它既制定政策，又做管理，又做经营，所以市场完全是垄断行为。过去装一部电话，要花5000元左右，还不一定装得上。手机出现后，更是一机难求，价格更贵。老百姓也没有其他更好的选择。当时电子部涉及的只是装备制造业，并不适合介入通信运营。但是，为了打破垄断，由电子部联合电力部、铁道部成立了新的通信运营公司，即联通公司，这样介入通信运营，打破垄断。所以，此后才有铁通、网通、联通、移动还有吉通等公司。

三网，一个是计算机网，一个是电信网，一个是广播电视网。由于部门纵向的主导，三个网是各干各的，相互不能融合。电子部侧重于计算机网络，邮电部主导电信网，广播电视部主导广播电视网。电子部就提出"三网融合"倡议。三网如果不融合，我们的互联网发展还是有障碍，还是受到很大影响。

新的电子部在国家利益的主导下重点解决这三个问题。当然更重要的是加强基础建设，发展微电子、软件和计算机技术。通过新的电子部与相关部门的共同努力工作，我们的信息化与互联网建设有了一定的基础。

另外，随着经济全球化的发展，特别是我国改革开放的进一步深化，加速了互联网的进步。我们经过15年的谈判，加入了WTO，有力地促进了我们的经济发展和互联网发展，有利于我们和其他国家的互联互通。同样，我们和各个领域的交往日益频繁，也加速了互联网的发展。

二、着眼未来布局网络出版

访：到了出版社后，您是如何将互联网与出版社工作联系起来的？

王： 从 20 世纪 80 年代末期到 90 年代初期，我们和澳大利亚之间有一个机械和电子的双边委员会，每隔一年到澳大利亚去开一次会。后来就发现他们的信息传递非常快，通过万维网很快就能得到一些新的信息。这时，我开始对互联网有了一些认识和接触。后来也看到他们在科研、医疗、信息传递等互联网应用上有了初步发展。接下来，我们通过雅虎也和美国之间有了电子信息、邮件的来往。

我记得十多年前，有人曾经做了一次互联网生存实验，有几个志愿者，他们封闭起来，除网络外对外不得用其他方式，不许出门，通过互联网看看能不能生存。这个实验做了一段时间，后来不成功。因为他们想吃饭买东西，当时能外卖的商家很少，快递也跟不上。那时候想通过互联网来生存，还是有一定障碍。但是现在生活却一点也离不开互联网。

1996—1998 年，中国互联网发展得特别快。那时候有很多海归，回来以后的工作重点就是互联网，就是成立网络公司。比如张朝阳，成立了搜狐。曾在我们社工作的副社长王明君，他到斯坦福大学去读博，也接触了国外迅速发展的互联网。1998 年回来后，想和出版社合作建立网络公司。当时，他还邀请了同在斯坦福学习的同学，台湾《中华时报》的股东，一起建立网络公司。这个网络公司的宗旨就是以教育、出版、网络为主，形成知识服务的网络平台。对个人的服务主要是满足专业需求，包括单元的集合、学习辅导和动态课程。对企业的服务是进行员工培训、教育体系的建立和在线指导。但是后来由于融资的问题和合作伙伴的变化，这个公司就没有组建起来，这是 2000 年 12 月的事，我们当时花了一定的时间和精力去筹划这件事，对我社后来出版与网络的融合发展是非常有益的。

那时候我想，今后的出版社，面临着网络的挑战，这是不可回避的，必须高度重视网络的发展，如果出版社不建立自己的网络，迟早要失败。一旦我们的出版禁令解开，网络公司就是出版社，网络公司就可以随时出版，而且任何人都可以成为作者，边界会越来越模糊。当然，目前我们国家对于出版仍然有严格要求，有政策准入和限制，书号不是随便有的。一旦我们改变书号的管理办法，比如变成备案制，那么网络公司都可以出版，都会变成出版单位。那威胁是很大的。

访：网络出版公司没有组建成功，有没有做其他尝试？

王：实际上，我到出版社，首先抓的是内部计算机网络的建设。我们首先把计算机技术应用到生产管理中来。那时候我们的着重点是要练好内功，使我们自己的管理水平上一个台阶。我们建立了一个 PMIS 系统，就是出版管理信息系统，让整个出版流程处于可控范围。我们也建立了 ISO9000 的管理程序，使我们的管理非常有序化。

在我们练好内功的基础上，也在想我们如何向外开放。所以我们很快建立了门户网站。1999 年到法兰克福参加书展前，我跟信息中心的同事讲，希望自己在法兰克福参展时看到我们的网站，一定要把它放到互联网上，我希望在国外能看到。实际上，这是给他们增加压力，让他们快一点把门户网站建立起来。门户网站不仅仅宣传我们的出版社和图书，而且也通过它建立我们与作者、读者的紧密联系。我们在国外以及香港特别行政区、台湾有很多合作伙伴，既有版权引进，也有版权输出，我们这些合作也是通过网络建立起来的，并随时会和外面的出版商通过电子邮件进行沟通，我们获取信息和合同的签订都是在网络上进行。所以就很快。

访：我看到一些资料介绍，你们在 1999 年的时候已经开始网上售书了。能介绍一下当时的情形吗？

王：对，我们很早开始有网络售书。我们最早的售书主要有两个渠道，一个是新华书店，一个是科技书店。后来就增加了网络渠道。从数字图书的品种上说，那时大概有 1000 种。我们当时的主要合作伙伴有北大方正、书生、中文在线等网站，主要通过网上阅读器进行阅读和下载图书，但是由于资金回流不畅，后来也没有完全地搞下去。

访：除了销售图书以外，互联网对出版社还有哪些影响？

王：互联网也提供了一些新的机遇。我们成立了一个九州时讯公司，当时重点是对外推广我们的系统，向别的出版社推我们的系统。后来它逐渐转变成数字出版领域的一个主要的公司。现在，他们是新闻出版署数字化出版的一个重要协作机构。

访：您觉得互联网对出版社影响大吗？

王：我 2007 年退休后，就没有再接触到社里其他事。现在应该说是新老媒体并存的阶段。新媒体实际上对报纸杂志影响很大，但是对出版来讲，稍微小一些。

尽管网络小说、微小说、微视频、微电影等新媒体出现了，但是要完全取代传统出版或者传统电影应该还有一个过程，给我们留有一定的余地。图书在网络上的销售，虽然增长幅度很大，但是总体的网络图书效益还是不如传统的那么好。

访：目前出版社主要效益还是来自传统纸质出版吗？

王：对，目前还是这样。我们真正的效益还是从纸质图书收回来的，特别是从教材收回来的。我们并没有从网上下载图书服务收到什么效益。实际上它应该是付费的，形成一个闭环，这样无论是对作者还是对出版社，都是一种能够良性循环的有力促进。所以，我觉得我们必须这样做。

目前，这个体系并没有完全有效地展现出来，对网络图书的发展有一定的影响。但是，我们没有完全受它阻碍。我们专门成立了一个教材的网站，就是华信教材网，它把我们的教材转化为课件，直接提供给学生和老师。这样既推动我们教材图书的发行，同时又促进了我们跟老师和学生的沟通。华信教材网现在做得不错。它不仅仅有我们社里面的图书，还包括别的出版社的课件和图书，这样我们可以提供更多的资源。

访：您觉得未来互联网能与传统出版业整合吗？

王：现在，人们的生活跟互联网已经是密不可分了。因为我也是搞通信的，通信的一个最高境界就是任何人在任何地点、任何时间都能和他取得联系。现在应该说基本上已经实现了。这与移动互联网有很大的关系。因为原来互联网都是基于计算机的，现在终端变成了手机，更便捷了。

另外，人们获取信息的主要来源也是依赖于互联网，每天早上我都要打开手机浏览网络上的新闻。互联网本身也具有开放性、包容性、渗透性和互联性。互联网的发展对经济的牵动，是倍增作用，一旦你把互联网用得好，它就是一种倍增器。互联网成了政治、经济、军事和人们的日常生活中一种非常重要的利器。

当然由于发展速度很快，也出现了一些问题。主要是安全问题。另外个人隐私是否能得到很好的保护、如何预防网络黑客攻击、治理网络诈骗、网络沉迷、网络色情等都值得重视。

人文是决定互联网发展的一个非常重要的基础。今后作为出版社我们还要更坚持内容为王、内容为主的发展思路。出版社实际上就是一个信息资源的提供商。我们要给大家提供的是科学的、先进的、有效的、非常有价值的内容，这样我们才能立于不败之地。我们要选择好这方面的内容。另外，我们自身，也要进一步利用好互联网。现在的 PMIS 系统已经升级了，我们现在批阅选题，或者批印数都可以随时批，包括在手机上就可以批，已经无纸化了。即使领导没有时间待在办公室，也随时可以办公，随时可以批文件，系统已经变成我们的一个工具了。还有，现在的朋友圈也发挥了很好的作用。我们新书的推荐、作者的联系、酝酿选题，都可以通过朋友圈来发挥作用。这就是一种融合，也是很好的一种利用。所以从互联网今后的发展来讲，我觉得就是向物联网发展，向智能化发展。智能化是第四次浪潮。

三、正视变化坚守出版责任

访：信息碎片化时代，出版社还有哪些优势？

王：从信息发展讲，社会面临着碎片化的信息发展形势。信息是碎片化、无序化的，这种信息实际上是没有价值的。所以出版社的责任，就是要把这些碎片化和无序化的信息重新整合和调整一下，让它变成有针对性的、有用的信息。出版社在信息高速发展中，要确定自己的位置和责任，探索怎样更胜一筹。我曾提出，作为专业出版社，要专，要精，要新，要特。就是说，要有专业出版社自己的优势。

什么是优势？就是在这个领域非你莫属，有自己的专长和特色。另外，要做精，人家同样可以做的事件，我们要比人家做得更精致，更能够打动用户。特，就是要有自己的特色。新，就是要快，要把最新的东西提供给大家。因为信息有时效性，过时就没有更多价值了。所以在这方面，出版社还占有一定优势。

出版社有什么样的能力和水平，就看你用什么样的人。出版社最重要的资源就是人才，有好的编辑，就能吸引和联络好的作者；有好的销售人员，就能开拓好的销售渠道，这样就能出好书，出畅销书。所以，我们不惜一切代价来吸引更多更好的人才。因为我觉得出版社最核心的就是人。

访谈时间：2016 年 3 月 3 日

第二节　技术创新驱动数字出版
——访中国新闻出版研究院副院长张立

"数字化技术可以将内容从具体介质中抽离出来，变成信号直接传输，在终端再与显示介质结合，变成可以阅读的内容。这种由技术驱动所带来的本质性变化势必会导致内容生产、传播方式的彻底变革。"

——张立

一、技术创新支撑数字出版

访谈者：出版业早在互联网进入中国前就已开始数字化转型，您能简单介绍数字出版在中国的发展历程吗？

张立：数字出版在我看来大致可以概括为加工工艺的数字化、产品形态的数字化与销售模式的数字化三个方面，这与我国出版数字化的发展历史基本吻合。

在时间上，数字出版可分为四个阶段。

第一个阶段是电子出版时代。大约在 20 世纪 90 年代，它是数字出版的最早时期，在工艺上体现在激光照排技术的应用，在出版物形式上出现了 CD – ROM 或 DVD – ROM 等光盘产品。当时国家也出台相应的管理规定，认为电子出版物是数字出版的形态之一，电子出版一词被广泛应用。

第二个阶段是互联网出版时代。大约 2000 年前后，随着互联网技术的普及，门户网站发挥了媒体的功效，在传统媒体内容的基础上进行加工与再传播。这仍然是由数字技术主导，但与上一阶段最大的区别在于，有形的电子出版物逐渐被无形的网络内容所替代，实现了内容加工的网络化、产品形态的虚拟化。互联网技术同时还拓展到阅读消费端与内容发行端，网络图书销售平台的建立与原创内容刊载平台的崛起，成为互联网出版阶段的新特征。

第三个阶段是"数字出版"时代。这里的"数字出版"是狭义的概念，以区别出版业整体数字出版转型的总称。它的特点是以"数字"或"数字化"直接表达这一阶段日益丰富的出版业数字化转型的全部实践。其标志是2005 年我国召开的第一届数字出版博览会，会上发布了我国第一部数字出版产业报告，在报告里我对"数字出版"进行了定义，并对数字出版产业进行了描述。我提出：广义上只要用二进制这种数字化手段对出版的任何环节进行的操作，都是数字出版的一部分，包括原创作品的数字化、编辑加工的数字化、印刷复制的数字化、发行销售的数字化和阅读消费的数字化。这是一个"泛出版"的定义，但今天看来，"泛出版"正是数字出版的特征之一。从 2005 年开始，我国（也是全世界）拉开了为期 10 年的出版业数字化转型的大幕。

第四个阶段是知识服务时代。时期大约从 2015 年开始，其标志性事件是原国家新闻出版广电总局委托中国新闻出版研究院组织了国家知识资源服务模式试点工作。从 2015 年 3 月开始，至 2018 年年底，我们先后遴选了四批共 128 家单位参与了试点工作。知识服务、知识付费成了这一阶段的热词，无论是传统出版单位，还是新兴的互联网企业，都在大踏步地进入知识服务领域。知识服务的重要特点之一是内容产业的跨界融合。因此"融合出版"也成了这一阶段的热词。

数字出版物最为显著的特征之一是内容与介质的分离[1]。我记得 2006 年我首次提出这一观点的时候，大家还很陌生，没明白是怎么回事，但后来这却成学界广为使用的概念之一了。在纸质媒体时代或者平面媒体时代，传统

---

[1]　张立等：《数字版权保护技术与应用》，北京：电子工业出版社 2013 年版，第54—56 页。

意义上的出版作品，内容与介质是合一的，并且有封装形式，即使只是一张报纸，内容也不可能脱离纸这一介质而独立存在或独立传播，它必须依附于纸介质。而数字化技术可以将内容从具体介质中抽离出来，变成信号直接传输，在终端再与显示介质结合，变成可以阅读的内容。这种由技术驱动所带来的本质性变化势必会导致内容生产、传播方式的彻底变革①。

目前数字出版处于知识服务阶段。在人们传统认知中，书本与知识可以画上等号，但现在来看，是不是所有的出版物都有成为知识的价值还需要去商榷。但当个体通过阅读内容获取或丰富某些可产生实际效果的能力，内容就发挥了知识的作用，人本身就变成了知识服务的主体。而在信息化时代，纷繁复杂的内容就是可以提供服务的主体。当服务的概念明确后，只要能发挥真正帮助意义的内容都可以被容纳进来，这就形成了知识服务。这一轮新技术革命的特点之一是打破了工业文明形成的专业分工，跨界融合成为趋势；之二是人工智能将内容变成了服务。因此，打通知识发现、知识创新与知识应用的边界，将知识内容直接驱动为服务，是未来的一个趋势。

访：技术发展除对出版业业态有巨大影响外，在出版管理层面上是否也有相应的变化？

张：我国的出版管理政策与管理机构设置，一直是与时俱进的。刚才提到的数字出版发展的四个阶段，每一阶段都体现着管理政策与管理机构设置的调整与进一步完善。如在电子出版阶段，我国于1994年将电子出版物纳入出版管理，1996年3月14日新闻出版总署出台了《电子出版物管理暂行规定》。在当时，人们对技术认识仍然有限，究竟什么是电子出版物，管理规定中其实没有确切的定义，只用枚举的办法以例子说明，如利用CD-ROM、CDR、CDRW存储等传播是电子出版物的一个类别。在这个阶段的管理，虽然内容通过数字技术变得抽象，但因为实体还是具体出版物，所以各类细则还是在延续传统出版的管理方式。

在互联网出版阶段，Web2.0时代用户不仅生产内容（UGC），还会自行

---

① 张立、汤雪梅：《月下沉吟久　几时锦字裁：中国数字出版业十年发展历程及趋势预测》，《编辑之友》2012年第1期，第85—88页。

对内容进行二次加工、编辑，甚至内容的每一次修改行为都来自不同用户。过去出版行业的专业编辑、加工，都是针对未面世、未流通的内容，可以在发布之前就确定内容保护的相关策略，就现在而言，想要去追究内容归属变得非常困难，这自然对出版管理形成挑战。2001 年，原新闻出版总署成立了音像电子和网络出版管理司，内设网络管理处，负责互联网出版的管理事务。那时，相当多的图书出版社成立了网络出版部门，积极应对互联网大潮的来袭。

到 2005 年，随着首届中国数字出版博览会的召开，各传统出版单位纷纷成立数字出版部门；到 2008 年，原新闻出版总署成立了科技与数字出版司；2013 年改名为数字出版司。在这一阶段，政府出台了一系列推进传统出版业数字化转型的规划和指导意见，也组织了一系列活动和培训工作。中国新闻出版研究院连续组织了中国数字出版博览会和数字出版年会，出版了《数字出版产业年度报告》。这一切都有力地推进了数字出版产业的发展。

从 2015 年开始，在原国家新闻出版广电总局数字出版司指导下，中国新闻出版研究院连续组织了专业知识服务试点工作，标志着知识服务时代的来临。知识服务也被写入中央政府和原新闻出版广电总局的规划中。在试点工作中，上百家出版单位和技术企业、科研院所推出了自己的知识服务平台。

目前出版行业的发展，我认为在意义层面还是接近工业（Industry）流程，它依然保留了传统出版行业的专业化流程，编辑、加工是中间必不可少的一块。但必须看到的是，数字技术是以加速度的方式在发展，这对出版业整体产业链的各个环节都有一定影响，相应的管理措施也要考虑到技术这一要素。

纵观我国数字出版产业的发展，虽然我们一直跟着时代步伐前进，但也有可总结的经验和不足。其中，最主要的经验是：数字化浪潮到来时，我们虽然敏锐地看到了趋势，并积极地进行了应对，但对数字化本身的特点把握不准，切入点不准，因此传统出版业数字化转型的成本过大，弯路走得较多。相比较而言，一些技术公司及后来的互联网企业，它们开发的平台、建立起来的商业模式，则更接近数字出版的本质特征，因此反而它们比较成功。

二、技术进步促进版权问题解决

访：互联网时代的版权问题一直是各界关注的焦点，版权问题与出版业关系密切，我国版权问题在技术冲击下，面临怎样的挑战？

张：版权问题非常复杂，现在相关讨论都是针对某一方面大而化之地谈。我个人觉得版权问题应该从四个方面考虑：首先是法律层面，比如著作权法，国家一直致力于完善相关规定；其次是技术层面，我们必须正视因技术发展而出现的越来越复杂的版权问题；再次是社会保障层面，如文字著作权协会这类集体管理者组织的创立；最后是个体层面，因为版权本质上是一种私权，因此作品的保护、权利的说明，都与著作权人有紧密的关系。

互联网本身作为一种技术，解构了过去版权领域的固定观念。从形式来说，内容从有形变为无形。传统版权保护在法律层面之所以落地，是因为有可操作的媒介实体与一整套生产流程。但互联网时代，数字内容被创造出来后，其实体依托不复存在，尤其是文字内容可以随意复制、粘贴，究竟应该采取哪种措施进行保护，怎样追踪内容来源，目前都在探索解决中。

就内容本身来说，作品完整性一直是著作权法中版权认定的一个重要方面[①]。作品完整性意味着内容主体对象非常清晰，因此对这一内容的保障是随着主体的明确而逐步明确。但互联网技术不断分割内容，碎片化成为显著特征后，受保护内容的主体性就模糊了。比如，我们现在搜索某个文字段落，会发现很难找到它到底来源于哪里。尤其是网络用语，每个人都可以修改、演绎。这其实也是另一个问题，创作主体不限于同一人时，作为私权的版权究竟应该保护谁？如果我们追究这些细节，就会发现我们理所应当的一些行为，比如截图、朋友圈分享文章，其实都是从内容主体对象到内容主体本身的一种模糊。

传统出版业的版权保护机制建立在专业化流程与稳定的产业链之上，作者、出版者、发行者围绕作品形成一种可实现的利益关系。版权机制帮助这

---

① 孙秀翠：《传统出版社数字化转型创新发展研究》，《出版科学》2018 年第 4 期，第 43—46 页。

一商业模式形成。但随着数字化技术的普及，特别是内容经过互联网传播之后，内容生产从有组织的批量复制变成了个人的随意复制，而且复制手段极其简单。当个人可能轻松随意复制内容时，整个互联网上就行成了一股个人行为汇总起来的海量复制行为，并且复制与传播成为一体化趋势。因此互联网成了"免费的午餐"，这一"免费的午餐"把产业链中的利益关系给割断了。我认为，这就是互联网技术对版权保护最大的挑战。当然，到了移动互联网时代，由于手机支付的便捷性，使内容付费又成为可能，这为版权机制的确立带来了一定的利好。

访：互联网时代的内容版权保护一直是各界关注的话题，现在我国有哪些具体措施保障内容生产者与出版发行方的权利？

张：目前大方向是法律层面与技术层面两步走，例如最近著作权法的修订，都是紧跟技术变化发展。在技术层面，为应对互联网环境下多媒体内容同时呈现、内容消费上升的趋势，数字版权保护技术也在与时俱进。2011年，数字版权保护技术研发工程作为国家新闻出版重大科技项目正式启动，2016年竣工验收。这项工程研究制定了四类25项标准与规范，研发了多项核心技术，如内容分段控制技术、多硬件绑定技术、富媒体保护技术、数字水印嵌入技术、媒体指纹提取技术等，形成了数字版权保护技术的整体解决方案，目前已经在多家单位投入使用。

过去数字版权保护方法如DRM技术，包括数据加密与防拷贝等措施，其实是一种强保护技术，类似于一把钥匙开一扇门，虽然保护等级提升了，但对于需要传播的大众阅读作品而言，强保护下的传播效果大打折扣，内容营销也会受到影响。如何在互联网时代兼顾内容版权保护与内容传播效果，是当下数字版权保护技术研发的大方向。在内容保护上，由先行的强保护变为事后追责，比如数字水印嵌入保证不妨碍内容传播的基础上，以隐形水印的形式保护内容版权。在传播路径上，多硬件绑定技术针对的是当下用户使用多种智能设备的习惯，由一对一变为一对多。

国外的数字版权保护技术主要以企业单独研发为主，像我们这样建立数字版权保护的综合性平台的很少。考虑到国内互联网内容产业的复杂性，我们还开发了"数字内容注册与管理子平台"，首先通过注册登记对受保护的对象进行确权，再根据需要与内容特点制定相应的安全策略。这一整套技术服务与制度服务保证的是作者、出版方与发行方三者的权益，且符合现在互联网的传播路径，我认为这是有创新的。

三、技术发展需兼顾内容传播与原创保护

访：有一种观点认为在社会化媒体时代，内容的传播力是衡量内容价值最重要的指标，版权的重要性由此置后。随着传播手段的更新与丰富，您认为未来应如何平衡内容传播与保护的关系？

张：版权保护与传播力的关系是出版方、发行方甚至媒体行业都存在的矛盾。版权保护到现在大多体现在机构层面，而内容生产的一端早已转移到用户身上，比如个人代码开源、个人主页、个人博客。还有互联网内容平台和用户之间的内容归属问题，平台方也进入了内容版权的争夺中。这些现象都可以看成版权机制发展过程中出现的新特征，这些变化对于过去的出版业确实是革命性的。

现在版权保护与内容传播的矛盾主要集中在两个方面。第一是利益链如何建立。版权其实是随着印刷术的发明才出现的，内容在批量复制的技术下产生利润，允不允许内容被复制其实是版权的核心问题。现在批量复制不再是过去的专业流程，它成本极低，只用简单的"Ctrl + C""Ctrl + V"就可以完成，内容利润获取机制在这样的技术条件下无法再继续。第二是传播效果如何保证。社交媒体的崛起，新的内容产业链正在组建，传播效果成为其中重要一环。我们必须看到慕课的大行其道，以及优质免费内容在互联网上有更好的传播效果，甚至有互联网内容平台的影响力大于内容本身的现象，平台开始向作者收费，这都是为了增强传播效果去获得新的资源。

访：那您认为出版业还会在版权机制建设中做出哪些努力？

张：各界都在关注未来版权机制会有怎样的发展，我觉得还是应该抱着开放的思维去理解内容生产、传播出现的新变化。目前互联网原创内容的体量十分庞大，更多专业内容平台也在兴起，还有自媒体的出现，用户生产内容也在朝着专业化流程迈进，这些都在一定程度上给传统出版业和版权保护的惯有思维带来一定压力，我们不能先入为主地去否定。

另外，我们必须关注到随着越来越多的数字技术诞生，人们的日常生活势必受到来自技术的形塑与影响，我们应该关注新技术对内容生产、传播甚至存储的重要性，比如大数据技术或区块链技术，都可以当成一种技术策略作为未来版权问题的解决方案。内容形态的多样意味着标准制定的重要性，传统内容生产者如出版社、报纸等机构若想制定保护自身版权权益的规则，必须先行推出平衡作者、出版方、发行方、传播方与用户间利益的自主版权标准①，方便各方在各个环境中使用、推广，从而形成具备行业效应的保护机制。

还有一点我认为也是未来版权机制完善需要去关照的，是在现有内容生产与传播机制中加入版权专业化保护与管理，规范原创内容从生产到变现的整体流程。"视觉中国"事件体现出公众与行业版权意识的缺乏，未来仍需对版权意识进行社会范围内的普及。

访谈时间：初访于 2018 年 4 月 3 日，补访于 2019 年 1 月 10 日

第三节　数字出版的持续探索
——访知网总经理王明亮

"现在的共享还只是一些文章，只是一个初步的状态，还有很多东西没出来。其实真正要共享的不是线性知识，即已经写成文章，调出来的东西。真正需要共享的是个人知识，硬性知识。那些东西才是决定这些线性知识的因素。"

——王明亮

---

① 卢玲、田海明、魏彬：《数字出版产业协同创新研究》，《出版科学》2012 年第 6 期，第 78—80 页。

一、光盘起步艰难创新

访谈者：王总，您是基于什么想法创办中国知网的？

王明亮： 中国知网刚开始做的不是网站。1995年还没有什么网不网，当时我们做的是光盘，最开始叫中国学术期刊光盘版，如果当时网络很好用的话，就不会做光盘版了，期刊数据库是1995年7月份开始做，上网是1999年。

访：是什么原因使您要去做一个期刊数据库的？

王： 当时办了一个公司，但是没有确定要做什么。当时有两种做法，一种是做报纸的扫描版，还有一个是做光盘。正好，1995年世界妇女大会在北京召开，有一个《妇女杂志》光盘项目，我们就接下了这个项目。

那时技术比较简单，有扫描软件，还有识别软件，把扫描的图像识别出来就可以了。识别出来有错误要修改，有人工修改，也有校对软件（黑马软件）。结果是文本文档，没有格式，所以不能排板式，标题和正文是一种字体，一种字号，密密麻麻。公式也不能显示，只能留下一个图像。做这个数据库时，已经有了全文检索系统，但只能查，不方便看。尤其是科技类的文献，公式和图表都不能看，等于没用。

这种状态让我们想到，如果把技术改进一下，既能检索，又能显示和杂志一样的版面，不就可以变成一个计算机上可以看的杂志了嘛。这就产生了做电子期刊的想法。从技术角度来讲，这样更实用。初期做这个东西的很少，也没有去调查别人做了还是没有，反正知道中国没有，其实国外还是有人做的。

访：当时有哪些力量支撑您去做这个平台？

王： 那个时候不叫平台，它是一个数据库。查文章很困难，中国做科研的人都有所体会。如果把文档集中在一起，做数据库肯定大大有利于人们调查研究和学习，这个意义是比较简单、直接的。

有这个想法后，关键是怎么用产业的方式去运营它。当时有一个方案，现在叫商业模式和盈利模式，那个时候还没有这个概念。那个时候考虑怎么能够自负盈亏，有这个概念。我们将这些想法向清华物理系的领导们一说，他们都很赞成。因为他们都是搞研究的，知道这个的好处。既然经济可行，法律可行，技术可行，大家就同意干，很快就定下来。道理是很简单，查找信息的重要性，做科研的都深有体会，不能及时查找，造成的后果很严重。

访：能举一两个例子，介绍一下当时国内科研信息查找的状况吗？

王：我上研究生的时候，曾经写了一篇论文，为此准备了一年多，等真正要发表的时候突然查到一篇和我的文章几乎是一模一样的论文，两者研究的问题、方法、结果，几乎是一样的，只有小数点后第二位不一样。这是一个高温超导的项目，通过实验获得数据。这个项目在我们清华物理系有一定的基础，我的导师就研究这个。当时美国加州大学有个小组，一个很有名的固体物理学家也做同样的研究。结果，他发表的文章和我的内容一样。

我的论文本来是想当作一个物理大会的报告来讲的。当时我火车票都买了，结果就在前一天，翻杂志的时候翻出了美国物理学家的论文。我一下子就觉得完了，慌了，我的论文就不能发表了。因为，别人发表完，我就不能再发表了。所以，等于白干了。如果当时中国有一个检索系统的话，可能早就看到了。那篇文章是一个多月之前发的。如果在一个多月前看到，我可以把自己的论文改成另一篇，勉强还能到会上去讲一讲。这就是一个经验吧。如果老是这样子，我们中国人就白干了，就没有信心把科研干下去了。

还有，杂志的发表也很重要。尤其是科研成果。除了保密的以外，成果必须公开，如果不公开是不被认可的，必须发表，但是发表的周期太长。在传统的杂志上，你投了稿子，别人接受后，找专家评议审核，审完了还要改，至少要三四个月，再进入发表的队列里头，等着发期刊。最快的是月刊，一个月一期，这一期赶不上，就得排到下个月，基本要等上三四个月。从投稿到发表，少说要半年，多的一年都有。如果你有一篇很新、很重要的文章，等半年以后，别人都已经发表出来了，这不叫白干了吗？

我们科学院物理所的一位科学家，也是做高温超导的，差点儿与诺贝尔奖结缘。当时，他和美国的小组做的不相上下，时间非常接近。结果，人家在美国《物理评论》上发表论文，那是全世界物理的顶级杂志。我们与他差不多，同时也知道人家的进展，但是中国的杂志来不及发表这篇文章，只好在《人民日报》上发表，但在《人民日报》上发表的论文，不被国际学术界所认可。这种学术论文只能在学术期刊上发表，结果，美国的那位科学家得了诺贝尔奖，这是 1987 年的事。

学术中的及时发表和获取信息对科研有决定性的影响。那个时候这种事情很多。这就是我的一些体会，所以才会做这么一个事情。

访：您做的这件事有很多社会意义，当时外界对此有何评价？

王：为了实现上面谈到的办成电子期刊的目的，也就是将文本检索和原版显示统一起来，我们开发了"中国学术期刊光盘出版支撑系统"。1996 年 1 月，中国计算机学会会长、中科院院士张孝祥主持教育部组织召开的系统鉴定会，鉴定认为达到了国际先进水平。

1996 年下半年，我们看到一个国外的同类产品，他们以前是做题目摘要的，后来改做全文数据库，当时技术还不如我们，还停留在文本数据库的水平。所以，1997—1998 年我们去美国卖产品时，他们都认为中国的是最先进的。

访：1998 年，美国开始用咱们的这个产品了吗？

王：对，都有。我们去了以后才知道，人家还有别的产品，就是扫描光盘，专门扫描期刊，他们现在还在做过刊，是全世界做过刊规模最大的。国内也有不少人做过类似的研究。20 世纪 80 年代后期就有人做科技期刊的题目索引，把杂志的标题、作者录进去供查询，没有摘要，也是用光盘，比我们早。那是一个国家项目。90 年代初还有一个国家项目叫"中国高校学术期刊英文摘要数据库"，是在清华图书馆做的，叫 CUJA，挺有名的。它是教育部出钱，清华图书馆的老师们把全国高校期刊的英文摘要做了一个库，做了很长时间，但直到我们这个做出来，它都没有做出一张光盘，一直在做，但是没有产品。还有一个项目是科技部牵头，科技部、中宣部、教育部、科学院、新闻出版总署、科协六家联合做的，叫"中国英文摘要数据库"，也是没有产品，后来就终止了。这些都是在我们之前做的事情。

我们刚开始不知道国内已经有人做过这些事情，所以很唐突地开始做。如果事先调研了，我就不会去做这个事了。因为，要把中国杂志全部组织起来，要他们和我们合作，难度很大。如果早知道六部委联合办都没有做成，我们还敢做嘛，就不敢了。

访：您觉得知网能做成功，得益于什么？

王：我觉得，主要有以下几方面。第一，调研肯定是有好处的，但是太细了也不好，容易被限制住了。第二是清华大学的支持。我们是清华大学的一个小小的公司，当时投资只有 30 万元。靠这么一个小小的公司发动这么一件事，怎么可能？所以一定要有清华大学的支持，才能办成功。第三是中宣部和新闻出版总署的支持。在中国，它被视为一种出版物，这是中国特色。如果新闻出版署不批准，就是非法行为。当时新闻出版署的副署长叫于永湛，是一个很超前的人，知道这里面会产生很多问题，包括版权问题等，很复杂。但是，他认为传播对于当时来说是最重要的。"科教兴国"是在 1995 年的时候提出来的，科教兴国怎么落实，大家也都在找路子。我们干的这个事情就在 1995 年初，中宣部、新闻出版总署、教育部对我们很支持。当时有一个领导叫邬书林，是中宣部出版局副局长，专门管期刊，他知道这个项目以后，非常支持，要把全国的期刊组织起来，让他们理解这个事，认同这个事。还有中国期刊协会的常务副会长，叫张伯海，他们都为这个事情创造了外部条件。方方面面的支持都有。如果我们只拿这 30 万元来办这个事情，没有他们的支持是很困难的，显然是办不成的。

从经营的角度看，我们做这件事是个非常先进、很理想化的做法，是集约化生产方式，不需要太多投资就可以做这个事。主要模式是"集约化排版印刷"和"排版文件同时用于光盘出版和纸板印刷"，通过"免费排版、特价印刷"降低期刊排印成本。当时，期刊社与印刷厂供需双方互相都找不着，成本都很高。我们成立了国内第一个集约化照排中心，找来了 18 个印刷厂，成立了一个全国学术期刊印刷联盟，排完版以后的电子文件就留下做光盘了。这是一个组织期刊的手段。

整个方案都符合政府的政策，到今天也是符合政策的。但是数据库不到一定的规模，它的使用价值就不够，期刊的数量是产品能不能使用的主要指标，要有检索的价值，要查很多文章，才有用。如果只是看，有很多印刷的杂志可以看，去复印，自己去就可以了。所以，我们做这个库，检索功能是第一重要。

访：在实施过程中有没有遇到反对意见？

王：后来，期刊界有不同的看法，包括政府部门也有不同的看法。科技部当时认为，这个事不该做，他们认为我们的核心期刊本来就卖得很便宜，把它做成光盘便宜卖给了外国人，我们太吃亏了。他们反对，觉得做个摘要就可以了。但是，我们当时做这个事情第一目的不是要挣钱，是为了传播知识。后来，中宣部来了一个副部长，他也反对。他说，社科类的杂志本来就有一些政治上的错误，纸质印刷传播力不强，出了问题还可以把它收回来。现在把它搞成数字传播，如果有了问题，不能保证能把它收回来。因此，1996年12月24日，我们要在人民大会堂开创刊大会的时候，突然来了一个通知说不能创刊。既然不能创刊，也就不能在人民大会堂办活动，不能发布这个产品。

但是我们的钱已经花光了，如果还卖不出去的话，我们就没有钱再做下去了。在这么困难的条件下，清华大学支持这件事。王大中校长下了很大的决心做这件事，贷款500多万元，把它做完了。虽然当时中国香港、美国的公司都有这个投资意愿，但是出版行业是不允许外资投资的，包括香港在内都不行。

访：从创建知网到现在，您觉得最艰难的部分是什么？

王：除了刚才说的，技术创新算是一个，但它不是最难的事情。中国人的技术创新能力还是很强的，关键是，技术和应用相结合有一定难度。中国当时缺乏投资的主体，从最原始的技术开始还是比较难的。因此，这个技术最原始也不是我们做的，我们的技术创新叫底层技术创新。全文检索技术是现有的，排版系统有一个输入系统，一个输出系统。如上面所说，我们是把全文检索和排版的输出系统结合在一起了，检索的时候用全文检索，显示的时候用排版的输出系统显示。把这两个技术结合在一起，形成一个新技术，前两个都是成熟技术，在成熟技术的基础上，做这种底层创新还是比较容易的。

最大的难点是大规模的资源的整合，这不是一个技术问题，是一个文化问题。全国范围内这么多人合作，政府发了文件都不干了，一个高校的企业来做，大家为啥要支持它呢。第一，刚才说了，有政府的支持。领导们最后还是看到了这个东西的价值和前景。第二就是对期刊发展有利。这就要解决好利益关系。既然是经营项目，就得盈利，大家要分享利润，但是刚开始做，不能保证有多少利润，还有可能是亏本的，所以分利润不现实，只能分销售额，按销售额的比例来分，至于经营者是亏是赢，自己来决定。对期刊来说，这样已经是对咱们的最大支持，毕竟没有把固定回报作为前提。但是，光这个也是不够的，有的人觉得这个也是虚的，因为不知道能卖多少。

比如，社会科学院有70多个杂志，编辑部很愿意合作，但院里算账之后觉得不行。1995年底，中国三家最重要的期刊集团都发了通知，不准和我们合作。这时，集约化生产发挥了很重要的作用，我们给大家降低了成本，带来了直接的好处，让他们觉得放心。不然，管理部门不敢做主。这就是企业经营的好处。我们把别人的利益放到第一位。通过各种复杂的合作机制，大家才觉得这件好事是可以做的。

二、数字优先首稿出版

访：知网筹备时，国内的整个数字出版环境是怎样的？

王：之前没有数字出版，这是第一家。因为我们做了这个事情，才有电子期刊的刊号。那个时候，没有这种出版技术，发布不出来。后来才产生了PDF的浏览器，我们自己叫CAJ浏览器。CAJ浏览器是在PDF之前两年，没有它不可能有大规模的数字出版。当时，没有数字化这个概念，只有编辑出版的概念。对于编辑出版而言，光盘、磁带、磁盘都是载体，还谈不上数字出版。数字出版的概念是在21世纪出来的。

访：您觉得中国的数字出版从起步到现在，有没有明显的发展阶段？

王：那就看怎么定义数字出版。最早是用类似电影片似的胶片，叫微缩胶片。以后是类似录像带的磁带，它是有磁性的，可以记录数字。一般人都不能用，因为它需要专用设备装进去再读出来，它算是数字出版，但没有发行。光盘开始，就算是比较有规模的应用了。光盘应该是从20世纪80年代末开始的。新闻出版总署将音像出版与电子出版分开，认为音像是模拟信号，电子出版是数字信号，其实我们觉得不必这么细分。音像制品，从卖书卖唱片开始就有了，现在都转成数字格式了。后来就是网络出版，应该是

1998年开始的。

访：网络出版是对其他出版的一种替代吗？

王：各有各的优处。网络出版在保存数据方面有问题。硬盘的寿命一般不能超过10年，有的七八年就不行了，就得都换掉。光盘的保存时间长一点，理论上可以保存100年。但实际上，现在就已经有大量坏掉的。所以，多数不到100年，就几十年的寿命，跟原来的纸质制品没法相比，纸质的可以永久性保存，那些古籍2000年的都有。像刚才说的胶带比较贵，理论上可以在恒温恒湿条件下保存1000年，但谁也没有见过保存1000年的东西。所以，数据保存问题，现在仍没有解决。在这个情况下，各种各样的保存方式都在做，包括印刷，都没有放弃。所以，现在叫全媒体出版。全媒体既包括多种媒体信息，也包括多种载体，根据需要会有不同的方式。学术文献还是必须永久性保存的。所以，这方面就考虑更多一点。

从内容发布角度说，现在已经历过两个阶段。第一个阶段是印刷出版物的数字化，即先出印刷出版物，然后再做一个数字化的产品，这两个内容是一样的，现在也还是主要方式。学术文献一直以来是先出印刷版，然后再做数字版，两个基本上一致，这是第一阶段，到现在还没过去。还没过去的原因不是技术问题，是一个理念问题，也是一个经济问题。从技术上早就实现了同步出版。管理上有很大的问题。第一是没有成熟的入口，第二是网文期刊没有正式的刊号，不是一个合法出版物。同时，期刊有印刷版许可，没有网刊资格。所以它只能卖印刷版。数据库需要通过有资格的单位来做。现在有些单位也不管合法不合法，就这么做了。可能说起来是不合法，但每年的例行检查是以印刷版为准，不检查你网上的东西。查的是，你这个杂志还存在不存在，办还是不办，是不是正常办，是不是按期发行。因此，大家不敢离开印刷版，尽管印刷版的读者受众群正在逐年减少，这是从供应的角度说。

从需求角度说，刚刚说的保存问题，图书馆不敢不订了，虽然他们觉得平时不用，但是这些最好的杂志，他们不敢不要了，不要了拿什么保存。没有图书馆了，学校就没法办。从需求上来说，也还不能马上停了，它还是在维持，印刷版的发行量在一天天下降。

第二个阶段从 2008 年开始。我们做先上网、后印刷，我们叫优先数字出版。这是一个新的开始。国外就比中国早一两年。但这里的"先上网"是整期先上网，要确保上网的内容和印刷的内容是一致的。这是一个很大的限制。

优先数字出版的理想目标就是先按单篇出版，解决我刚才说的发表难。为啥我们那个高温超导文章在《人民日报》上发表？期刊攒够一期才能去印，最快也得给你把这一期攒够了才能印，肯定不是明天就给你出的，它怎么也来不及。从 2018 年开始，我们的优先数字出版按篇出，那就随时可以出版。但是人家要底稿，出版的内容是和印刷版一样的。而国外的大杂志它就改了，它是录用就可以发表。你的稿子通过审查，文字各方面都还没有修改好，就可以发表，他们叫首稿出版，或叫录用稿出版，这是最快的。真的可以做到今天收到稿子，明天就出。

在中国，现在优先数字出版还做不到首稿出版。专家们看过审稿后，挑出很多毛病来，还不一定是学术性的毛病，文字性毛病都来回改。改到它印刷版将来会用为止。比如，杂志最长的文章就是三页，那文章必须在三页以内。这都限制出版速度。

首稿出版不管这个。只要稿子可以解决问题，马上就给出了。其中可能有一些文字冲突、标点符号问题，还有其他的一些小错误，且不管。首发权对作者来说，是他的生命。

下一个改变应该是从 2016 年算起。对学术期刊来说，我们要在首稿出版上突破。尽管政府没有明确表态同意还是不同意，但是这个事必须干。因为它影响首发，影响期刊的国际竞争力。你的文章要不能发到好杂志上，就不是好文章，大家评价文章水平高低，是通过杂志评价。通常文章重要不重要，就看你发在什么样的杂志上。当然，特别好的，就无所谓。如果是一个颠覆性的划时代的东西，肯定发哪儿都行。

因为中国没有国际号杂志，成果就都扔到国外去了。所以整个中国科技杂志，现在处于一个巧妇难为无米之炊的状态。这是一个啥状态？就是生死存亡的状态，很危险。现在工作在科学前沿的科学家，基本不看中国杂志，这是科技界特殊。中国科技界还是要依赖中国的杂志，但也不是唯一依赖，因为现在国外的东西也很重要。

目前，对中国的杂志是一个很困难的时期。如果不在出版模式和手段上，再发生一些大的变化，就改变不了这个局面。中国的学术企业整体上都是亏损的。从经济上来说，从传播品牌来说，不如国际先进水平，不入流，没有多大影响力。国家也很着急，政府也很着急，但是这个事情很难办。

我们说难做的事情，只能是创造条件尽量地追赶，不要落得太远了。最起码在出版模式上、手段上不要落太远。人家现在搞首稿出版，我们要跟上。人家现在搞增强出版，就是这个文章可以加很多内容，对增强学术论文的可信度很有帮助。一篇文章到底有多少科学性和创新性，需要写下那一段文字，人家才能判断。有些稿子投到国外的杂志上，人家看这个稿子，觉得挺厉害的，找个理由压住不给发，或者让你回去修改，或者让投到别的地方去。但就在这个时候，审稿者作为某个杂志的编委在你根本来不及换一个地方投的时候，已经发了自己的东西。你没办法和他理论，你没发表出来，没有什么证据说这是你做的。同样的东西，换个写法就变成别人的。增强出版，就是把这些实验的过程和数据全都拿出来，他就不敢去抄你的。有支持自己的创新性的证据，就会好一点。

中国的杂志要增强出版，要通过出版方式上的改变，吸引中国的好文章。比如说数学。数学方法是可以验证的，它要把全部的推导过程都写出来，证明那是你的，如果有 1000 万字，不可能发在杂志上，没有一个杂志能印那么长？一个复杂的推断写出来，要几十页，一个复杂的设计要几百页，那是不可能登出来的。改成增强出版，就支持学者证明自己，也会吸引好稿子。

访：我们这是追赶国际出版潮流吗？

王：当然还是追赶。虽然国外开始时间不长，还没有特别普及，但是他们进展快，而且有权威性。它要求这么做，很快就会普及，因为它是强制的。想在它那里发表，就必须按它的规矩办。中国杂志是弱势，如果我们要求多了，人家不明白，也不愿意接受你投稿。这就是追赶，但是追赶就是模仿，模仿创新，叫引进创新，不能超越。这样长期以来是不能改变中国期刊的被动局面的，必须换一个外国人没法用、只有中国人用的方式，去和它竞争，才有可能超越它。所以，我们今天推出全过程出版。

三、尝试全过程出版

访：您所说的全过程出版与现有的出版有何区别？

王：其实也没有个正式的名称，就是把研究过程都发布了，因此可以称为"全研究过程出版"。为啥做这件事呢？中国的杂志要想把中国人自己的好文章，登在自己的杂志上。但作者不愿意，目前就是这个问题，用传统方法不能解决。现有格局是100多年来形成的，有的国际期刊品牌要几百年培育，我们没法和它竞争品牌。

我们就要想一些别的方式。我们的办法是，既要有利于出版，又要有利于科研，提高水平。这样中国的作者才有兴趣在国内杂志上发表，因为杂志本身会提高他们的研究水平。这是过去所有杂志都不能解决的问题。互联网提供这个条件，解决合作创新的问题。

现在的科研都是很多人做的，有的项目都是上百人，它需要各种各样的合作，有同行和外行的合作、强手和弱手的合作、强手和强手的合作，这样才能把这个事情完成。这些创新的点都是科学家们自己的心血，是他的功绩，不能把自己的功绩记到别人头上。

这是一个最根本的问题，利益问题。这可能是名义上的，也可能是经济利益。总之，是个利益问题，它制约合作的出版，是一个很重要的问题。发表文章的时候，一合作大家就要编辑署名，署名应有先后，等级有先后。第一作者是干活的，最后一个作者是项目负责人，是个老板。如果老板有好几个，那就专门在投稿的时候，另写一个说明。但具体干活的人，除了第一名，就不知道第二名干了啥，第三名就可能不算数了。既然不算数了，大家怎么一起干？

访：全流程出版怎么解决这个排名问题呢？

王：我们做了一个合作系统。大家在网上研究时，每个人干了什么，都在网上有详细的记录。这个项目是谁提出来的、关键问题是谁发现的等信息都很清楚。每一个人在什么位置起了什么作用、具体做了什么，都可以记录在案，他们的每一点创新，都会被记录下来，哪怕是初步的东西。将来发表的时候，把过程一起发表，用相关的数字标注，对应相关贡献者的名字。

当然，这是一个理想的状态。能不能破解这个合作难题呢？现在很多人相信能破解，但也有人不信，看法不一样。我们是想，有这么一个方式以后，既能支持创新，又能支持期刊争取到高质量、高水平的稿件，这是一个可以和国外的企业抗衡的手段。

互联网上的合作是可以和外国人一起做的。会把一些国外的科研人员也吸引过来。所以，我们想的是一个新的模式。外国人对这个的看法，还是很积极的。但是中国人，对这个的看法差别比较大。这个模式，正在推广之中。有一些愿意办好杂志的主编希望干这个事情。这是从产品的角度看。

访：这种方式对于作者而言可能有吸引力，对于文献检索者有什么好处呢？

王：需求侧也分几个阶段。最早的阶段，就是检索，这对获取情报而言很重要，从摘要到全文的直接获取，都是第一阶段的事情。第二阶段就是资源整合。一个是系统地获取情报，一个是将数据库作为一个研究手段，直接使用。对科研来说，选题决定你干什么和怎么干。这两个过程都离不开看别人的东西。正是一边看别人的东西，一边思考，在别人的启发之下，想自己该干什么，该怎么干。所以就出现了我们现在的数据库。知网数据库叫作知识网络型数据库，主要是解决检索和获取的问题，从2006年改叫知网，特点就是把没有的关联找出来。知网把互相引用的文章，都链接到了一起。将同一个作者的文章都聚集到一起，读者就知道这个人是干啥的，这篇文章是怎么产生的，和他过去的研究有什么关系等。这里用了一些知识服务的功能，能够回答科研当中一般性的问题，后面还要进行更深层次的服务。

我们的目标是要做一个知识基础设施，就是把知识的生产、知识创新应用、创新成果整理出来。把它做成一个网络平台，让搞科研、搞出版的人在同一平台上运行。就跟加油站一样，除了采油、炼油，还有运输，只有是一整套，才保证车能开。这不是我们自己发明的，是抄来的。世界银行在1998年世界发展报告中提出"国家知识基础设施"，指出发展中国家必须干这件事，否则就会和发达国家的距离越拉越大。因为到了知识经济时代，就是靠创新，靠新知识赚钱的。发达国家叫"头脑国家"，创新是他们的事情。发展中国家叫"身体国家",人家想好了,我们去执行。如果这个格局不能打破,发展中国家就永远被发达国家支配。所以,世界银行当时也要求创新。不创新差距越来越大,在国际上就没有位置。

四、期待硬性知识共享

访:知识基础设施工程对现在知识共享型社会的影响是什么?

王:共享这个事情已经不是最本质的东西了。有了增强出版、全过程出版以后,可共享的东西更多。现在的共享还只是一些文章,只是一个初步的状态,还有很多东西没出来。其实真正要共享的不是线性知识,即已经写成文章,调出来的东西。真正需要共享的是个人知识,硬性知识。那些东西才是决定这些线性知识的因素。

把个人的思维方式、经验和技巧等共享出来,影响就很大。它直接提高了人们的知识创新和利用知识的能力,提高了人们的素质。比如,一个科学家看起来特别高大,很金贵,但是到底是什么让他成为科学家的呢?你不知道。要是你把他的个人知识共享出来了,那么我也能知道他的事情,我也可以干那个事情。我们现有的知识传播手段,不能解决这些问题。我们可以让科学家去讲故事,但这些故事都是在特定的背景之下。他是根据对象说的。知网新的出版模式——增强出版和全过程出版推行以后,才能做到这个事情——把个人的硬性知识线性化。

访谈时间:初访于 2016 年 10 月 9 日,补访于 2020 年 5 月 20 日

第五章

新闻门户抢占网络话语高地

中国互联网早期的典型平台是新浪、网易、搜狐三大商业门户网站，它们通过大量转发传统媒体的新闻信息赢得流量，并成功变现，一度令传统媒体爱恨交加。为了更好地占领网络舆论阵地，由党委宣传部门或政府新闻办主办的新闻门户网站应运而生。它不同于在报网互动或台网互动中成长起来的传统媒体新闻网站，它们一出生就被赋予与传统媒体同等的信息采集和传播的权利，同时又具有商业门户相同的信息聚合功能，并且能够参与资本市场运作，因此，更具有融媒体的平台特征。2000 年 5 月，北京的千龙网和上海的东方网相继开通。在这两家最早的省级新闻门户网站的带动下，我国一度出现了新闻门户网站建设热潮，成为早期媒体内容聚合的平台雏形。

占领舆论阵地是新闻门户网站的首要任务。进入 21 世纪，随着互联网的普及，网民数量的增多，互联网的媒体属性逐渐显现并受到重视，网络舆论场开始展现出强大的社会影响力。千龙网的成立初衷，正是为了适应快速变化的媒体环境和舆论生态，面对用户快节奏、碎片化、即时性的信息获取需求，唯有成立网站，才有可能占领舆论阵地。东方网最早的构想应了当时中央 33 号文件关于"加强互联网建设，建设新闻网站"的要求。东北网的有关领导则强调，"在网上要有黑龙江的声音和形象"，东北网的成立初期便被寄予很高的期望，目标是办成"黑龙江的新华社"。

在新闻门户网站的早期建设阶段，由于缺乏经验，且各地实际情况各异，只能是"摸着石头过河"。在此过程中，一些地方的新闻门户网站因地制宜，发展较快，积累了独特的建设和发展经验，展现出过人的胆识和卓越的创新力。千龙网的发展受到了地方党委的高度重视，在保证导向正确的前提下，很好地平衡了政治效益与经济效益的关系，并借鉴商业网站的经验，自主开发技术和服务，实现了多个"第一"，带动了省市级党委和政府办新闻网站的热潮。东方网以技术、模式、资本为驱动，拓展出媒体、电子政务、电子商务、智慧社区、技术、投资六大板块，关注技术发展前沿，强调服务意识和能力，注重资本驱动和投资回报的互联网产业逻辑。东北网深耕内容价值，在重大突发事件报道中不断培育自身的公信力和影响力，还创新性地组建了网评队伍，主动向商业网站学习，拓展内容呈现方式和信息服务模式，始终保持着发展活力。

第一节　多项第一造千龙

——访千龙网原总裁何卓新

"我给自己的定位是，第一，当好后勤部长，比如钱怎么办；第二，坚决当好把关人，保证千龙网导向不能出问题。其他的，我放开让他们干，只要不违背市委和政府的意志，我信任他们。"

——何卓新

一、省级新闻门户诞生

访谈者：我们知道千龙网是第一家省级党委的新闻网站，您是主要领导者。我们的第一个问题是，2000 年北京市政府已经有一个门户网站"首都之窗"，为什么还要再创立千龙网？

何卓新：这个网站开始是时任北京市委常委、宣传部部长蔡赴朝同志直管。网站开通没几天他调走了，我是仓促上阵。2000 年 8 月，我正式任董事长。至于为什么有政府网站，又要办千龙网。当时主要是考虑到两个方面。第一个是当时商业网站纷纷出现，在网络监控方面出现了一些新的问题，有的还管不胜管。第二个就是，我们自己要去占领新闻舆论阵地。当时形势发展很快，生活节奏也很快，人民群众特别是青年人，热衷于要快一点看新闻，就是到网上去看。如果我们自己没有网站的话，舆论阵地就占领不了。很多事情有时候是先入为主的。同一件事，从这个角度说和从那个角度说，是不一样的，真相并不一定就是他说的那样。所以，我们要搞个新闻网站，把真相快速地传递给广大群众。至于政府网站，主要是讲政府的工作，比如，政府最近要干点什么事，或者已经办了什么事，主要发布通告、安排工作等，不讲新闻。在这种情况下，就有必要再自己搞个网站。经过请示市委领导，最终决定创立千龙网。这件事是1999年开始筹办，2000年正式办起来。

访：在成立过程当中，主要是哪些部门牵头来做？

何：就是宣传部。具体运作的部门是我们新闻办。新闻办当时还有一个网络处，宣传部牵头跟有关部门协调，比如与当时计委协调资金等问题。

访：关于成立千龙网，当时有什么不同意见吗？比如，有没有人不赞成用网络来做新闻？

何：当时没有。因为这是形势发展需要。当时人民网、新华网都已经在做这个工作。只要稍微关心形势的人都知道，当时还是有必要的。

访：您作为市委宣传部常务副部长，又管媒体又办媒体，如何给自己定位呢？

何：千龙网具体运作是周科进在负责，他是操盘人，我等于是在后台支持他。我怎么来定位自己呢？我是幕后策划，幕后支持人。当时，我作为常务副部长，要管人事，管党建，还管新闻，还兼了我们新闻办公室主任等，一天到晚忙得不行。当这个董事长后，事情实在是忙不过来，我给自己的定位是：第一，当好后勤部长，比如解决钱的问题；第二，坚决当好把关人。我们千龙网导向不能出问题。其他的我放开让他们干，只要不违背市委和政府的意志，我信任他们。他们也确实不错，在当时的形势下，千龙网的工资并不高，同志们很辛苦，创造精神和奋斗精神都不错。我去的次数很少，一年开几次会，有时候临时去，去了马上就走。都是周总在那儿干。周总是我原先在新华社的同事，我调他时问他，能不能吃苦，能不能行，行就答应我，他说我试试。结果干得不错，他人挺聪明，责任心挺强。

访：那您觉得，当时组织上做出这样的安排是出于哪些考虑呢？

何：我理解，有两条。客观原因是蔡部长走了，我当时是常务副部长，位置高点，我去的话可能好协调一点，说话人们也能认真听一点。第二条，我本来在宣传部就是分管新闻，千龙网主要是新闻当家。我觉得主要是出于这两点考虑。事实证明，市属各个新闻单位挺不错，挺支持。我们北京市新闻单位有个特点，顾大局。这么多年，我发现他们这点挺不错。

访：您还记得到千龙网后，首先做了哪些重要安排吗？

何：重要的是裁员。我去接手的时候，有200多人，太多了。新闻单位靠政府掏钱，养那么多人不行的，别的新闻网站也没那么多人。所以我去了第一个任务——裁员。一下子裁到140多人，基本上稳定。有些人虽然走了，但是我们还会关心他们的情况。留下来的140多人都是招聘，是公司编制，不是宣传部编制。

二、独特的资本构成

访：您刚才说到注资问题。据说，千龙网最初的股东不仅有当时市属的一些主要媒体，比如《北京日报》《北京晚报》《北京青年报》等，还有一个信息技术公司和国际传播文化公司。当时的股东安排是基于哪些考虑？

何：前期还没有商业公司跟我们合作这一说。前期主要是实华开信息技术有限责任公司。他们跟我们宣传部的领导可能在海外接触了一下，谈了这个事情，实华开表示有此意向，投资入股。我们这一方拿新闻资源入股，他方占49%的股份，我们的新闻资源占51%的股份，是这么来的。

访：当时做这个决定有困难吗？

何：开始阶段我没参与，但据我知道，当时市委定下来之后，由宣传部来操作，股份结构没有太大的问题，后来在运作过程中出现了矛盾。

访：当时运作过程中有什么矛盾？

何：商业公司说简单点，要赚钱，要搞商业运作，要上市。他认为新闻做差不多了，得做品牌，要按商业网站去搞。但我们作为党委办的网站，不能放弃原则与主张，我们强调应该新闻优先。这就发生矛盾了。我去了之后，做了一些人员调整，虽然当时没有彻底解决问题，但是关系缓和了。

同时，我们还采取了一些其他办法。我们从《北京青年报》《北京日报》等市属新闻单位筹集了一部分资金，以资金入股方式，把原来的股份稀释了，实华开原来的股份比从49%变成百分之二十几。这样，我们说话就底气足了。后来，就慢慢地通过友好协商解决股权问题。最后就让实华开退出去了。

访：当时国内其他类似的网站是如何安排的？

何：网站后来是八家新闻单位出资一部分，政府出资2000万元，连续3年不变，把网站办下来的。这种模式在全国来讲都是罕见的，就是政府出一部分，媒体出一部分，把事情办起来。东方网和我们的做法不一样，没有什么出钱不出钱，就是几家媒体掏现金，一次掏够5亿元交给东方网，然后东方网自己办自己的事，一次性解决那么多钱，挺令人羡慕的，但我们这种做法在全国来讲也算不错。市属媒体，像北京广播电台、北京日报社、北京电视台、北京青年报社都挺好，开完会钱就打过来了。

三、多项第一引领发展

访：既有企业又有政府部门，网站是按企业模式，还是按传统媒体模式运营？

何：我个人看法是在两者之间。为什么？我们的新闻这块，既讲政治导向，又要快和准，舆论阵地要牢牢占据；同时，也希望能够借鉴商业网站的管理经验，做大做强，所以是介于两者之间。

访：借鉴了哪些商业网站的经验？

何：我们自己开发了一些技术和服务，把技术卖给别人。还提供信息服务，这些都是我们努力的事情。我们曾经搞了一个发布系统叫"龙信发布"，是我们独有的。当时，买外面的新闻信息发布系统，如果内容不合适，可以在页面删除，但是信息库里还存在。我们的"龙信发布"能够从信息库里进行删除。不仅我们自己用，一些边远地区如青海，也买我们的系统。当时，我们的技术还是很强大的，在全国都有影响。

访：网站既有经济属性，也有政治属性。您怎么处理两者的关系？

何：我们力争在新闻方面，要做大做强。当时也没和商业网站去竞争，我们追赶的目标是人民网、新华网、央视网。我们自己当时有点不客气地说，除了他们，排行老四不成问题。有些世界性的新闻他们有优势。与商业网站之间，有些东西我们是借鉴的，主要是新闻以外的一些东西，比如说商业运作。

访：千龙网创办最初的几年拿过很多第一。比如第一个公益频道，第一个网络媒体企业研究院这些，您能介绍一下这些第一吗？

何：第一，我们这个网站是国务院新闻办颁发的具有新闻采访资质的网站。据当时的同志回忆，在全国可能是第一个具有新闻采访资质的地方网站。第二，2001 年 11 月，上级批准我们千龙网直播国务院新闻办的一场新闻发布会。这个在全国恐怕也是第一。新华网和人民网在当时都没有做这个工作，发布会组织者只同意我们做，而且做得比较成功。第三，2001 年 7 月 13 日，千龙网作为国内唯一的网站到莫斯科参加了北京申奥采访报道。第四，就是前面我说的内容发布系统。第五，用动漫形式播新闻，这个在现在没人太关心，但是在当时是很新鲜的。第六，成立千龙研究院，这一点不仅在地方网站中是第一，在国内网站包括人民网、新华网在内，我们也是第一。我们当时研究了不少问题，得到多方支持。当时副市长林文漪为千龙研究院揭牌。

访：很多资料里都提到，千龙网的创办带动了省市级党委和政府办新闻的热潮，您怎么去评价这样的热潮？

何：要说千龙网带动了，咱们也不好这么说，但是起了点小作用吧。当时，从中央媒体看，人民网和新华网办起来了，国务院新闻办鼓励地方办新闻网站。北京市委市政府与中央要求一致，首先办了千龙网。现在看来，我们和东方网是办得最早的，我们比东方网启动早三天。北京、上海带头办网，有个示范作用，别的地方慢慢就开始做了。当时，我知道江西、湖南、青海都在准备。我还专门去了一趟青海。我们还有个任务，就是支持边远地区、贫困地区，帮他们建立网站。我们的产品卖给他们的价钱也便宜些，我们还派人指导他们安装使用设备，他们很感激。从这方面看，是起了点促进作用。当然，最关键的还是钱。我们这个模式，他们也学不了。因为许多地方媒体和政府都拿不出那么多钱来，他们网站都很小，一年就一百多万元投入。

访：您觉得千龙网作为地方党委新闻网站的代表，主要发挥了哪些作用？

何：第一，就是占领新闻舆论阵地。这个阵地是十分重要的。第二，在其他服务方面也做出了一些成果。当然我们和别的网站不一样，不能什么来钱做什么。那几年，千龙网有些做法在社会上产生了一定影响。比如，千龙网去做直播。当时，除了电视直播，网络直播就我们一家做，包括国新办新闻发布会、北京市"两会"直播、代表的访谈等。我们参加莫斯科申奥报道，直播回来，影响都不错。另外一个，千龙网，除了做新闻以外，也开展技术服务。在当年的情况下做得不错，但是后来慢慢不行了。总之，当时声势比较大，在社会上有一定的影响，我们的目标就是追赶人民网、新华网。

访：追赶他们是您当时为千龙网确立的发展愿景吗？

何：这是一个方面吧，就是觉得千龙网要做大做强，自己还得有点实力，所以也曾经设想剥离新闻。把新闻单独做好，其他的方面看能不能争取上市去壮大自己。因为老是要求市属新闻单位出钱，要求政府出钱，都不是个办法。但是，这个仅仅是我的设想，后来我就退下来了。

四、地方新闻网站的发展

访：您觉得怎样才能做好地方党委新闻网站？

何：第一，地方党委要重视。领导支持十分重要。我在任期间，很多市委主要领导都多次到千龙网调研指导。国新办的赵启正主任非常亲民，经常不打招呼自己就跑来了。领导们经常给大家鼓励。我记得，当时贾庆林去千龙网，第一句话就是"千龙网是市委、市政府的掌上明珠"，这对大家的鼓励很大；第二句话的意思是，政府要出一点，新闻单位也出一点，把这个网办好。领导一鼓动，大家的劲头就更足了。

第二，我们还是要相信大部分职工。我前面说了，我是充分信任，让他们去干。在我们那个工资不是很高的情况下，大家积极性很高，有问题我承担责任。那段时间大家干得劲头十足，应该是天天向上。我支持他们，坚决做他们坚强的后盾。

访谈时间：2016 年 3 月 29 日

第二节　六大板块看东方

——访东方网总裁徐世平

"互联网是一个需要大量投入的产业，希望通过不投钱或者靠勤俭节约来促进发展，那是一个特别奇怪的想法。不投钱，大家节约一下，就能成为亿万富翁吗？不可能的。通过资本驱动和投入的叠加，形成好的效率、好的机制和好的盈利模式，这个企业才能成功。资本有了好的回报，才会进入一个良性循环。"

——徐世平

一、东方网的创办

访谈者：徐总，您是何时接触互联网并最终参与东方网的创办的？

徐世平：我从 1989 年开始用电脑写作。1993 年之后，外出采访通过电话线点对点传稿。三年时间里，接触了很多网站，并开始写一些关于互联网的论文，思考它对新闻传播业的影响，但也不是看得很清楚。

1999 年 10 月，中央下发《中央宣传部、中央对外宣传办公室关于加强国际互联网络新闻宣传工作的意见》（中央 33 号文件），这是党中央关于网络新闻宣传工作的第一个指导性文件，要求加强互联网建设，建设新闻网站。我也因此被调出原单位参与新闻网站的组建。2000 年 2 月 1 日，在上海的百年老报《申报》旧址汉口路开了第一次筹备会。做新闻网站的策划、架构和基本思路想法都是我提出的。后来，解放日报副总编辑吴谷平、青年报社社长李智平和我，被称为创办东方网的"三平"。也有说"四平"的，因为还有市委领导龚学平。

东方网和北京千龙网是同一批成立的新闻网站，是比较早的。我们当时想2001年1月1日上线，后来领导觉得时间太长。经过努力，最终定为上海解放纪念日5月28日开通。

访：创立东方网的时候，新闻门户网站总体情况是什么样的？

徐：当时，新闻门户网站是全新的概念，地方上，千龙是第一家，我们是第二家。《人民日报》网络版出现较早，还有新华网也比较早。2001年以后，新闻网站如雨后春笋般发展，形成了全国性规模。

相对而言，商业网站起步较早，发展较快。当时商业网站主要是新浪、搜狐、网易"老三家"，北京还有一家263（电信背景的）。有一批商业网站也是在那个时候发展起来的。

当时新闻门户网站的做法，页面设计基本都是一样的，基本是三栏瀑布式排版，通过大量新闻标题集纳，一二三层页面处理方式来做。

访：面对众多新闻网站和商业网站，东方网的发展目标是什么？

徐：我们发展蛮快的，当时注册资金6个亿，目标很明确，想在上海A股上市。

2000年11月15日，时任中央政治局常委、中央书记处书记胡锦涛来东方网视察说："建设中国一流网站的这个目标一定要坚持。祝愿东方网越办越好，早日实现国内一流，国际知名的目标。"

当时，上海热线是我们最大的竞争对手，在全国也很有名。在上海来说，我们一定要超过上海热线。从全国来讲，当时目标是瞄准商业门户网站。

在人民网上市之前，我们一直是体量最大的新闻网站，在各方面都是领先的。当时主要目标是新浪、搜狐和网易。2001年互联网泡沫之后，整个股市低迷，1个亿就可以成为他们的大股东。我们曾想通过美国证券市场收购新浪股权，完成一笔并购，后来涉及复杂问题没被批准。

二、六大板块

访：东方网总体发展非常快，目前大概有多少业务板块，其中新闻占到多大比重？

徐：我们公司现在主要有六个大的业务板块。第一个板块是媒体业务。媒体业务涵盖了所有终端，从 PC、移动到户外。第二个板块是电子政务，做政府项目。上海有一半以上的政务类网站是我们公司做的，包括技术支持、应用服务。第三个板块是电子商务。我们主要做两个业务，一个就是老字号品牌代理，另一个是现在时兴的跨境业务，还会做一些 B2C、B2B 的业务。第四个板块是智慧社区业务。我们在上海不可能跟腾讯竞争，也不可能跟阿里竞争，我们竞争不过他们，我们永远也成为不了那样的公司。但是，我们在上海有地缘优势，立足本地、生根本地。所以，我们做智慧社区这个项目有一个"服务到家"的理念。这几年，我们花了不少的代价，一直在推家门口的服务。在上海，东方网现在有几千个线下物理点。将来，我们每一个智慧屋都会集纳几十种专业服务商的服务，从最简单的快递开始，包括自提快递、社区电商、家政、旅游、社区金融等。每一项服务都不是我们直接做的，都是专业的服务商来做，形成平台的集聚效应，形成线上线下的互动。第五个就是我们的技术板块。第六个是投资板块。东方网有一个投资基金，有一家投资公司，我们也投了一些项目。

2015 年，7.2 个亿的营收中媒体占 1.2 个亿。2016 年上半年，我们的收入是 8.7 个亿，整个媒体业务的销售收入 1 个亿不到。这就是媒体跟整个业务的关系，它的比重大概就是 1/6，甚至 1/6 都不到。但是，我们对媒体业务的投入还是很大的，它是我们最大的两个板块之一。我们是新闻网站，新闻做不好说不过去。

过去我们做新闻的人最多，现在人最多的是电子政务中心，有两三百人。我们的公司是完全扁平化的结构。我的想法是，把公司总部越做越小，越做越精，做成一个纯粹的资产管理公司，下面完全是独立法人，独立运行，用资本来加以约束，分类管理。

东方网的基础管理做得非常好，所有的东西都是由系统来处理的，都是有痕迹可追溯的，有很多权重去约束。在我们公司，最简单的报销都要进入系统，不进系统想报一分钱也是不可能的。我们技术化的制约管理能力也是比较强的，而且我们公司也获得了信息安全认证、质量认证和职业健康认证。整建制的局级单位获得这三个认证是很不容易的，我认为在上海找不出第二家。

三、三大驱动

访：随着移动互联网发展，东方网定位有没有变化？

徐： 现在竞争环境发生重大变化。在 2012 年之前，PC 端的业务差不多到了极致。2012 年是移动互联网元年。移动端的真正兴起跟智能手机有关，跟电信的带宽有关，跟服务的水平有关。所以，整个互联网到了 2012 年之后发生了很大的变化。抓得准的，全部都上去了，包括腾讯和阿里。

相对来讲，百度是有点差的。李彦宏也多次说，他没有赶上。因为他保守，那个时候百度是中国最大的互联网企业，他觉得很多事情通过 PC 完全可以解决，移动互联网投入太大，而产出未必看得见。因此，关于移动互联网的应用、模式等，很多人看不清楚。

其实东方网也出现了这样的状况。我对移动互联网也比较保守，主要是两点，一是投入很大，二是商业模式没有看清楚。所以，前几年我们一直处于观望的状态，在移动互联网上介入晚。现在看起来，在这件事情上晚介入也有好处，因为整个互联网的业态和商业模式越来越清晰。在这种情况下，我们的介入说晚也并不晚，我们后续介入的产品发展得都很快。

整个移动互联网现在的趋势比较清晰，即坚持技术驱动、模式驱动，以用户和产品为核心。东方网对移动互联网的介入，我们看清楚的唯一的方向，就是技术驱动和技术引领，这也是我们跑在其他新闻网站前头的一个重要原因。在移动产品领域，我们起步比较晚，但我们坚持技术驱动的发展思路，从成效来看，是领先的。

访：能介绍一下东方网坚持技术驱动取得了哪些成果？

徐： 我有两个根深蒂固的想法，一是做新闻类产品、资讯类产品，技术是首要的。二是基于大数据的聚合类的产品，基于用户个性化推送的方向，我觉得是对的。在互联网时代，任何以人力来解决资讯类产品的建设问题，我觉得都是一条死路。因为这个事情过去就有人做过，台湾有个人过去想做《明日报》（*T－time*），号称要雇一万个记者，用互联网的方式，把所有的报纸都消灭。但是，他的模式不对，支撑了不到一年，工资发不出来了，第一份网络报纸就这么死了。

2015 年，东方头条这个产品做了 8 个月的时间，当年是盈利的。我们预计 2016 年的收入是 2.5 亿元，保守的估计有三四千万元的利润。它完全是基于精准的流量广告推送的方法，它测算每一个用户流量和变现的能力都是非常精准的。这个产品很少有开机广告或者特别明显的广告标志，你找不到。但是，它的广告无处不在，它把广告的推送、变现设计到了一个最佳的状态。我认为现在能和我们媲美的只有今日头条。当然，今日头条现在规模比较大，号称 5 个亿用户。我们发展也很快，我们每天的独立用户有 2500 万。

访：除了技术优先外，您刚才提到的另一个想法是什么？

徐： 我跟很多新闻网站的人的理念和想法都不一样。他们认为新闻网站把新闻做好就可以了，很多领导都是这个想法。但是做新闻养不活自己，做新闻是没有盈利模式的。世界范围这么多的媒体集团，哪一家是靠新闻养活自己的？它们都是大型的多元化的企业，产业很丰富，新闻只是其中很小的一部分，而且可能是不挣钱的那一部分。

所以我们就想明白一个道理，东方网在做移动产品投入的时候，还是要提倡应用优先和服务优先。在 APP 上做的东西，必须有用，老百姓觉得有用，才值得你投，所以我们投了很多应用类的项目，其实跟新闻资讯是没有关系的。

还有一个就是服务类的，确实能给老百姓带来什么，服务点什么，这类产品，我们是投的，而且是小额多样，一直在投。当然，出不出得来，有没有成效，还不好说。

有一些项目我觉得还是很好的。像助医网项目，做医疗的，帮助你看病的，上海 2/3 的号源在我们手里，过去挂号是要收钱的，现在不要收钱。我们有一个预付卡的项目，叫"卡通中国"，那是很好的一个应用。我们国家每年个人预付卡的量是 2000 个亿。但是，发卡的方式有很多限制。北京是红卡，叫连心卡，上海是 OK 卡，等等，这些卡绝大多数是不能在网上进行销售或者买东西的，这是它明显的一个短板。第二个短板是百分之十几的网上可以用的卡也是有限制的。比如，我这张 OK 卡只能在 1 号店或者阿里用，在京东就不能用。但是现在电商很发达，种类很多，我们就在想，为什么不能在网上做一个预付费卡的银联呢，就是我来帮你担保，你所有的卡在我这里跟电商结算，都能用，形成一个一卡通的概念。这个项目我就觉得非常有前途，你想 2000 个亿的发卡量，17%～18% 的线上用户，就有 300 多个亿，那不得了，如果有一半的用户量的话，那就是 1000 个亿，那是了不得的事情。所以，我们就做了类似的应用，把应用做好了，我们的产品才会有出路。

访：您所说的模式驱动该如何理解？

徐： 现在，我们整个新闻网站业界议论很多，说谁厉害，谁厉害，但是我认为很多的产品在模式上是完全不对的。短则一两年，长则三五年，必死无疑。因为它还是根据传统的人来决定这块应用开机屏是什么，头条是什么，它的重要性排序都是编辑决定的。在移动互联网时代，最大的特点是，我关心什么，什么才是我的头条，而不是你来给我决定什么重要或不重要。

我们传统的传播理念是，我认为重要的，我要告诉你的，通过时间、位置、大小等各种排序，希望你能接受。移动互联网时代，传统的传播秩序被颠覆，阅读习惯被颠覆，场景也被颠覆了，每个人的需求和理念是完全不同的。移动互联网贴近了这样的一个现实，它可以让每个人成为信息重要性的决策者，这就是差异。

现在的新闻客户端大都是按传统的模式在操作，只不过是手机的容量比较大，它的理念并没有发生根本性的变化。我们这个产品主要是基于重要性权重去推送，基于个性化需求去推送，基于阅读和录入习惯去推送。

为什么有这个产品呢？说来也巧，当时我们收购这个公司，主要是想做输入法。因为输入法有用户，我们希望这些用户能转化成我们的用户，想走捷径，所以去收购这家公司。后来，在改造输入法的同时，我就提出来，能不能做一些聚合类的产品，因为他们有数据，有用户。然后就开始尝试。开始的时候有点模仿今日头条，但只是简单的皮肤的模仿，其中的架构、算法，完全是我们摸索出来的。我们发现做这个产品很有意思，准备把输入法项目从公司剥离出去，用更专业的团队运营东方输入法。剩下的，我们都改造成东方头条。

最近，我们做了两个重要的决定。第一，我们准备以东方头条的方式，发起一轮定增，向市场募集 3 个亿左右，用于发展这个项目。互联网发展很快，你根本就无法想象。只用了一年半的时间，我们用几十万投资的产品，现在已经估值 15 个亿。我们用这 15 个亿的估值募集到了 3 个亿，用这 3 个亿来加快这个产品的发展。第二，我们想把这个产品单独推向证券市场，跟资本市场有一个很好的对接。

访：从您个人的角度来看，新闻的内容和传播在互联网发展的这二十多年里发生了怎么样的变化呢？

徐：其实没有什么太大的变化。

即使是今天，我们说媒体融合、转型，基本的模式都没有变化。现在很多传统媒体的转型不成功或者是不够成功。他们大多是找一帮人，花一点钱，重新做一摊新媒体，原有的生产架构和生产流程没有发生化学性的变化。现在基本上家家户户都在另起炉灶。

其实，媒体的革命或者数字传播的革命，有一个最大的特点，就是数据的集聚，非常精准地集约化地使用。什么叫中央厨房？就是信息的集约化处置。最重要的就是所有的信息都是共享的，你所做的任何一件事情只是你这个信息网上的一个节点，是技术分步实施的一个过程。中央厨房是不对应具体项目的，是对应整个流程和结构的，对应信息流和信息结构的。这是中央厨房的一种处置理念。如果不那么做，我认为就可能导致方向错误。

比如，人民网发展到今天，已经是上市公司了，对接资本市场，有技术优势，应该作为《人民日报》借船出海发展的一个大的龙头，带动整个《人民日报》的转型。

我认为传统的新闻生产模式至今仍在延续，变化还没有完成，也谈不上融合。从大的过程来讲，传统的写稿模式没有发生任何变化。只不过是因为互联网的冲击，迫使这些媒体人努力地适应这个变化。我觉得互联网时代，将来真正有价值的东西，就是这个聚合类产品的大量出现，每一个人的个性张扬到极致，自媒体发展到一定程度，整个新闻的生产流程才会有一个根本性的变化。

过去其实没有变化。你说30年来新闻生产有什么变化？没有什么变化，基本模式、流程完全是一样的。只有当用户的需求决定你提供什么样的消息时，媒体的生产、结构、流程才会发生变化。

访：您如此重视技术，东方网有没有考虑引进机器人写稿？

徐：现在机器人写稿有点简单化，这是人工智能的最初级阶段。比如，今天股市收市了，它写一个评论，把今天行情有特点的数据，通过系统自动抓取下来，根据模板形成一篇所谓今天收市的财经新闻报道，这其实是最粗浅的一种所谓人工智能。

我们要做的是什么事情呢？从理论上这么说，要体现你的写稿风格。系统有个自动学习的过程，它不断抓取你的信息，抓取你的文章，然后不断模拟、学习、实践。如果你的样本库足够大的话，机器可以模仿你的口吻写出任何文章，而且写出来的文章交给你的朋友看，一定认为是你写的。

我们早期会推出几种机器最容易模仿的应用。

第一种就是所谓的背景性新闻。比如，郎平带领女排拿了冠军以后，很多稿子都出来了。未来如果有人想写郎平和中国女排，可能就会上百度去"度娘"一下，看看郎平过去干什么。但是这个时候你会发现，你在检索的时候会有很大的困难。第一，信息是不剔重的，你会发现一下出来几十条同类的信息。第二，信息是按时间来排序的。你得到的都是最近的信息，看不到她出生的时候是怎么回事。因为它不是按重要性来排序，而是按时间来排序的。这两条决定你通过百度写中国女排的文章非常困难。

我们的人工智能系统帮你解决什么问题？就是最优先地告诉你郎平这个人最重要的事情是什么？它可以自动地根据你的写作风格把这些东西全部提炼出来、提供给你。然后所有的信息都是剔重的，按重要性排序以后剔重。这是作为工具提供给你的。如果你想更简单化，工具也不要，就想让它直接变成一篇文章。它可以很快就变成一篇中国女排夺冠以后关于郎平的解释性新闻。这个事情重要不重要也不是你决定的，它是根据这篇信息过去被网上浏览过的次数、重要性、热敏度排序的。或许在讲到郎平的时候，她拿了三次世界冠军是重点；或许她如果中间有婚变的话，可能也是重点。它是根据热敏度排序的。这样的话，你可能自己写一条稿子至少要花半个小时，快手写十分钟，机器写这篇稿子一秒钟就可以推出。

这就是我们讲的将来的人工新闻。很多人问机器人写作违反新闻真实性原则吗？这完全不违反。它就是将已有信息重新加工和逻辑化处理。

第二种就是解释性新闻。我们写很多东西，可能涉及很多观点，要梳理一些观点就要花很长时间。但是，机器可以第一时间把所有的观点进行集纳，然后梳理分类，根据你过去写稿的一些立场、观点和思路，把最符合你的论点、论述集纳在你的文章里面，根据你的口吻做出一个概念新闻。这些应用是我们下个月很快就要推的，完全符合新闻真实性原则。

当然，再厉害的人工智能也是人指导的。"阿尔法狗"也是人指导的，人开发的，它现在比人厉害，因为它不犯错，但是它最终还是人开发出来的。所以我们在考虑，可能下一代人工智能新闻的生产会被颠覆。因为你有海量的需求，需要大量的千人千面的作品，现在世界上没有一家媒体能够满足得了用户这样个性化的需求。在这个前提下，新闻生产才会发生革命性的变化。

访：除了人工智能外，您认为哪些技术对我们新闻生产会有非常深远的影响？

徐：我认为，包括 VR 和所谓的无人机技术，对新闻生产的影响是有限的。我在这方面跟很多专家学者持不同的看法。因为 VR 技术是一个视觉冲击的手段，它不改变本质的内容生产。

至于还有什么技术对新闻生产会有重大影响？我现在看得清楚的就是人工智能这一块。其他的，我认为唯一的可能会带来影响的，就是应用场景发生进一步的变化。如果要讲趋势，我觉得，这两个趋势将来可能会有一些应用和亮点在里面，一个是穿戴的，一个车载的，它们都跟人的生活状态有关系。

四、资本之力

访：东方网在资本运作方面具有成功的经验，您觉得资本对新闻网站发展有哪些影响？

徐：做新闻网站做到现在，我其实有一个基本观点，内容是刚需，这个不用说了。还有两个基础，一个是技术，一个是资本。现在所有的新闻网站，其实都面临一个非常尴尬的境地：没钱，找政府要。他就没想到，没钱可以到市场上去找。这完全是观念上的一个问题。其实互联网产业跟资本市场非常近，有一个天然的血缘关系。市场是不缺钱的。我一直是这个观点。

从资本市场要来钱以后有什么好处呢？太多了。第一，资本来了可以倒逼你内部结构的改革。因为你要让资本进来，公司必须规范法人治理结构。你不规范，它投不进来。规范的法人治理结构就决定着公司必须按股份制原则进行改造，或者按现代企业制度做出改造。改造的结果就是效率很高。第二，资本进来都要求有激励机制。第一点是约束机制，现在是激励机制。资本投钱都会附带一些要求，团队管理骨干应该持股，应该有期权股权的激励，或者至少要有与此相关的一个薪酬解决方案。

资本进来以后还有个重要的意义。因为资本的趋利性决定了公司所有的决策都会朝着资本所希望的方向发展。资本对企业发展方向的约束是很重要的，它会一直要求你用更简洁更高效的办法来达到发展目标，倒过来促使公司有一个很高速的发展。

许多网站现在是什么情况呢？又没钱，也不敢要钱，还怕钱。资本的介入，我认为才是新闻网站改革的一个重要的方向。不改这条，很多东西做不到。所以东方网这么多年来，其实一直以资本驱动的方式在向前走。互联网是一个需要大量投入的产业，希望通过不投钱或者靠勤俭节约来促进发展，那是一个特别奇怪的想法。不投钱，大家节约一下，就能成为亿万富翁吗？不可能的。通过资本驱动和投入的叠加，形成好的效率、好的机制和好的盈利模式，这个企业才能成功。资本有了好的回报，才会进入一个良性循环。

访：东方网目前在薪酬机制上可以跟其他的互联网公司相比吗？

徐：我们公司在努力做几件事。第一件，在条件成熟的子公司推行股权激励机制，引入合伙人机制，有一家公司已经股改完成，管理者持有 25% 股份。我有一个体会，现在最需要管的是全资公司，然后是控股公司，剩下来的是参股公司，最不需要管的就是合伙人机制公司。它完全不需要你去管，因为它也有利益在里面。我们有些企业最大的毛病是，有人为了拿别人 100 块钱可以消耗公司 1 万块钱的利益，因为 1 万块钱不是他的，100 块钱是他的，这是最简单的道理。机制上不改变，永远就会有人为了拿 100 块钱私利去牺牲公司 1 万块钱的利益，这就是一些企业做不好的原因。当你想到如果 100 块钱里面有自己 20 块钱，怎么可能随意去花 100 块钱？

第二件，我一直推动薪酬激励层面的改革。从激励机制、约束机制上推动，尽可能让想做事能做事的人有一个好的空间，这个空间可能是待遇的，可能是感觉的，也可能是其他的一些台阶。

访谈时间：2016 年 9 月 6 日

第三节　黑土地里的开拓
—— 访东北网原总裁兼总编辑彭大林

"领导说：我们要有一个互联网站，在网上要有黑龙江的声音和形象，将来要把东北网办成黑龙江的新华社，由这个媒体统一发声。我觉得领导寄予的期望大了些，但是我们一直在努力。"

——彭大林

一、借钱建网

访谈者：请您谈谈黑龙江省新闻网站的组建过程？

彭大林：1996 年，我在省委宣传部新闻出版处工作时，网络就已经有影响力了。当时黑龙江信息港有个聊天室——"黑聊"，是中国十大聊天室之一。但是，企业办互联网缺乏管理能力和经验，曾经出现了海外不实传言，我们及时地进行了处理，要求黑龙江信息港作为国有企业要把好政治关。后来，他们马上请来了退休的新闻工作者把关。应该说，黑龙江省委对互联网的关注、管理和使用都比较早。1999 年春节前，省委主要领导慰问 1998 年洪水受灾群众，《黑龙江日报》记者现场采写的图文，黑龙江信息港立即就发出来了。也是 1999 年，黑龙江信息港获准文字直播省人大会议开幕式，是全国最早的一家。

记得 1997 年召开全国新闻出版处长会议时，我们建议要抓紧对互联网的管理，但是与会的很多人不认同。当时，国内使用互联网的用户还不多，影响还不大，还主要是一个对外传播渠道；而且，一些同志认为互联网互联互通的架构就是不可控，难以管理。

1998 年，我们宣传部就设想建设自己的网站。当时，做了一个 200 万元的方案，最后因为没钱，方案就放在那了。直到 2001 年，省领导意识到需要这样一个网站，责成省委宣传部牵头创办一个新闻网站，基本上按照我们当年的设想着手组建。

实际上，当时是借钱建站。由黑龙江省委宣传部和黑龙江信息港联合建设，前者组织新闻宣传力量，后者出技术力量。省委宣传部做把关人，负责招聘采编力量。第一批招聘了二十几人，5 月份到岗，我是 7 月末被派去的。

上任之前，省委领导和我谈了一个思想：我们要有一个互联网站，在网上要有黑龙江的声音和形象，将来要把东北网办成黑龙江的新华社，由这个媒体统一发声。我觉得领导寄予的期望大了些，但是我们一直在努力。

我担任的时候，第一批二十多人中就走了一个。当时真是要钱没钱，要人没人，财政答应给 200 万元开办费没有到位，我们就勒紧裤腰带先建着。还好，我们完成了省委的第一个想法。从 2001 年建网到 2007 年初我离开，中间黑龙江省经历了几次大的舆论风波，建立了我们在黑龙江舆论界的权威地位。比如在松花江水污染之后，《三联生活周刊》称东北网是黑龙江最具有权威的网站，我看了那篇文章特别高兴，至少我们完成了领导的第一步设想，成为有影响力的媒体了。

二、酒店大火后首次发声

访：您印象中，东北网发展有哪些重要的时间节点？

彭：最初，我们采编人员就是无头苍蝇，到哪儿人家都不接受采访。当时大家知道报纸、广播、电视，但是没人知道还有一个新闻网站。所以，只能慢慢来。其中有一件事对东北网的发展是起到决定性的作用的。

就是 2003 年春节期间哈尔滨天潭酒店火灾。天潭酒店着火是正月初二晚间。初二晚上，大概是 8 点多钟，位于哈尔滨市道外区的天潭酒店着火了。因为大厅着火了，就餐人员在里面出不来。装饰材料可能化学的东西多一点，很多人窒息死亡。晚间 8 点多钟，领导机关打电话通知我们，说大概死了 50 多人，要我们安排报道。当时我们东北网人也不多，又是春节假期，一下子派不出采访人员。开始我们想等稿子，但稿子半天也不来。我就自己去现场。过去以后，初步统计情况已经出来，但宣传管理部门说要等最后确定实际上死亡人数和起火原因，省市领导们也还在陆续到来，稿子迟迟定不下来。

到了快 10 点时，几家中央媒体的同志说，不能等了。我说，你们要走，你们发了，地方媒体没发，哈尔滨出这个事儿，那不是打黑龙江媒体的脸吗？但是，由于宣传纪律，我们没有办法。后来，我就把稿子传到中新网。中新网首先发出来，我们就转发了。这个稿子就差一个领导名单，我们很快就补上了。这就等于在黑龙江本土，东北网最先发出来。

当晚，哈尔滨市现场的新闻官员说，基本没事儿了。媒体的同志们纷纷撤离，我也跟着大家往外走。在道外第四医院时听说我们主管领导在，我进去一下，告诉领导我们都在。没想到，去了以后发现还有人在抢救。我们第一个稿子，没有说有人在医院，也没有说有没有其他的危险等。因此，我就请当时在场的《黑龙江日报》记者帮忙发照片，《黑龙江晨报》同志帮忙盯着新进展。我回家后又写了条消息，说遇难者都是窒息死亡，在医院抢救的人员没有生命危险了，这就比原来的通稿多了两个信息。

接下来，在网上发现，香港和台湾的旅游工会质疑有没有旅游者。我觉得有必要回应一下。我知道没有旅游者，因为那个地方不是一个旅游区，是纯粹的本土居民区。即使现在，道外的旅游者也不是太多，那个时候基本就没有。我和哈尔滨市委宣传部的领导沟通，请他确认没有。然后，我就借哈尔滨市人民政府新闻办公室负责人的口吻，又发了没有海外旅游者。后两条是后半夜 2 点钟发出去的。

第二天早上 7 点起来一看，后两条新闻几个商业网站上没有。那个时候，包括商业网站都没有 24 小时值班的，发出去也没有人转，我就着急了。我的任务是维护黑龙江的形象，我要把该说的话说出去。正月初三早上，7 点半左右大家都没上班，我给中新社打电话，中新社没上班；新浪也没上班。搜狐接通了，但是搜狐说我们两家没有协议，不能转稿子。因为我当时的关系还是在省委宣传部，领导此前已经授权我可以以省委宣传部新闻处负责人的名义工作。因此，我对搜狐说，这是个特殊情况，迫切需要他们转，我当时代表黑龙江省委宣传部和东北网两家口头授权，并通过搜狐的领导证实了我的身份。

搜狐转了以后，中新社 8 点钟上班后也转了。中新社和商业网站都有协议，各商业网站就都转了。当时，我们的省委宣传部常务副部长，也是我们的主管领导，正在广州休假。他早上 8 点多起来吃饭时，看到香港的电视台报道着火的画面，他还没吃完饭，就出现了据东北网报道伤员没有危险，没有海外旅游者的消息。他感觉，这一下东北网打赢了。东北网一下在海内外传统媒体里面有声音了。互联网媒体影响了传统媒体！这个案例，后来被中宣部新闻局肯定。我们通过互联网维护地方形象，而且影响了传统媒体。这是东北网在发声问题上打赢的第一仗。之前我们是每天 20 万左右访问量，一下翻到 40 万，这是我们第一次访问量翻番。

这件事一下子给了我们很大的信心，又临时抽调一些人，把现场伤亡者的保险情况摸了一遍，做了一些相关的报道。当时我们有一位副总编是人大新闻系 78 级的毕业生，是黑龙江电视台的资深的老编辑，他想得比较细，方方面面都想到了，做了一场比较完整的突发事件报道。

访：这件事以后，领导是不是更重视东北网了？

彭：但是关键的时刻，我们又被管理部门弄了一下。到最后发布死亡名单时，相关部门的领导说，只让电视台发，不让网络发。实际上我们拿到了名单，但是不能发，只能等到黑龙江电视台播出后，我们在前面加上一句话，据黑龙江电视台报道，然后再发这个名单，那个时候新闻网站在管理部门和社会上还是排得很后，不像今天这么被重视。

你们可能不知道，牡丹江边上有一个宁安县。有一次突然发生泥石流，把一个学校冲了，一批孩子遇难。我们记者当时跟着省委做会议报道，就在附近。当时，一些记者去泥石流现场做报道，但把我们的记者从车上撵下来，不让东北网去。实际上再挤的车也不差一个人，但是人家说不让东北网去。我们就没有办法，当时只能转发中央电视台和其他中央媒体的消息。其实，从采访的能力来说，我们的很多同事都是从传统媒体过来的，甚至还有从新华分社过来的，采访能力不比别人差，只是当时的政策给我们一些限制，有时觉得特别憋屈。

三、宝马事件后组建网评队伍

访：还有哪些特殊的经历？

彭：最大的一件事就是2005年的哈尔滨宝马撞人案。它是当年互联网舆论三件大事之一。就是一个卖葱的农妇被一个开宝马X5的女司机撞死，在网络上引起一轮舆论风波。

开始，这是一个很平常的交通事故。不知道怎么到了互联网上，就形成贫富对决的舆论场，而且风波一个接着一个。我们最开始没有把它当作一个特殊的事件报道。结果，网上突然炒起来了，说这个女司机是省领导的儿媳妇。

我们知道这个人不是领导同志的亲属，但是单独由东北网出来说话，可能没有很大的影响力和权威性，而且我们需要有一个信息源。那个时候，哈尔滨市人民政府网站上出现网民言论，说撞人者是省级领导的儿媳妇，虽然没有说具体是哪个人，但是黑龙江省当时就两个副省级女领导。一位是当时的省人大常委会副主任，一位是当时的省政协主席。

我分别给两个领导的秘书打电话，讲明网上有传言，问领导有什么想法？有什么话需要我们网站说一下。人大常委会领导的秘书不到半个小时给我回话了，说可以说她儿子和儿媳妇的年龄，讲清楚两个孩子现在都在北京，不在哈尔滨。我们就找了一个论坛说出去了。因为不好正式说，就用论坛说出去了，第二天这个传言就没有了。政协领导那边，可能领导自信心比较强，秘书跟我说，老太太说了，网民说就说吧，不用理他。第三天，这个事儿成了满网的热点，把矛头指向具体人。其实真的不是她家的。她的两个儿子我们都知道。但是领导说不用说。全网的舆论一口咬定是领导的儿媳妇，这个时候再说实话已经没有人信了。

事情爆发后，国务院新闻办公室开始协调，才从新闻网站上撤下去相关传言。那个时候，我们的网络媒体从业队伍真的是十分不堪，什么样的人都有，什么稿子都可能发出来，包括新闻网站。一些新闻网站比那些商业网站更不守规矩。

为了应对舆论风波，我们就开始监控互联网，每天三四个人看着网上关于宝马案有什么动态，向领导汇报，研究如何应对，前后经历了两个月。最后，就形成了东北网的舆情监控队伍，在全国比较早。同时，为了应对这件事，我们也在网上写一点东西，发布一点正面的信息，慢慢形成了一批骨干网友，现在叫网评队伍。在第二年的全国宣传部长会议上，我们省委宣传部汇报这个情况，得到中宣部的认可，在全国推广。

四、地方网站的外宣尝试

访：新闻网站最初主要是对外宣传的，黑龙江地处中俄边界，在对外宣传方面，东北网做过怎样的尝试？

彭：黑龙江和俄罗斯有 3000 公里的边界线，俄语也是黑龙江的外语优势。中央布局的俄语方向对外宣传重点，一个是黑龙江，一个是新疆。黑龙江省原来有一个对外刊物《伙伴》，后来我们发现很多外国人了解哈尔滨却不知道黑龙江。所以，我们觉得黑龙江对外形象还是要加强宣传。这样，既能完成中央交给我们对外宣传的任务，也能加强省内对俄宣传。

最开始，东北网做了一个"东北亚新闻"频道，实际上主要是把俄罗斯远东地区的经济信息翻译过来。1998 年，我们最初设想黑龙江新闻网站的时候就有这个栏目，是重点栏目。我们的外宣对象主要在周边，除了俄罗斯，还有朝鲜、韩国和日本。韩语也是黑龙江的优势语言，我们办的《黑龙江新闻》（黑龙江朝鲜文报）在朝鲜和韩国都有影响力，我们省的历史文化研究者在朝鲜与韩国也都有影响力。当时，这些都是我们的优势。东北网成立了以后，我们做东北亚频道，把韩、日、俄都能吸引过来。当时想以经济为主，后来慢慢地把韩流也引进来一点。这个频道慢慢做得有一点影响。在中国网络知名栏目评选中，成为东北地区第一个入选的互联网知名栏目。

访：东北网当时还有哪些外宣特色栏目？

彭：当时主要的三个新闻栏目，一个是本地的《黑龙江新闻》，一个是俄文栏目，一个是东北亚栏目。

《黑龙江新闻》，就是把整个黑龙江省所有媒体的新闻信息、资讯，通过东北网的出口，向全国、全世界宣传。因为我们当时直属黑龙江省委宣传部，可以对全省所有的新闻媒体的新闻资源进行转载，或者是再利用。它是通过行政手段来保证信息供应。这种整合性传播，效果很好。现在，虽然说东北网已经并入黑龙江日报报业集团，它拥有的资源仅仅是集团的资源，但这个栏目还是存在，依然是人气很高的一个栏目。

我们的俄文频道伙伴网虽然访问量没有像本土的访问量那么大，但是影响大。

东北亚栏目当时主要以东北亚地区为目标，包含俄罗斯远东地区、日本、韩国、朝鲜，也包括吉林、辽宁，就是围绕东北亚这个地理位置，建立起的栏目，当时也很有特色。但是到 2008 年之后，东北网开始向市场扩张，砍掉了很多不挣钱的栏目。那个时候市场化要求我们必须这么做了。因为当时省里给的钱已经不够用了，我们得靠自己赚钱。这个栏目后来被抛弃了，也没有办法。从访问量看，当时东北网成立三个月所有的访问量加一起才一万次，都不如现在一篇稿子的访问量。那个时候上网的人也少。现在，黑龙江的网民普及率是 47%，仍然落后于全国平均水平。

五、走向市场

访：今天，新闻网站已经变成了传统媒体，东北网有没有启动转型？

彭：我们刚开始建立时才 20 个人，网站是省委宣传部跟联通公司合作办的，房子是借用联通的，6 个技术人员都是他们派过来的，内容是由省委宣传部派人来管。一直到 2006 年，都是两方合作。最开始没钱，主要靠新闻树品牌，后来对网络技术进行探索，再逐渐对网络的经营进行探索，才形成现在东北网的格局。

2008 年开始逐渐转型。当时，省委省政府认识到重点新闻网站有很大作用，给予一定的扶持力度，从 2008 年到 2014 年，政府拨款从 200 万元增加到 700 万元。2010 年到 2012 年，根据中央的要求，省里一直努力把东北网推向市场。从 2012 年开始，东北网开始正式转企改革。

访：面向市场，东北网做了哪些探索？

彭：从 2015 年 1 月 1 日开始，政府拨款就停了。从 2015 年 3 月开始，为了加强舆论宣传，就是为了媒体融合的需要，把我们划转到黑龙江日报报业集团。转型过程中，我们做了一些探索。

一是继续服务政府，争取政府采购项目。我们努力打开政府渠道，既有利于对黑龙江的各种信息进行更深入的宣传和挖掘，也是为了生存。我们给很多省委政府工作部门都建立了大型网站，在电子政务方面做了很多开发。比如，我们跟黑龙江省委政法委合作建设平安龙江网，跟黑龙江省纪委合作成立了纠风网，还给省文明办、省机关事务局等单位建网站，提供管理程序研发服务。

二是向移动媒体转型。在新媒体时代，东北网已经是传统媒体，一定要向移动互联网转型。前几年，东北网的访问量一直在增加，这是一个红利。但这种红利总有结束的时候，尤其现在，手机网民已经占到全国网民的 90%以上，所有人的关注度都已经到移动媒体上了。我们向移动媒体转型，目前主要就是做微博、微信、客户端。不是特别好，但也不是特别差。比如我们的微信公众号，现在有 20 多万粉丝，在黑龙江排前五名。

三是做直播。今年东北网做了三场视频直播，主要是围绕哈尔滨马拉松。最多一次直播有五六百万受众关注，实现了 PC 端和移动端的结合，先在手机上实时直播，之后再录播。目前，直播基本能够达到一般需求，受人力财力所限，达不到特别完美的商业级直播效果。

社区论坛我们也做过，去年关闭的。为什么？因为我们论坛集纳了一批年龄很大的网友，比如我们的诗词板块、摄影板块，这些人都比较小众，忠诚度很高，但只有几百人的用户规模，对整个网站的经营形不成利润。难以抵销我们每年投入服务器带宽和人力成本。原来的手机报、短信、彩信、语音等增值服务也都做过，也都赚过钱，但是都是小钱。

六、东北网发展的背后

访：除了重大事件报道的推动外，您觉得，东北网能够发展还有哪些影响因素？

彭： 早期那个时候，说句实话，应该说是几位领导放开手让我们"折腾"，才把东北网办起来。当时的省委副书记刘东辉同志，省委常委宣传部部长孙启文、李延芝同志都很支持，给了东北网很宽松的环境。我们的常务副部长李寅奎好几次要求传统媒体向东北网对标，东北网怎么发，他们怎么发。领导同志给我们的政策就是，遵纪守法放手发展，有一些传统媒体不适合发的我们也可以发。

"非典"期间我最受感动。当时，哈尔滨相对于北京要好一点，没有"非典"患者流入。但是大家紧张程度是一样的，都怕流动人口带进来病毒。对于传统媒体要求是严加控制，不能随便报。当时电台的同志告诉我说，台里面规定看东北网。东北网怎么发就怎么发。那个时候，我觉得省委宣传部领导和兄弟媒体给了我们很大的支持，因为我们相对来说没有时间限制，来稿就可以发，要比他们有时间的优势。

我们不怕人家抄，怕自己的东西没有人传播。就是在这样有喜有忧的过程中，东北网一天天地长起来。可能和兄弟省的网络媒体比，我们经历了几个风波，这样的话我们成长得可能相对要快一点，而且遇到过别家没遇到的事情，给我们提供了一些特殊的成长经验和教训。

除了领导信任，兄弟媒体新闻资源的无偿支持也十分重要。现在，东北网划转到黑龙江日报集团后，听说各个媒体就不同意无偿转载了。最初，包括黑龙江日报集团、电台、电视台、各市地报社，允许我们使用稿件。东北网是黑龙江省级重点新闻网站，属于正规的新闻媒体，其领导权、舆论发声权、资源配置权，永远是掌握在党委手中，这一点跟传统媒体一模一样。我们很好地履行了作为新闻媒体的一种责任和担当。但商业网站的发展，无论是在技术上，还是经营上，或是在理念上，都是值得所有新闻网去学习的。可以客观地说，整个中国的网络形式，最终是由商业网站来引领的。因为他们占有资金，占有人才，占有技术，还有机制优势。所以，坚持向商业网站学习也是我们保持成功的必要因素。

访谈时间：2018 年 11 月 14 日

第六章

突破传统业态探索全媒融通

电子版、网络版、报网互动、台网互动、网络电视、转企业改制、上市融资……媒体融合早期的探索都是基于传统媒体自身地位不变的前提，拓展新的传播媒介、分销渠道和资金来源，是"1＋N"的加法模式。随着新型信息技术的广泛应用，特别是移动互联网和智能手机的普及，简单的加法已经不能适应信息消费者的需求。传统媒体的用户和广告主开始大幅分流，迫使传统媒体痛下决心选择"减法"。于是，长期以来只生不死的报纸、杂志开始大量"休刊"。其中不少媒体并非因为今天的日子难过而休，更多的是希望尽快在明天的融合中涅槃。

在"要不要停刊"的讨论声中，《东方早报》决心转型，2014年创办澎湃新闻便是其重要举措。凭借时政新闻牌照的政策准入优势，和传统媒体自身的公信力和专业性优势，澎湃新闻延续了《东方早报》的内容深度，主打时政和思想报道，强调特稿、调查、深度报道，强调思想、人文、社会经济领域深度的观察解析，以优质内容为根基，采取企业化运作，获得了可观的盈利。1998年以企业网站形式诞生的凤凰网，最初是为了满足凤凰卫视在内地的宣传推广需求而建。彼时恰逢门户网站的发展热潮，凤凰网审时度势，抓住市场缺口，从早期定位为"凤凰卫视的官方网站"，进军为"一个具有强烈媒体气质、独家内容、满足主流高端人群需求的综合门户"，其间，凤凰网进行了重组，转型为独立的商业网站，并于2011年完成上市，成为凤凰卫视传媒集团全媒体布局的重要支点。在传统媒体行业有过丰富实践经验的吴晨光将"传统媒体功夫"带进了一点资讯，在以算法为代表的颠覆性内容分发技术下，仍然强调编辑对内容"源与流"及其权重的把控，将信息筛选定义为编辑团队和算法团队协作分工的结果，保证了上游内容的较高品质，弥补纯算法推荐所缺乏的"人文关怀"，由此传递出平台的价值和理念。

本章将通过对澎湃新闻网总编辑刘永钢、凤凰网总编辑邹明、一点资讯总编辑吴晨光三人的访谈，呈现突破传统业态的全媒体融合路径，见证转型路上坚守的品格、突破的勇气、创新的锋芒。

第一节　怀揣纸媒情结迈过融合门槛

——访澎湃新闻网总编辑刘永钢

"要厘清一下，《东方早报》和澎湃是一体的，我们叫融合发展，可以说东早是澎湃的母报，也有可能澎湃之后会取代《东方早报》，但我们整个都是以《东方早报》为班底做的，它其实是《东方早报》的一个转型。"

——刘永钢

一、东早的澎湃之变

访谈者：您此前在《东方早报》工作，现在来到澎湃，您怎么看待这种变化？（下文中《东方早报》简称东早）

刘永钢：这个要厘清一下，《东方早报》和澎湃是一体的，我们称之为"融合发展"。可以说东早是澎湃的母报，也有可能澎湃之后会取代《东方早报》，但我们整个都是以东早为班底做的，它其实是东早的一个转型。

可以说它是两个牌子，一套人马，真正不一样的人群只有两块，一块是报纸的晚班编辑部门和美编之类的，还有一块就是澎湃的要闻编辑部门。这两块是相对独立的，因为它们的节奏、流程是完全不一样的。其他都是一体的，包括采访力量，各个中心的编辑力量，一些公共部门、支持部门、行政部门。

比如，在管理体制上，副总编都是两边兼的。最初，我们还区分东早的主编、副主编和澎湃的主编、副主编，但是他们大部分都是同一个人。现在这些都取消了，整体叫东早澎湃，合二为一，深度融合，已经成为一体了。

访：您觉得，领导选择你们这个团队是出于怎样的考虑？

刘：主要还是觉得我们年轻有冲劲。其次，觉得我们是离市场化、离互联网最近的。与党报、机关报不一样，我们从 2003 年开始创办的时候，就已经是企业化。我们的团队人员进入这里很多都放弃了事业编制。所以，上面可能也觉得我们这样一支团队，综合考虑下来，都还是比较适合的。

访：澎湃脱胎于《东方早报》，与《东方早报》有什么差异和相似之处？

刘：基本是一样的。澎湃新闻主打时政与思想的报道，《东方早报》原来也是这样的，强调特稿、调查、深度报道，强调思想、人文、社会经济领域深度的观察解析。我们当时认为它肯定是一片蓝海，而不是红海。一般的信息流有太多的聚合平台，不是我们的优势，竞争也太激烈。而《东方早报》的优势本来就在那边，而且从互联网生态看，思想也好，时政新闻也好，调查报道也好，相对还是稀缺资源，所以我们就从这块切入。这既符合我们《东方早报》原来的基础和特点，同时我们也从互联网竞争的角度，认为它是一个空白点。事实证明确实如此。这个切入点，我们能做到，在这一点上澎湃与《东方早报》是毫不犹豫要连接上的。

差异之处肯定也有。报纸毕竟是地域性的，强调上海特色，尤其是比较强调本地新闻。转换到澎湃之后，我们保留了海派特色，但是将上海本地的新闻变为一个正常的部分，视之为一个国际化大都市，或者是中国经济中心城市。因为互联网是跨地域的，我们认为，我们做的这些东西，是人人都应该知道的，人人都应该看的，它是刚需。

访："澎湃"对于《东方早报》的品牌及发展会有什么影响呢？

刘：我觉得，最开始《东方早报》帮助了"澎湃"，但是后来"澎湃"也多少帮助了东早。但主要是帮助了这个团队，对于东早这份报纸本身没有太多帮助。因为互联网发展的趋势如此，新媒体要比传统媒体更有生命力。

关于东早要不要停刊这件事，我不能说要停刊，也不能说不停刊。如果说我们不去考虑它，那是假的，肯定有过讨论，也有过考虑。但是你说我们最后做出决策没有，肯定是没有的。这肯定是个选项，我们要考虑很多。首先，澎湃能否承载东早原来的一切；其次，东早是不是还有它存在的价值，或者说它能不能自我存在下去。当然，我们还要从整体的战略上去考虑，这样做到底会带来什么样的后果。所以，澎湃和东早是相互促进的，做了东早，做了澎湃，在很多方面相互会有影响。比如品牌和广告，两边一起做；比如采访，记者既是澎湃的也是东早的。

访：澎湃与上海报业和东方报业公司之间是什么关系？

刘： 东方报业公司是上海报业集团的全资子公司，澎湃是东方报业的产品，东方报业现在就是为澎湃而存在。但这家公司原来就有，后来通过增资扩股进行改造，与《东方早报》在架构上是平行关系，业务上相互协作，对人员安排没有太大影响，待遇没有差异。

在澎湃上线之前，我们也招了100多人，与原来300～400人加在一起，无缝衔接融入进来。所以，并非这100多人单独组成一个中心或者部门，而是融入各个中心各个部门。

访：作为新闻客户端，拥有时政新闻牌照是澎湃的一大优势。您怎么看待这种优势？

刘： 我觉得这个肯定是我们的优势，而且是很大的优势。第一，我们的核心优势就是政策准入。

第二就是我们有原来传统媒体公信力的优势。还有，我们有一支专业的团队。这些都是我们的优势。所以，我们从来没有认为时政新闻反过来会给我们带来困难。因为你没有牌照，受到的制约也是一样的。当时，有很多人觉得我们没有办法竞争。我们则认为，竞争一定是有些人在黑色地带，有些人在白色地带，我们要做的就是打通两个舆论场。

拥有时政新闻牌照，这是我们最大的优势。当然因此对我们的要求也会更严格一点。有这样一种敬畏感，也会让我们把新闻做好。总的来说，我认为有这个牌照，只有优势，没有劣势。

访：你们有没有出过差错呢？

刘： 有。比如，我们之前发布的"九江发生地震"的报道，被通报批评，说我们报了假新闻。我们怎么会去报这样的一个假新闻呢？事实上，我们在跟地震台那边做测试，希望以后地震的消息能自动发。只要地震台监测到，我们这边就自动发布。那天没有沟通好，将测试当作结果发出去了。发出去1分钟不到，我们就给撤回来了，但是其他的一些商业平台，比如网易、腾讯，他们都是（自动）抓取的，就转出去了。我们后来也因此受到了批评。

访：作为中国第一个新闻问答产品，澎湃APP的"提问"和"跟踪"两大功能初出时让人印象深刻。您认为这两大功能有内化成为澎湃新闻生产的一部分吗？

刘：关于"提问"和"跟踪"，我觉得我们是起了个大早，赶了个晚集。包括我们的"问吧"。我们其实做得很早，但是要和"分答"等产品相比，我们是比不过他们的。可能是不同阶段，我们有不同的着重点。我们当时是生存第一，要把我们的影响力，把平台做大。但今明两年，我们会有重点地推一些其他的产品，比如视频。我们也会根据澎湃的特点对"问吧"做战略性的调整。我在想怎么把它盘活，怎么让粉丝经济、知识经济给我们带来收益，这一块我们还是在做方案和设计。

视频这一块我们也在做方案，应该很快会推出来。主要是以新闻直播和深度报道、调查为主，不会做电影，或者网红直播这类的。做直播，它是有一种新闻的代入感，是一种见证新闻同时发生的感觉。视频可能会像图片一样，成为新闻的一个标配。我们去做一个深度报道、调查报道，单纯用视频来做会非常困难，而且周期太长。因为文字有文字的擅长，视频有视频的擅长，所以我们还是要把视频、文字和图片的力量结合起来。比如，我们在做一个深度调查，突然这个人就活生生站在你眼前，跟你说话，在讲述那样一段故事，你会觉得新闻真正就是这样，可能前面用五百字去描述他，等到看到他，你会发现，"哦，真的就是这么一回事"，那这个时候视频肯定是为整个新闻加分的，视频会带来流量的增加，也容易带来流量的变现，所以不能忽略它。

访：现在的形势变化特别快，澎湃有团队专门去跟踪这些吗？

刘：我很喜欢华为任正非前不久说的那段话。他认为华为在技术领域已经进入无人区，他们已经在做开拓性的而不是跟随性的东西。我认为，我们做内容就是要勇敢地进入无人区，内容一定是我们引领性的东西。技术上，我们肯定是跟随性的，还没有办法达到引领，但我们对技术是非常重视的，现在是内容、技术双轮驱动。技术方面，第一要跟随最新技术，第二内部要研发，把技术和内容结合起来，转换成产品。我们希望在这一块有引领模式，比如做 VR，我们一直在做，也有很多产品，但是这些产品还不足以形成颠覆性的影响。

我们也一直在思考，包括数据新闻有一个很强大的数据小组，这些人都是在跟踪这些最新的数据新闻发展。我们有产品经理，他们要跟踪国外的这些新的 APP、新闻网站，还要琢磨这些新技术跟澎湃的内容到底有什么结合点，最后能形成什么样的产品，这一块是我们非常重视的。这些技术只有跟我们的内容相结合，对我们才是有意义的。至于硬件上的技术，我们只能跟随。

访：您如何看待当前正在进行的媒体融合战略？就《东方早报》和澎湃来说，您觉得主要难点在哪里？

刘：媒体融合是必然的趋势，你说以后还会不会有纸媒的存在，那可能会有一些精品还存在。对于我们来说，觉得还好，这个坎我们已经过去了。媒体融合要防止温水煮青蛙，纸媒不是一天就改天换地了，而是一天一天、一点一点的。比如，2014 年我们刚做澎湃的时候，东早的广告收入一直是比澎湃要高的，但我们还是有这个决心，我们是看趋势。

访：从个人角度看，向新媒体转型，与传统媒体工作有何不同？

刘：从做内容的角度来说，我觉得差不多，因为我们还都是比较严谨严肃的，不太可能会用一堆的网言网语。在整体的表达、采访、制作方面，我们还都是秉持严谨的态度。从这个角度来说，它是基本类似的。

更大的一个体会是，现在是 24 小时连轴转。以前可能只是熬夜上晚班，现在则需要不停地刷屏、刷新，不停地去看一些东西。比如，以前一个报道做好了，睡个觉，第二天就投入另一场战斗，现在分分秒秒都要投入战斗。

还有一点就是，做新媒体的成就感比原来要强烈一点。以前做纸媒，它的整个效应是滞后的，可能要一天、两天、三天，甚至更久。比如《东方早报》，从零到四五十万的读者，它花了十几年时间才能达到。澎湃成立两年时间，就已经达到 5000 万的用户数，而且这只是我们下载的用户，事实上可能还要更多，现在所有的门户类、聚合类的，都在购买我们的服务。所以成就感要大，来得也快，稿子一出去，马上就有回应了，当然问题也来得快。

访：那您转型到新媒体，觉得困难吗？

刘：我觉得还好。做纸媒的人，一直在说"狼来了，狼来了"，我们也一直在研究这个"狼"是怎么一回事，新媒体到底是怎么一回事。而且你说我们跟新媒体做斗争也好，合作也好，其实也就是这几年的历史，我们一直在互相观察、渗透和学习，所以，太多的痛感是没有的。新媒体也好，互联网环境也好，已经成为"柴米油盐酱醋茶"一样的东西了，所以不会觉得很突然。当然，该写文章还是要写，只是我们相应的组织流程、采编流程、管理方式等，要做一些调整。核心，我们还是做媒体的，不管是新还是旧，从这个角度来说，我觉得没有太大的突兀感。

二、资本传说与未来

访：有一种说法，即"澎湃"项目的初期投资达 3 亿至 4 亿元，一部分来自政府，一部分来自财团，"澎湃"的核心成员对项目持股，这也是上海报业在资本结构上的突破。是这样吗？

刘：这里澄清一下，"'澎湃'项目的初期投资达 3 亿至 4 个亿，一部分来自政府，一部分来自财团"，这个是不对的，没有这么多钱，我们也百分之百是国有资本。

最开始确实有这样的设想，即国有资本控股，剩下的吸引一些国有投资平台、互联网基金以及团队持股等。当时，一直按着这个方案进行尝试努力和实践。后来我们觉得它对于政策的突破有点大，不想在这件事情上耽误太多的时间，所以先把产品推出来，先运作起来。因为，时不我待。如果在这个问题上耽误下去，我们就不会成为转型最早的。

访：在可见的未来有没有要引进外面资本的想法？

刘：有的，我们现在也在考虑，还是要引进战略投资。引进战略投资和团队激励这方面的工作我们还是在做的。因为资本的多元，或者说股东的多元，能给我们带来更多的资金、智慧，也会带来实际上的业务支持，我们认为这都是有好处的。

团队激励还是很有必要的。在团队激励方面，我们是根据法律和政策一点一点来突破。核心就是要让我们的员工在工作上有成就感、事业感、尊严感。这种尊严感和收入挂钩，虽然我们在物质上、经济上不会很富有，但至少不应该贫穷。成就感，就是我们做出好东西，目前来说我们还是不错的，成就感是容易取得的。还有一个是事业感，一定要让大家感觉我们在做一份事业，而不仅仅是打一份工。

要有事业感，更重要的是要让大家觉得我和这个东西是可以绑定在一起的，我跟它是有未来的，而不是说我将来年纪大一点做不动了，必须要跳槽，如果不能跳的话可能我的收入也上不去了。我们还是鼓励"工匠精神"，鼓励积累，鼓励去完善自己，提升自己，不是说光靠拼体力，不拼体力，钱就拿不到。

因此在资本和团队方面，希望要有所变化。只有这样，我们才能和外面的互联网企业差不多在同一个起跑线上竞争，这一块还没有具体的动作和措施，但是大家大方向上都达成一致。

访：这方面会有什么困难吗？

刘：我们需要对政策有一个把握。现在对国有新闻传媒，国有文化产业都有非常明确的规定，有些是要国有控股，有些是要国有全面控股。比如现在考虑引进战略投资，我们主要还是考虑纯国资，国有独资，这种平台其实已经很市场化了，能给我们提供很多东西了。所以，可以一步一步来，中国的改革历来都是渐进式的，都是摸着石头过河的。

三、澎湃的盈利模式

访：在盈利上，与"界面"向用户收费的盈利方式不同，"澎湃"原本计划通过传统广告、原生广告和优质内容输出等三种途径来获取利润。但实际上根据相关报道，在原生广告和优质内容输出方面，"澎湃"并没有明显收入，传统广告依旧是最主要的盈利途径。在这样的情况下，您对内容盈利依旧有信心吗？原因何在？

刘：我们的盈利模式目前来说是以广告为主，以版权售卖为辅，还有其他的一些活动，包括一些粉丝经济、知识经济，还有一些赞助，我们现在也在想着可以适当开发众筹、打赏（功能）。

在没有想到更好的模式之前，广告模式还是值得倚重的。别人一直会有疑问，广告模式还有没有前途？新媒体还依赖广告，行不行？这个我们也有自己的判断。广告模式本身不是问题，问题在于你用什么平台去做广告。为什么传统媒体的广告会式微，是因为报纸的平台、渠道和体量都不具备优势了，所以它的广告会断崖式地下降，每年下跌30%～40%。

但是对于新媒体来说，它的基数很大，而且也会有精准的投放，广告是有价值、有效果、有意义的。哪家门户，或者新兴的聚合平台不做广告？都做的。有平台、有渠道，它就能做，比如户外广告，高速公路沿线的，还有大型商圈的几个户外广告（都做得很好）。所以广告不是问题。

就我们来说，我们的广告增长率是100%以上，基本上都是品牌广告。关于版权这一块，我们现在做得还比较粗，只盯住几家大型的在卖。其实还有很多专业类的网站，用了我们一些专业的信息，我们也在进一步洽谈。我们还在探索一些新的版权售卖的方式，比如有的平台它用不了我们这么多稿子，大概只用一两百篇，我们想通过点数卡的形式进行合作，用完了如果仍有需要，就再买点数卡。

另外，我们做活动也是不错的，因为我们有非常好的品牌形象。

访：澎湃网未来主要发展战略是什么？

刘：澎湃未来主要还是做好内容，以专业的精神做好新闻，其他的都是由此衍生出来的，总要有一些人踏踏实实地做内容、做新闻。

访：能用一句话概括您对中国互联网20多年的感受吗？

刘：改变一直走在想象的前面。

四、内外有别的传播

访：澎湃新闻推出的 Sixth Tone 引起了不少国外媒体的注意，作为英文版的"澎湃"，Sixth Tone 的定位和中文版有何差别呢？在内容上有何相似与不同之处？目前社会影响和用户反响如何？

刘：它是一个对外传播的平台。不能说它是英文版的澎湃，我们不是把澎湃翻译成英文，它是相对独立的，我们会资源共享，但是它的编辑部相对是独立的。

Sixth Tone 团队现在有 30 多个人，报道主要讲述日常中国，是一些很普通很日常的百姓故事，而非从"中国重磅推出什么政策"这样的角度去讲述故事。我们不会去讲述这些，而是介绍非常具体的点。通过这样的方式，让外面认识一个真正的、复杂的、全面的中国。我们认为这样的内容在西方报道中是匮乏的，我们做任何东西，也是充分考虑市场空间的。西方媒体大多是用特定眼光来寻找中国选题的，当然，中国的对外报道也有很多的局限，我们希望做一点不一样的。

Sixth Tone 很难成为直接的平台被老外接受，不可能每个老外都打开 Sixth Tone，去看新闻，我们做不了。因为老外对中国信息的需求是补充性的，不可能是他的刚需。所以我们主要是通过一些中间渠道，去影响外交官，影响中国研究者，影响外国的一些互联网分发平台或者通讯社，让它来转载我们的内容。通过这些转载，把中国的真实情况传播出去，同时按照国外知识产权保护规定，这种转载是要付费的，所以我们希望它成为英文世界里面，对中国报道最大的内容供应商。

访：Sixth Tone 现在有多少用户啊？

刘：现在用户数量不大，我们主要还在影响种子用户，通过种子用户再去扩散。我们现在的独立访客每天大概 20 万。

五、转型成功的原因

访：您觉得"澎湃"项目能取得成功的原因有哪些？

刘：澎湃项目能成功，我一直在说，有这样几个原因：

一是上级领导的支持和决心。这不是说套话，领导们认识到舆论场有脱节，他们有紧迫感也有决心和魄力推动改革。他们选择我们这支相对年轻的团队来执行，给我们资金、政策支持，这个非常重要。

二是转型得早。时间窗口要比别人早一点。其实在上面交给我们做之前，我们就已经开始琢磨这件事了。2011—2012 年，我们也一直在研究新媒体，但是确实觉得有几点不太好办。第一，我们也没有想出好的实现形式和承载方式；第二，我们认为纸媒的生存危机还没有到那个份上，还可以撑下去，广告还在每年30%地增长；第三，大家的心态都还没到，一直没有下定决心转型。但是到了2013年之后，我们就发现不对了。首先，广告增长遇到了瓶颈；其次，移动互联网、智能手机出来之后，形势完全不一样了。我们2013年想了整整一年，到2014年一下子就推出澎湃了。

三是转型得非常彻底。没有任何的犹豫和迟疑，决心很大。我们不是只成立一个新媒体部门或者新媒体中心，而是我们全员全部转型，从东早到澎湃。没有说大家拉个十几二十人，就做个小产品，这是我们成功的一个很重要的因素。

还有一个因素，我觉得也是非常重要的，就是有《东方早报》的两个基础。一个是团队基础，当时已经有三四百号人了，而且还是比较有经验、比较市场化的媒体战斗团队；另一个基础就是它形成的影响力、口碑和公信力、美誉度。我们曾经做了很多不错的报道，对于普通的读者来说，它的接受度、认可度还是比较高的，不是一个突然间冒出来的产品。我们来源于东早，我们占了传统媒体公信力这样一个优势。

在这样的背景下，我们不存在挑选团队的问题。我们都还比较年轻、比较活跃、比较有新闻理想、有追求，对互联网不陌生、不畏惧，所以转型也是自然而然的。

访谈时间：2016年9月5日

第二节　突破企业网站布局全媒传播

——访凤凰网总编辑邹明

"网络媒体或者未来的手机媒体的发展，它有自己的规律，这个规律甚至完全和传统媒体不搭界啊。不管你承认不承认，这么多年的发展，就这样。那么多的传统媒体很早就建立网站，它还是会面临死亡，跟那个没关系。融合的一个误区，就是以为在互联网上有自己的网页了，就叫融合了，这是错的。"

——邹明

一、两个人的凤凰网

访谈者：邹总，请您介绍一下凤凰网是如何创办的？

邹明：我是 1998 年 3 月进凤凰卫视的，那时候还没有凤凰网。为什么 1997 年凤凰卫视高层要建一个网站呢？

凤凰卫视开台是在 1996 年 3 月 31 日。开台之后，就决定在内地进行推广宣传，我当时从部队转业，进到凤凰卫视驻北京办事处，负责凤凰卫视在大陆媒体的公关宣传。因为凤凰卫视属于境外媒体，国内的媒体不允许擅自为境外媒体推广宣传。当时就卡在那儿了，连节目表报纸都不给登。怎么办？后来听说，一上网，谁也拦不住。所以，当时我还记得几个高层在一起聊天，有个很朴素的想法，即办一个凤凰网，把节目介绍、节目表发出去。当时谁也不会想到，未来 10 年、20 年整个新媒体会怎么样没有人知道。

当时成立凤凰网就两个人，一个工程师，一个我。后来陆续增加到三个、五个、七个，并且长期保持七个人，与凤凰卫视驻北京办事处一起办公。当时那些一起办公的凤凰卫视主持人、编导只听说我们是做网络的，搞不清楚我们天天忙什么。后来他们慢慢上网，觉得网络很神奇，但是都没有觉得网络会对传统媒体有多大的冲击。

1998 年 6 月，凤凰网成立，是华文媒体当中比较早的网站，恰恰赶上了门户网站的兴起。但是凤凰网有个缺陷，初建时只是一家企业型的网站，不像新浪、搜狐、网易是一个独立的商业网站，但基本上我们是同步兴起的。一开始，凤凰网就是节目表、节目介绍和主持人介绍这三大类信息。做了将近半年，到 1998 年 12 月底，凤凰卫视的老板刘长乐问我们为什么不发点新闻。1999 年开始，凤凰网上有凤凰新闻这个概念。当时技术比较落后，网页都靠技术人员先做好，然后再一页一页传上去，每天只能发 7 到 8 条消息。编辑弄好交给美工，再交给网页制作人员。做好一条新闻的页面再传到服务器上，网民才能看到。所以当时还是比较落后，比较原始。

从 1999 年年初开始，我们自己独立发布新闻，发布的新闻也不完全来自凤凰卫视。当时新浪已经发展起来了，把国内的媒体内容一网打尽了。凤凰网因为凤凰卫视的关系，内容以海外新闻为主。所以到现在为止，人们仍然把我们当作一个海外媒体来看待。当时，我们用的《大公报》《文汇报》和海外的一些华人报纸内容，也没有什么版权意识，就这样慢慢做起来了。

访：2000 年的网络泡沫对凤凰网冲击大吗？

邹：我们也经历过那个泡沫期，凤凰网也曾有过大规模发展规划，但因为网络泡沫，不得不放弃大规模发展规划，收缩成一个企业型的网站，进入缓步发展模式。网络泡沫期间，我们一直挺着。作为一个网站，我们仍然看到了它的前景。凤凰卫视只是给我们少量的投入，但还是保持着网站的发展，这样一直熬到了 2005 年。

为什么现在传统体制内的新媒体发展碰到很多问题？因为凤凰网从一开始就从传统媒体剥离出来，组建独立公司来运作。我们确定凤凰新媒体总部在内地发展，就要遵守内地的法律法规制度。这是一个很大的变化，我们的发展经验就是，一开始就将公司化的运营体制明确了，凤凰网绝对不是凤凰卫视下边一个网络部。我觉得，现在很多的传统媒体还没走出来，网站只是它的一个附属机构。

二、全媒体布局的支点

访：1998 年凤凰网成立，当初的定位是凤凰卫视的官方网站，是什么原因让凤凰网转向综合门户网站的发展模式？

邹：凤凰网一开始确实走了一条保守路线。1998 年，互联网商业化刚刚兴起，不同创业者都在探索互联网的商业化模式，也有一些人在探索综合门户网站的模式。但是全球还没有一家媒体涉足综合门户领域，基本都将网站做成媒体的官网，将传统媒体的内容通过网站形式呈现。凤凰卫视也是如此，因此在早期，凤凰网的定位是凤凰卫视的官方网站。

但是，随着互联网的快速发展以及行业环境的变化，一是我们看到了中国互联网的发展前景，同时也认识到了新浪、搜狐、腾讯等门户网站内容同质化的问题。以新浪为代表的海量快速门户发展模式，被简单复制，在中国这样一个多元社会中，仅有这种模式是不足以满足网络空间中的巨大需求的。其中一个需求，就是需要一个具有强烈媒体气质、独家内容、满足主流高端人群需求的综合门户，我们发现这个需求在当时没有被很好地满足。二是当时几家门户网站的广告收入就能分割中国互联网广告的 60% ~ 70%，所以即使做到一个传统媒体网站的老大，市场份额也是有限的。从商业上来说，我们也必须有更大的雄心。

因此，一方面我们发现了新的市场需求，另一方面基于企业发展的需要，两者加在一起，我们决定要进军综合门户。这在当时是很大胆的，因为我们在传统媒体网站里面都不是老大。而到现在为止，我们实现了一个跨越：不仅是中国新闻门户的第一，而且在综合门户里位列前三。凤凰网当时的定位是，锁定主流人群，传播稀缺资讯，整合传播。依靠这样的理念，我们确立了"有风骨，敢担当，真性情，有温度"的媒体气质，我们确立了"中华情怀，全球视野，包容开放，进步力量"的价值观。我们当时提出的使命是："通过捍卫老百姓的知情权、话语权，来赢得我们的影响力、公信力，给全球的华语网民以温暖、快乐。"一路走来，正是这种差异化的方式，实现了凤凰网从传统媒体网站到综合门户领先者的一个跨越。

访：凤凰网取得突破性发展是什么时候？

邹：2005 年，凤凰高层做出重大的决定，重组凤凰网，确定凤凰网是一个独立的商业化媒体，把它作为凤凰卫视传媒集团旗下的网络媒体来发展，改组管理层，确立发展目标———一定要上市。

从 2006 年开始，我们分步实施。首先要把凤凰资讯做到业界第一。2008 年，我记得奥运会那年，用 3 年的时间，凤凰资讯已经在国内的网络媒体独占鳌头了。虽然整个网站的流量不可能超过新浪、搜狐、网易，但至少在新闻资讯方面，到 2008 年已经独占鳌头了。然后，作为一个商业化的公司，我们就重新开始融资，引进风投，引进新的股东。2011 年 5 月 12 日，凤凰网成功地在美国的纽交所上市。对国内的网络公司来说，上市是重要的标志。凤凰网是华文媒体当中，第一个从传统媒体剥离出来的网站，并成功在美国上市。所有的世界大媒体都没有完成这样一个步骤，CNN 的网站没有做到，BBC 的网站没有做到，《纽约时报》的网站也没有做到，唯独凤凰网做到了。

后来，人民网也上市了，人民网也是传统媒体成立的一家网站，但它是在国内上市，新华网也是。

凤凰网成功上市，为今后的发展注入新的活力，也对凤凰全媒体的发展，奠定了扎实的基础。在凤凰全媒体实践中，凤凰网是最重要的一个环节。没有凤凰网，谈什么凤凰全媒体，那还只是电视，无非增加一个杂志和一个出版。所以凤凰全媒体重要的标志是凤凰网的发展。对凤凰卫视传媒集团的整个转型与发展，起到了巨大的支持作用和杠杆作用。

三、迎接自媒体挑战

访：根据您的经验，您认为媒体融合是什么？

邹：五六年前，大家以为传统媒体建立一个互联网的网站就叫媒体融合，现在大家以为做多个客户端就叫融合，再做一些微信公众号，就叫新媒体拓展。我说这都不是。网络媒体或者未来的手机媒体的发展有自己的规律，甚至完全和传统媒体不搭界。不管你承认不承认，这么多年新媒体发展就这样。那么多的传统媒体很早就建立网站，还是会面临死亡。媒介融合的一个误区，就是以为在互联网上有自己的网页，就叫融合了，这是错的。

互联网媒体或者其他所谓新媒体，运营规律和传统媒体完全不一样。传统媒体必须脱胎换骨地建造自己的新媒体，才叫融合。而不只是成立一个部门，成立一个公司，或者成立报纸的网站就行了。这不叫融合，光靠所谓的媒介融合对这个企业不会有实质性的变化。

访：您觉得，内容加上算法算一种融合方向吗？

邹：我觉得不叫融合。以今日头条和一点资讯为例。为什么今日头条、一点资讯发展得这么快，他们模仿、重复、拷贝了1998年门户网站兴起时的野蛮生长法则。今日头条成功的模式和当初做门户网站相似，即将网上所有的东西都拿过来用，不管什么版权，后来才建立版权机制。但那时门户网站已经发展起来了，钱也赚到了。为此，传统媒体很是无奈，发现对方拿传统媒体的东西灭了传统媒体。现在今日头条这样做，就是进一步地毁灭传统媒体，进一步地压榨门户网站。仔细观察，实际上它重复当年同一个规律。所以版权方在控制它，管理部门要控制它，该签约的签约，该给钱的给钱。一年收入 100 个亿，远远超过我们，远远超过其他的一些门户的新闻，这是很可怕的。

今日头条利用技术手段，几乎把互联网上所有的内容都扒到自己的存储库里来。每天百万级的信息进来，人工能挑出来吗？所以他们是最早引入人工智能算法的。信息完全是机器处理，自动分类，每条新闻都有自己的标签。分好之后，就在前端开始智能分发，这就是所谓的千人千面，我和你看到的信息都不一样，因为喜好不同。

所以，这些内容和算法加在一起也就是一种融合。今日头条和一点资讯，用了一个全新的思维模式，打造一个全新的手机端的产品。

访：您个人觉得自媒体对你们的发展有挑战吗？

邹：无论我们喜欢不喜欢，新媒体的兴起，包括自媒体，早晚要革我们的命。我们必须得重视这个问题，要大量引用自媒体的内容。我觉得自媒体绝对是有发展前途的，虽然现在确实有很多的糟粕，但早晚会大浪淘沙。我跟大家定了几个规矩，第一，我们重点培养扶持的是传统媒体人跨界到新媒体做自媒体的，因为他们有自己的底线，可信。第二是由传统媒体做的新媒体，包括那些传统媒体的公众号，也包括人民网、《人民日报》。我还是相信这些经过专业训练的人做的新媒体，包括一些政务新媒体。虽然自媒体中有些内容，谣言也好，低俗也好，或是不负责任地天天在网上扒来扒去也好，但是我觉得终究会有我们认可的、优质的自媒体，这是第一个我想谈的。

第二，大家不要忘了，自媒体可以分上千种类，越来越长尾，越来越垂直，越来越专业。我们一谈到自媒体，很多人都觉得是时政类的、新闻类的、评论类的、财经类的。其实中国自媒体已经走向垂直化，越来越长尾化。有很多不经意的很小的东西，实际上有很大的市场。不追求几亿人看，追求一群人看就 OK 了。只要是做得足够专业，又符合大众的潮流，一定活得都很好。我是这么一个观点。

四、坚守与反思

访：您觉得传媒的内容地位会发生变化吗？

邹：会发生变化。有几个观点我与别人有分歧。

第一，我不同意手机是碎片化的阅读。我觉得，现在手机是整块化地阅读。你以为你天天上班就不看手机了？不对。我身边的人包括我，完全靠手机来阅读大部分的东西，甚至长篇内容。就是说从碎片化的阅读到整块化的阅读，不要说我就是零零碎碎地看一下手机，绝对不是了，那是以前的概念了。

第二，我觉得手机阅读在某些方面拉低了人们的知识水平和认知水平，因为我还是认为在手机端里缺少一些有营养的东西，我们完全生活在手机营造的各种群和圈子中，独立阅读和思考的时间很少了。所以我最近突然有个变化，逼着自己少看手机，开始读一些书，甚至我对一些杂志的主题报道特别感兴趣。我觉得人还是需要静下来，虽然很难了。比如，我拿一本书就忍不住去看手机，然后把书一扔，又开始看手机上乱七八糟的东西，没完没了的东西。所以，这也是一个内心的博弈。

我觉得手机完全占领了整个人的生活中大块的时间，是整块的时间，不是碎片化的时间。你没有时间去静下心来读一本你所喜欢的书。我们这种人都静不下来，年轻人怎么办、刚生下来伴随手机成长的人怎么办。但这又是一个无法逆转的大趋势，唯有靠人的内心定力与修行了。

访谈时间：2016 年 11 月 30 日

第三节　超越传统门户平衡算法与编辑

——访一点资讯总编辑吴晨光

"未来是什么趋势？机器会替代一部分编辑和记者的工作，把这些人解脱出来，做更高端的东西。更精准地分发，机器可以做得很好，但是头部的、传递价值观的和那些真正牛的稿件还得人来写。一百年之后还会这样。人工智能会进入很多的领域，但我觉得，写文章跟很多东西都不一样，是最难的一件事。"

——吴晨光

149

一、与网络媒体同步转型

访谈者：吴总，我们看到您的媒体从业经历比较丰富，请简单介绍一下，您是如何与互联网结缘的？

吴晨光：第一次接触互联网，应该是在我高中毕业的那个暑假。当时在我的一个同学家里，那是一个高知家庭。我第一次上网，当时没有任何上网目的，也不知道互联网是什么。

真正开始玩论坛或者在网上有意识地跟大家开始交流应该是2009年。当时，我在五道口采访"饭否"创始人王兴。访谈之后，我就开始用它。我应该是中国最早的一批"饭否"。"饭否"关了才有新浪微博的崛起。

访：您是怎么进入媒体行业的？

吴：我大学学的是钢铁冶金，1996年毕业后第一份工作是在首钢五公司做技术员，后来因为我对文学比较爱好，到了厂党委宣传部。第一份记者工作是在《中国劳动报·职业导刊》。后来《劳动保障报》和中央电视台合办了一个栏目叫"劳动与就业"，我就去中央台工作了一年。2001年1月，《中国新闻周刊》正式出版。我去那儿干了不到一年，因为资金链出了问题，停刊了。后来就去了《南方周末》，2002—2008年在《南方周末》工作近7年的时间后又回到北京，回到《中国新闻周刊》做副主编。2009年成为《中国新闻周刊》的网站创始人，2011年去了《博客天下》，2012年去了SOHU，工作了三年。现在在一点资讯也快两年了。

访：这么说，您在离开传统媒体之前，就已涉足互联网媒体？

吴：我是《南方周末》报社网站创办人之一。有个案例很著名，就是周老虎事件。当时我们派了一个记者到陕西正民去采访。记者觉得每天拿到料后，第二天别的媒体都报出来了，一周之后大家就不关心此事了。他就想了一个办法，用日记的方式，每天写一篇，发到《南方周末》网站上，这是最早的。这里显现出互联网的第一个特征，即时效性要更强，随时都可以发。另外，当时他也带了一个小的摄像机过去，跟猎人去深山找老虎的踪迹的时候，拍了一段视频。视频在报纸上肯定没法呈现，他就剪成片段，放到《南方周末》的网站上，播放量还挺高的。这让我认识到互联网的第二个问题，就是互联网的表现手法是非常多元的。

后来，我在《中国新闻周刊》做新媒体时，就强调记者到现场给微博发消息，还是很有必要的。这些都是我在传统媒体工作时与互联网的一个交集吧。

访：当时有没有想到离开传统媒体转向互联网？

吴：那时候做互联网是一个副业，不会想到几年之后，我会成为中国最大的门户网站的总编辑，后来又成为中国最先进的媒体平台的总编辑。基本是属于走一步看一步。要问当时对互联网有多少认知？没有认知。就是觉得这个东西有意思，然后就去做。比如，在 SOHU 我没当过副总编辑，直接从总监到总编辑，跨了好几级。当时领导就是这样安排的，但这跟我个人的表现力和运气也是有一定关系的。

访：您觉得，什么时候互联网对传统媒体的冲击变得明显了？

吴：2007—2012 年基本没什么影响。我到 SOHU 那年底，平面媒体开始出现断崖式下滑。为什么是 2012 年的年底平面媒体不行了呢？一个根本性的原因是移动互联设备和智能手机的普及。报纸和 PC 是不可互相替代的。因为 PC 基本属于办公室，人们等车、坐地铁、躺在被窝里不可能随时抱着 PC 机，但可以看报纸，然而移动互联设备不同，人们可以随时随地上网，这就给报纸带来了冲击。后来，苹果、三星这些智能手机开始出现，大规模的智能手机的应用，大家纷纷开发移动的客户端。

结果，移动端就把报纸踢开了。第一是免费，第二更方便，第三资讯很丰富，第四很立体，什么东西都可以往上装。移动互联网和智能设备代替了传统互联网，进而代替了报纸。就这么简单。

访：至今，您觉得网络媒体传播方式有哪些变化？

吴：1997 年，第一个门户出现。2000 年出现了搜索。你想要什么，可以给你推什么东西。但是你要有一个搜索行为。2010 年，智能设备的普及和移动端开始兴起催生了两个东西，一个是社交，一个是个性化分发。

此前 PC 也有社交，但是 PC 的社交没有那么方便，PC 不能跟着你随时走，只能不时地换地，找不同的机器上线。2009 年的微博，包括之前的"饭否"以及 2011 年的微信崛起，形成社交媒体发展的一条线。个性化分发带来的千人千面，应该是从 2012—2013 年开始，其分发平台比如"今日头条"和"一点资讯"。PC 端凌晨三四点就没有人看了，但是你看手机，三四点了还有人刷屏。

总之，第一阶段，门户出现；第二阶段，搜索出现；第三阶段，移动客户端出现。移动客户端的出现，分为两支，一支是个性化，一支是社交。

访：面对新的传播方式，您多年积累的传统媒体经验还有用吗？

吴：传统媒体功夫不能丢。因为互联网本身有很多坏毛病，比如搞标题党、下三路，非常看中流量，我不太愿意把这些陋习延续下去，所以在 SO-HU 做了很多精品的改革。一个人每天接收的信息就是这么多，给他十万条，他也就看一百条，还不如精选出一百条给他。那个时候 SOHU 没有进行一个千人千面的设计，那就千人一面，总编辑就有权利把自己认为是最好的东西发出去。当时做了很多原创的东西。这个创造力在 SOHU 应该还是可以的。一点资讯真正是算法跟智能结合，基本颠覆了原来的模式。

访：您怎么看待直播类媒体的发展？

吴：以目前形势来看 VR 没戏，因为在技术层面存在一些暂时不可逾越的局限性。VR 这个东西最大的问题在于体验不佳，而且技术要求很高，它要有一个二十万分之一秒的延迟就会让你感觉很头晕。所以，现在这个操作还不行。直播还好，至少现在在硬件上已经比较成熟。为什么有人喜欢看网红直播？慢慢地我弄明白了，它是一个陪伴。以前崇拜一个明星，明星哪有时间每天互动。现在不一样，有一个漂亮的女孩，她可能没有女明星知名，但花几百元买东西打个赏，她能给你回复，这是一种陪伴，这就是秀场直播。其他的直播，比如重大的突发事件、体育比赛等，看的是悬念、是现场。秀场其实看的是互动、陪伴。还有一种知识类的直播。直播这个还是可以的，包括商业模式应该还是不错的。但是现在对直播管控得比较严。

二、寻找算法与编辑的结合

访：现在大家对新闻客户端的意见不一。有人批评推送会出现信息窄化，还有许多不良内容不断地出来，您怎么看？

吴：一点资讯和今日头条还不一样，今日头条强调机器的分发。机器分发有几个问题。第一，它会把你的兴趣变得越来越窄。因为你看什么，它就给你推什么。第二，点击率是机器的分发逻辑之一。它引发的问题是什么？标题党的文章往往点击率很高，机器分发的很多文章都是标题党的文章。还有一类深层次问题，即口水文章或者符合大众观点的文章会被特别大规模地传播。比如"某某和某某出轨"的文章，出轨这个事大家一定会骂，说这个人太不要脸了，某某太可怜了。所以这部分内容点击率会很高，甚至特别高。这种口水的文章或者没有自己观点的文章，也会在个性化、算法、分发的 APP 上有很大的流量，失去了很多的真知灼见的观点。

因此，算法大概有三个陷阱，第一个陷阱是关于"标题党"的内容推荐被放大，第二个陷阱是将情绪化的文章推荐给读者群体，第三个陷阱是将网民读者的整个信息获取行为置入一个兴趣孤岛里，并且越来越窄。导致这三个陷阱的原因是算法只遵循数据优先、效率优先的原则。另外，现在的屏幕越来越少，内容越来越多，由此可见精选内容的重要性。因此，这需要总编辑和编辑在内容流的排序中发挥积极的能动性，把其中优质内容人工推荐出来。算法和编辑的结合、智能与人工的运用，效率与公平的体现，这是一点资讯后来一直秉承的理念。

这里有一个问题，即机器和人工、算法和编辑这几种不同的"流"如何结合起来？一点资讯有自己的理解，要通过编辑人为地干预来把控内容，使得编辑充分参与到内容流的排序过程中。算法负责的是个性化的东西，然而重大的突发事件需要相当的人文关怀。此外，我们的价值和理念也要通过重大事件的报道传递出去，这些都是机器和算法做不到的。所以一点资讯强调机器和算法的结合，人工和数据的结合，相辅相成，使用户在最短时间内，得到自己"应知、欲知而未知"的内容。

在我看来，传播的本质是"源与流"的问题，源与流的背后则是人。"源"指内容从哪里来（即内容生产，又称创作），"流"指内容到哪里去（即内容分发，又称推荐）①。内容的源由生产者控制，内容的流由用户控制。

---

① 一点晨光：《"源流说"概论 44 条全文披露：这是在生离死别中写下的内容传播基本法则》，https：//mp. weixin. qq. com/s/G1dnCdfidIeTGuHlTjdEvQ，2020 年 4 月 8 日。

今天的流，已经由编辑、算法和社交三种模式共同操控，当然"算法"现在还是占据着信息排序的主导权①。

　　对于内容的"源"而言，在新闻采编过程中，机器可能理解不了素材背后情感性的东西，更创作不出打动人心的内容。诚然，机器可以比人劲更大，比人算更多，但是调查怎么办？做一个新闻，首先得调查，得找很多人访谈，这个事机器就没法做。此外，记者把一堆素材放在里面，机器并不能理解这个素材是如何得来的，更不能窥探素材背后情感性的东西。机器写作不是那么简单的。人工智能在写稿方面的应用是有，但是我觉得写的东西是很一般的稿子，流程性的稿子，而真正的调查报道、解释性报道，特稿，你让机器写一个试试？让阿尔法、Google、百度试试，20年做不出来，50年也做不出来。

　　此外，机器现在也识别不了一篇文章的好坏。比如这篇文章，你写的，我写的，咱俩都写了5000字，可能你写的是一个很精华的文章，我写的是垃圾，机器怎么判定这个东西是好还是坏呢？它能判定出错别字已经很不错了，检查完以后，它没办法处理，还得让人工处理。

　　下围棋的"阿尔法狗"能够通过算法的不断进步而演进，但是文章跟下围棋不太一样，好的文章是有个人的风格、情怀和价值观在里面的，这些复杂的思考和写作过程机器是做不到的。但是那些简单的、具有既定写作模板的消息，比如股市的消息，奥运冠军奖牌数统计等类型的稿件，机器能够胜任。由此可见，机器在生成新闻的过程中，能够提供海量的信息，却无法生成具有深度解释性的新闻内容。

　　未来是什么趋势？未来机器替代了一部分基础的编辑和记者的工作，把这些人解脱出来，做更高端的东西。机器可以在"流"的领域把精准分发做得更好，但是头部的、传递价值观的内容"源"和那些真正的"牛"的稿件还得人来写。我们先不说一百年，我们看一下十年之后是什么样子？人工智能会在很多的领域里应用。人工智能是由机器模仿人的大脑进行判断，但是

---

　　① 人民网舆情数据中心：《吴晨光：真正的媒体融合，是一场改变命运的化学反应》，https：//mp. weixin. qq. com/s/mzU8SgDiF－jFWVV4gcr3qg，2019年12月12日。

文章这个东西，我觉得是最难的一个事，它跟很多东西都不一样，好文章是需要一定的价值和人文关怀的，这离不开人为的参与。

正所谓"问渠那得清如许，为有源头活水来"，源与流构成传播。丰富和优质的内容是对源的追求，但最终会导致流的效果，所以，当我们在观察算法推荐的时候，必须向上游优质的内容源头看。

访：一点资讯是如何进行信息筛选的？

吴：信息筛选是编辑团队和算法团队协作分工的结果。编辑内容首先要有先验指标。就是说，拿这个稿件和稿源之前先有很多指标来进行初步筛选。比如，必须在微信排前100的账号，才会被一点资讯抓取，这就属于先验指标。此外，这个账号或者文章的作者必须是很知名的，比如都是副总编辑以上的。有很多的先验的指标协助后台把高人气的账号、精品的文章放到这儿来，进入一个池子里面，然后由编辑和算法共同操作。算法就是看数据，它分发100个人、1000个人、10000个人，然后看其效果。比如它发了1000个人，平均点击率是50%，算法就认为是不错的。但不是继续扩大到10000个人？不一定。因为这篇文章很可能是标题党。那它查一下先验指标。编辑是先验一道，算法再验一道，验完之后，会发现这里面有数据不错的，做一个大排行。编辑把数据最高的挑出来，总编辑确定是不是要变成全量推广。如果这篇文章基本属于标题党，到这儿就结束了。总编辑就不能给它加标签，因为加上标签这个文章就会推到10万人、100万人，就污染了网络舆论环境。但是假如这是一篇好文章，就会被全力推广。

什么是好文章或坏文章？一千个人有一千个哈姆雷特，每个人标准都不一样，因此算法推送的标准也不一样。简单地说，有很多细节性操作指标。编辑把一万篇文章挑选出来以后，假如确定两个指标，即时效性强的是好文章，超过五千字的是好文章。这两个指标要返回给机器去学习和计算，机器去学通过什么渠道辨认五千字、通过什么渠道辨认作者名字等。辨认完了以后，算法分发便又达到了一个新的境界。与此同时，当阅读者有了新的需求的时候，会促使生产者和平台创作与推送符合其需求的内容，而当新的内容出现以后，势必又会引起读者阅读习惯的变化，于是平衡被一次次打破又形成。在这个内容生态系统中，内容的源与用户的流始终在追求一种动态的平衡，也就是内容的数量、质量、领域、内容倾向性（正面与负面），以及表现形态（文字、图片、视频等）与用户、数量、爱好之间的平衡。这个平衡的过程始终是编辑和算法，人与机器不停地螺旋式上升的进化过程[①]。

所以，人的任务是，第一要把现在的事干了，第二要找到一个方法教给机器学习的标准。除了先验指标以外，编辑还要调控这个数据模型。比如，这数据模型挑出来的都是标题党，编辑要根据后验的结果来改，把这个标题的权重降低，把内容的权重增加。所以，机器是不停地在丈量。机器的学习来自哪儿？来自大量的案例。编辑挑选的案例越多，给机器学习的案例就越多，机器判断的就越准。因此，第一是先验指标，第二是灵活的数据模型，第三是大量的实例、案例的操作。三个都具备了，才有机器学习功能。

这个确实是未来的趋势，也是我在一点资讯工作的原因之一，因为我比较了解这方面内容。现在许多人做的无非是超越门户那套，做做标题、看看导语、版面排布、H5 页面等。但是真正的逻辑在于，我要教机器越学越快，要是机器未来变成我这样的总编辑，我觉得就成功了。

访：**和微博相比，新闻 APP 在处理突发事件报道时有什么不同？**

吴：首先，它集束式的报道是微博做不到的。其次，一点资讯有专门的频道模式。可以人工控制前面五六条。总编辑可以按照编辑的逻辑，排列重大突发事件的报道，谁是新闻，谁是背景，谁是原因，谁又是访谈，可以据此组合页面。但是社交媒体因为控制不了编辑的内容，人们很多时候还要回到新闻类的客户端看重大事件，因为人们在朋友圈里，并不是以获取新闻为最终目的，朋友圈里面主要看朋友的动态、图片。现在很多人获取新闻资讯也在朋友圈，但是在集束效应和表现力上肯定不如一点资讯更专业。

访：**网络信息的良莠不齐，除了终端上控制外，您觉得公众该怎么办？**

吴：在很多情况下，网民看的是情绪，而事实排在了第二位。不管是真的假的，只要稿子里带有强烈的情绪，比如仇富、仇官、地域差距等，传播就会很广。

---

① 人民舆情数据中心：《人民慕课吴晨光工作室：内容生产和传播的 44 个基本法则》，https：//mp. weixin. qq. com/s/Xx_ pdlglB－Q88hcadIFTnw，2020 年 4 月 9 日。

在中国，相当一部分的网民非常浮躁，他们常常不会辨别一篇新闻报道是真是假。所以有一些无良内容生产者在不经调查和核实的基础上，单单利用网民的情绪就写了很多不负责任的东西。许多自媒体并没有当年传统媒体的责任感，说一个重要的信息点，传统媒体需要三个互不相干的信源相互印证以后，才能将内容写到稿子里。然而现在的自媒体并没有这样专业的素养，他们经常自己造出一大堆东西，利用大家的猎奇心态，传播虚假信息。

网民看重的不是事实，是情绪。我想这种状况会随着整个国家公民的素质的提升而改变。因为不是事实的东西，越来越为公众所批判，至少在一点资讯的平台上，只要我们一监测到这种未经查证的内容就立马封号。

访：所以网上经常出现反转现象？

吴：对。现在互联网的谣言不比真相少，而且一个大事件在网上会反复出现反转。一件事报出来后，网民先把一个人或一件事给骂了，先定了性，之后再反转也就没用了。在互联网上，有一部分人已经不看反转了，他们把情绪发泄完就走了，他们认为你就是这样，你就是一个坏人，其实你是一个好人。这也是我为什么不太愿意在微博发声的很重要的因素，因为没法控制。你说什么，马上陷入人肉搜索、人身攻击里面。所以，我希望大家现在不要急于发声，一定要慎重，说话要负责任。

前两天我给攻击今日头条的那个网站私下留了言。我说，即使他是我的竞争对手，我也不希望你去黑他。潜台词就是"今天你收了钱能黑他，明天你就能黑我"。现在相当一部分人就是吃这个饭的，这是中国互联网里很不好的一个风气，这种东西的存在甚至会毁掉互联网。

三、改革需要勇气

访：您怎么看待媒体融合的趋势？

吴：媒体融合的要义是合源与分流。传播的本质是"源"和"流"，而媒体则是能让源与流交汇的介质。所谓"中央厨房生产，不同餐厅分发"，媒体融合的核心目标，是内容创作与分发效率的提升——以更低的成本，获取更丰富、优质的内容，并让阅读者更快、更方便地看到①。

　　大家都认为媒体融合是大势所趋，但是我觉得与其这么改的话，不如干脆把平面媒体停了。《东方早报》和《京华时报》的做法我是比较欣赏的。媒体需要想清楚，要平面媒体做什么？平面媒体需要很大的成本投入，但是很少有广告商投入广告，因此索性把团队都弄到新媒体，取消中央厨房。只要报纸在就要亏损，因为它已经很少盈利了。但是有一些人没想明白，除非极个别的很聪明的人。不过现在也没有特别成功的案例。

　　我觉得，媒体融合，最重要的是先砍，先把那些累赘的、不盈利的部分全部砍掉，这才叫市场。保留的是什么？品牌。《京华时报》《东方早报》改了，品牌是保留的，团队是保留的，就是这么简单。

　　我之所以这样说，因为我干过。你知道改革有多难吗？部门重新并购、重组有多难吗？触动多少人利益吗？媒体融合产生的是化学反应而不是物理反应，它是组织构架的调整，也是利益的重新分配。一分为二会多出许多机会，但是由二合一便少了众多位置，这将改变许多人的命运。体制内更不好干了，这种改革是对操盘手的巨大挑战，当有一个人操作过改革他就知道了，这需要多少勇气，经历多少痛苦和折磨。

　　最后，媒体融合还要强调一点：不管媒体融合或者拆分，保证导向和价值观的正确是前提条件。尽管新媒体区别于传统媒体的核心思维是用户思维，但必须建立在内容导向和内容安全的基础之上，否则无论吸引了多少用户，都是空中楼阁②。

　　　　　　访谈时间：初访于 2017 年 1 月 10 日，补访于 2020 年 5 月 14 日

---

①　一点晨光：《"源流说"概论 44 条全文披露：这是在生离死别中写下的内容传播基本法则》，https：//mp. weixin. qq. com/s/G1dnCdfidIeTGuHlTjdEvQ，2020 年 4 月 8 日。
②　人民网舆情数据中心：《吴晨光：真正的媒体融合，是一场改变命运的化学反应》，https：//mp. weixin. qq. com/s/mzU8SgDiF－jFWVV4gcr3qg，2019 年 12 月 12 日。

第七章

平台创新激活内容服务

互联网平台化为媒体融合发展提供新契机，内容平台基本实现了技术融合的全部功能，微信公众号图文长篇与原有的深度报道无缝衔接，碎片化的微博为实时报道提供多种呈现方式，广播则更为自然地解放了双手双眼，更多地出现在不同的生活场景。在互联网技术的冲击下，传统媒体泾渭分明的发展疆界变得越发模糊，跨界发展成为媒体融合的优先选择。

基于平台的创新，一方面，依赖平台自身的传播力，平台用户根据内容质量与内容呈现方式选择喜欢的内容，作为内容供应者的传统媒体必须把握平台内用户的偏好，为用户调整内容；另一方面，传统媒体自身也在寻求建设自主平台，掌握渠道，完成内容服务全流程，这是传统媒体的创新之举。建立平台的重要意义在于，打破过去媒体封闭环路，以开放态度与用户融合，把握内容传播渠道的自主权，取得更好的传播效果。

与早期门户网站免费使用传统媒体资源不同，平台创新，不仅聚合资源，而且分享收益；不仅面向传统媒体，更入驻大量自媒体。昔日划疆而治的媒介组织如今同台竞争，昔日传媒的忠实受众如今变成传媒的抢食者。传统媒体如何应对这一突如其来的变化，又如何与"两微"合作达成内容传播的新局面，而平台又为媒体融合发展做出了哪些尝试和努力？本章通过对微信团队、微博执行总编辑、阿基米德创始人、喜马拉雅 FM 联合创始人的访谈，展示平台创新下的媒体融合应走向何方。

以微博、微信为核心的"两微"是目前媒体融合发展的主要实践地，微信公众号植于即时通信内，其强大的关系网络覆盖保证了内容的传播效果，微信团队也以"连接"作为其最大优势，通过连接性与工具性的特点，为传统媒体做好融合过程中的"数字化助手"；微博开放的公共性质、碎片化的内容呈现、即时的内容发布在一定程度上符合传统媒体对热点的需求，微博充当着公众、政府、媒体之间的黏合剂与沟通桥梁的角色。在"两微"遍地开花的时候，也有传统媒体人主动尝试搭建自主平台，阿基米德正是广播与互联网结合的新尝试，不断有传统媒体与新媒体在这个平台汇聚；而以内容为纯粹主打、尝试内容付费的喜马拉雅 FM，则以"耳朵生态"为蓝图，为媒体融合发展提供了新的方向。

第一节　平台助力媒体融合的创新发展之路
——访微信团队

"微信的最大优势就是'连接'，我们希望通过做连接、做工具和做生态，提供最有效的数字接口和最完备的数字工具箱，把微信打造成媒体转型的'数字化助手'，助力实现媒体行业的数字化升级。"

——微信团队

一、"连接"能力造就传播渠道的标配

访谈者：微信现已成为媒体融合建设中必不可少的环节，您认为根本原因是什么？

微信团队： 媒体发展跟技术发展密不可分，从媒体形态的演化历史来看，每一种新的媒体形态的出现，往往都是技术发展的结果。在移动互联网时代，媒体发展呈现出移动化、社交化、智能化等重要特征，媒体融合对移动端和社交平台的重视也前所未有。微信因为紧密连接着广大移动端用户，在信息的有效分发、触达和实时交互方面有突出优势，已成为移动互联网时代信息传播的重要平台，由此成为媒体融合布局中必不可少的环节，也为媒体加速融合转型提供了有效的数字化工具。

截至 2020 年第二季度，微信月活用户达到了 12.06 亿。根据 CNNIC 第

45 次《中国互联网络发展状况统计报告》显示，截至 2020 年 3 月，我国网民规模达 9.04 亿，网民人均每周上网时长为 30.8 小时；其中，手机网民经常使用的各类 APP 中，即时通信类 APP 使用时间最长。用户不仅将微信作为即时通信工具广泛使用，也会在微信平台上高频地传播和获取信息，因为微信本身并不生产内容，所以以生产内容见长的媒体一直是微信平台重要的合作伙伴。

访：基于微信平台在媒体融合中的定位，微信是如何具体落实自己充当的角色的？

微信：微信的最大优势就是"连接"，我们希望通过做连接、做工具和做生态，提供最有效的数字接口和最完备的数字工具箱，把微信打造成媒体转型的"数字化助手"，助力实现媒体行业的数字化升级。

其中，微信公众平台是媒体中应用最广泛的产品能力，它将媒体内容与用户有效连接，实现"内容"与"渠道"的深度融合。媒体通过微信公众平台可以清晰地了解自己的用户画像，让内容生产更加有的放矢。微信公众平台还通过开放、资源共享、原创保护等策略，激发内容创作和传播的积极性。此外，微信公众平台还打通了支付和广告功能，让媒体可以通过内容生产获得经营收益。目前，一大批主流媒体凭借权威专业的信息、生动贴近的表达、灵活的经营模式，已经在微信公众平台上成功推进了媒体融合转型。

作为互联网平台，微信始终看重与媒体的合作，会依托于自身的技术优势和平台优势，继续助力传统媒体和新媒体的融合发展。微信也会不断开拓创新，与媒体一同探索移动互联网时代内容生产的新形态和新模式。

二、以工具性平台连接产业互联网和用户

访：媒体融合不仅是一项重大国家战略，也是新兴媒体快速发展的结果，微信是否有针对媒体融合的整体战略规划？

微信：互联网的下半场属于产业互联网。互联网正在从提供资讯、搜索、电商、购物、社交等服务，逐渐转变到与各行各业的深度融合。产业互联网是未来全新的大领域，有很多想象空间。它将全面渗透到产业价值链，并对其生产、交易、融资、流通等环节进行改造升级，可以形成极其丰富的

全新场景，极大提高资源配置效率。

　　微信同时连接着 B 端和 C 端，是连接产业互联网和用户的重要工具。而技术和产业化也是媒介融合中最关键的两大因素。微信会通过为媒体提供智慧解决方案，助力媒体提升数字化程度和内容"连接力"，来更好地推动媒体融合。

　　访：在具体实践中，微信是如何在不同的阶段中推进媒体融合的？

　　微信：正如前面所说，微信不仅是社交平台，也是工具性平台，未来将搭建全功能生态。在具体推进媒体融合过程中，微信在不同阶段推出新的产品，从微信订阅号到服务号再到小程序，这些产品功能开发的初衷，是满足不同主体的多样需求。而这些产品在媒体行业都有成功实践的案例。

　　（一）微信公众平台。2012 年 8 月，微信公众平台上线，经过 8 年发展已经成为媒体"两微一端"的重要组成部分。《人民日报》、新华社、中央广播电视总台等中央媒体的公众号都是微信公众平台里的"头部大号"，在用户中拥有广泛的影响力。

　　（二）微信小程序。2017 年 1 月，微信小程序上线，为优质服务提供了一个开放的平台。一些媒体如《人民日报》、《新闻联播》、新华网等将内容"服务化"，通过自身小程序为用户提供信息以及更多延展服务，取得了不错的效果。

　　（三）微信小游戏。作为小程序的子类，因为寓教于乐，交互性强，成为不少媒体、新媒体产品的载体，中央广播电视总台为纪念改革开放四十年创作主旋律小游戏《球球冲呀》，累计访问量突破 5000 万，曾获得中国广播电影电视社会组织联合会经济节目新媒体一等奖。

　　（四）微信视频号。2020 年年初，微信视频号功能开始内测，主流媒体第一时间入驻。恰逢疫情初期，权威媒体账号主动通过微信视频号推送可视化疫情动态，正向内容覆盖率达 90% 以上。目前大部分媒体已经开通并开始把微信视频号作为跟公众号等量齐观的内容平台。

　　（五）微信搜一搜。2020 年，微信搜一搜的品牌官方区升级，新华网、《南方都市报》、《广州日报》等媒体机构首批开通媒体官方区，将媒体在微信生态里的内容板块进行聚合展现，对公众号、小程序、重点推荐文章进行引流，实现了更多用户触达。

（六）微信 AI。2019 年 11 月，微信 AI 与江苏有线集团达成合作，在机顶盒中加入腾讯小微智能语音技术解决方案，通过微信 AI 技术为机顶盒提供智能语音交互能力，用户可以通过语音控制轻松使用机顶盒的各项功能，并通过连接微信生态探索物联网时代下更多的智能家庭场景。

（七）企业微信。《解放日报》从 2015 年开始使用"微信企业号"（企业微信前身），2019 年根据业务需要对企业微信的应用做了调整升级，完善了对新媒体内容编辑的支持，新媒体内容编辑完就可以直接通过新媒体渠道发布到客户端，从而实现了把 95% 的采编工作都"搬"进企业微信的目标。

三、做媒体转型的"数字化助手"

访：在未来媒体融合创新发展中，微信将如何进一步发挥平台的作用？

微信：未来，微信希望扩大平台传播效能、构筑内容生态保障、开放自身技术能力，成为媒体转型得力的"数字化助手"。

一方面，对现有媒体融合中发现的问题进行改进。在媒体融合的实践过程中，微信作为内容平台存在大量 UGC 场景内容，但对恶意传播不良信息的主体的惩罚机制尚不健全。2020 年 3 月 1 日，随着《网络信息内容生态治理规定》正式实施，微信已开展了为期 100 天的"清风计划"，全面清理不良信息，加强信息生态安全，巩固生态治理攻坚期成效。

另一方面，对于未来的媒体融合实践，微信将从以下三方面助力：一是坚持主流价值导向。在内容打造和信息分发上，微信严格构筑了内容生产、信息分发、未成年保护等防火墙，加大对上传内容的审核力度，创新主旋律传播内容、形式和渠道，打造用户喜闻乐见的爆款。

二是为媒体融合提供更加完备的"工具箱"。社交是内容触达用户的重要渠道。公众号是微信内容生态的重要引擎，已经成为媒体推进"媒体融合"的超级试验田，接下来微信视频号会成为媒体内容创作的新舞台。

三是探索移动互联网与新技术的结合。我们相信随着 5G 时代到来，VR/AR、人工智能、物联网等技术发展将如虎添翼，这些技术会推动内容的生产、传播、运营等各个方面发生革命性变化。

访：在《2017 媒体融合发展论坛》上，马化腾先生提出要以技术优势助力媒体融合的创新发展。您如何看待未来技术在媒体融合发展中的作用？

微信：数字技术的创新与发展，驱动着媒体生态的进化。今天，全程、全息、全员、全效媒体逐渐成为趋势。在 5G 时代"万物皆媒"的前景下，人、物、媒介和信息之间的有机连接显得尤为重要。媒体融合的困难主要在于传统技术和受众之间出现断层。我们能做的，就是帮媒体更高效地触达用户。

此外，微信在诸多底层技术领域积累的深厚能力，不但能帮助实现"连接"，还可以提供媒体融合所需的各种工具和解决方案，真正成为大家转型升级的"数字化助手"。目前，一些新技术已经从概念走向实践应用，对媒体融合的底层起到了有效的支撑作用。比如，通过微信 AI 技术为机顶盒提供智能语音交互能力，并通过连接微信生态探索物联网时代下更多的智能家庭场景。媒体融合发展是一项复杂的系统工程，在即将到来的 5G 时代，媒体融合发展还会迎来更多可能，微信也将在该领域做进一步探索。

访谈时间：2020 年 9 月 14 日

第二节　社交媒体赋能媒体融合

——访微博执行总编辑陈丽娜

"媒体融合的内涵不但是融合媒体，更是融合用户。广大群众是媒体赖以生存的根基。媒体融合是为了党的声音更好地向基层拓展、向楼宇延伸、向群众靠近，为人民群众提供更多更好的文化和信息服务。因此，我们可以这么理解，即微博更像是新媒体和传统媒体之间，政府、媒体与老百姓之间的'连接器'和'放大器'。"

——陈丽娜

一、政府与老百姓之间的"连接器"

访谈者：当前微博已成为媒体融合建设中不可缺少的环节，您认为根本原因是什么？

陈丽娜：应该说，从 2014 年开始，媒体融合发展战略正式上升至国家层面，其本质就是要让传统媒体运用更加先进的传播技术，增强信息的传播、影响力度，跟上时代步伐，更好地同新媒体融合发展。而微博作为新媒体的典型代表之一，在媒体融合发展进程中扮演了非常重要的角色，是有其必然性的。

首先，移动互联网的快速发展催生社交媒体站上历史舞台。当下，媒介信息发布已从自上而下的单向传播变化为"人人都是麦克风或电视台"的多向互动传播，大量的信息、话题通过社交网络迅速扩散和发酵。传统媒体想要更好地引导舆论、掌握话语权，就必须对现有模式进行转型，搭建起更为灵活快速的交流通道。

其次，新媒体和传统媒体的发展并不互相排斥，两类媒体相互渗透、互相配合才有利于生产更高质量的新闻和发出最有价值的声音。自国家推广"两微一端"以来，微博几乎覆盖了所有行业，成为传统媒体网络发声的最主要途径，这也是传统媒体与微博合作共赢的先天优势，既便于网络渠道传播，也有利于舆论引导，共同打造现代媒体新标杆。

最后，微博为传统媒体转型升级提供了丰富经验。很多传统媒体仍处于市场化初级融合阶段，往往计划方案无法适配快速多变的市场环境，比如新媒体直播、VR、AR 等新的媒体产业发展和新的技术热点已经迅速火遍全国，但很多传统媒体才刚开始涉及，产业布局更无从谈起。因此，"跟随热点、借力发展、顺势而为"是传统媒体跨出融合转型的第一步。微博作为一个具有 10 年经验的全媒体社交平台，将大数据、人工智能等多领域技术融入新媒体发展当中，对产业布局发展具有丰富经验和前瞻性分析，能够帮助传统媒体"少走弯路"，通过合作搭上"内容＋科技＋用户"的融合发展快车道。

访：您认为新浪微博在媒体融合中的角色和作用分别是什么？

陈：媒体融合的内涵不但是融合媒体，更是融合用户。广大群众是媒体赖以生存的根基。媒体融合是为了党的声音更好地向基层拓展、向楼宇延伸、向群众靠近，为人民群众提供更多更好的文化和信息服务。因此，我们可以这么理解，即微博更像是新媒体和传统媒体之间，政府、媒体与老百姓之间的"连接器"和"放大器"。

我们就以微博助力县域推进文旅宣传、招商引资、脱贫攻坚为例，看一下我们实实在在做出的成绩。微博聚合平台之力发起"原产地探访计划"，推动贫困地区农业以及特色产业的发展。该计划邀请大 V 对县域进行实地探访，通过宣传区域性的公共品牌，对该地区的特色产业进行有效的营销推广。例如，旅游大 V 在造访"三区三州"最贫困地区的四川凉山州雷波县之后，通过微博平台传播的力量，使得该地区白马湖景区五一小长假的游客数量增长了 20%；此外，在大 V 的助力下，四川雅安的猕猴桃、山西隰县的玉露香梨均获得了优异的销售业绩和回购率。与此同时，2019 年 8 月，微博平台推出了"百县千红新农人"活动。该活动一共扶持了当地 16 个省 43 个县的 600 多名"新农人"，帮助传播乡村旅游目的地，携手打造当地近 100 个农产品品牌，为当地农民带去了实实在在的收益。例如，广西贵港市的甘女士，在经过该活动的专业培训之后，发布了一条关于自家火龙果的微博，第二天订单就超过了 20 吨；来自甘肃清水县的张先生，通过将当地的特产苹果在微博上宣传之后，一个月之内就帮助该地贫困户认领出 200 余棵苹果树，为全面建成小康社会贡献力量。

正如我们所见，正是由于县级媒体与微博的合作发力，才能帮助更多地区打造出一张张展示新农村发展建设成果的"金名片"。我想，无论是传统媒体也好，新媒体也罢，融合转型的真正目的是让老百姓在数字时代中，在切实享受到互联网带来的便利的同时，能够获得"看得见、摸得着"的实惠。微博平台的海量数据，能够帮助地方媒体在市政、交通、商贸、文旅等方面获取更多资源信息，及时灵活解决群众之需，而在贫困地区，合作成果也可以帮到区域农、特产品放大区域信息、拓宽销路、实现脱贫攻坚。

访：微博是如何推进媒体融合的？为此做了哪些尝试？

陈：多年来，微博不断顺应潮流，进行突破调整，通过完善自身发展助推媒体融合。

一是秉承社交赋能的宗旨，强化社交资产，不断扩大用户规模。

2020年，微博月活跃用户数已达5.5亿，日活跃用户数为2.41亿，其中94%为移动端用户。截至2019年底，平台头部作者规模扩增至78万，与往年同比增加三成。平台日均图片、文字发布量突破2.5亿，特别是大V用户生产内容积极性持续高涨，原创量和视频生产量分别达到790万条/月和205万条/月，大V用户更加重视社交粉丝运营，从评论到赞评论和赞博文，主动互动行为大幅增加，单月累计互动量达到1950万条，连续两年保持同比翻倍增长。

二是加强对垂直领域的深耕细作，回应用户多元诉求，加强平台的汇聚效应。

2020年，微博上垂直领域涵盖政务、媒体、财经、娱乐近70个，其中33个垂类月阅读量超过100亿，与微博合作的MCN机构达近3000家，账号规模近6万个。

三是坚持矩阵化传播，强化传统媒体在微博上的全面转型。

微博上线了媒体矩阵的成长计划，提供平台工具，使媒体可对旗下所有账号进行管理，包括进行粉丝头条、视频流等核心资源推广，对同一内容矩阵账号视频分发效率进行推荐，提升联动效能。在微博的助推下，这些视频矩阵账号实现从零到亿的飞越，完成账号影响力及粉丝量由初级到微博中、头部的转变。

四是突出内容的原创化、视频化，为媒体融合发展提供多元选择。

近两年是短视频集中爆发的阶段，在直播和短视频的双重加持下，媒体微博视频博文的数量和占比迅猛增长，最惊人的增长来自视频新型媒体领域，相关调查数据显示，超过1/3的用户更愿意看短视频形式的新闻资讯。同时，直播也成为媒体微博保证新闻时效性最大化的重要手段。对于传统媒体而言，微博不仅是一条新的内容推送渠道，更是一个发掘用户资源、将传统媒体品牌优势向新媒体领域延伸拓展、沉淀社交资产的平台。2019年国庆档电影《中国机长》爆红银幕，故事原型川航 3U8633 航班机组面对突发的"飞机风挡玻璃破裂脱落"情况，成功完成史诗级的紧急备降。而在真实事故发生第一时间，四川电视台@四川观察启动微博直播直击最新进展，虽然当时@四川观察不足 5 万粉丝，但是直播观看量却高达 1297 万。在向网友真实展现事件全景的同时，也极大地提升了四川电视台自身形象和品牌影响力。

二、县域"下沉"中的实践与创新

访：微博秉承"市场下沉"策略，在"下沉"县域融媒的过程中是否有什么实践和创新？效果如何？

陈：微博始终坚持"市场下沉"关键策略，激增的月活用户中超过 55% 来自三、四线城市和县域地区。针对不同的县域，微博持续推送各种本地化、兴趣化的内容，以此激发用户的参与行为。各个县域基层的政务、媒体、机构和大 V 也日益活跃，成为时政热点、社会动态、前沿信息等第一手资讯的提供者。推进媒体融合，助力县级融媒体中心建设，也成为微博市场下沉策略中的重要一环。

目前微博上县级媒体类账号超过 1500 个，已经转型为县域融媒体账号共计 622 个。其中仅融媒体账号，单月平均发博量超过 4 万条，视频 1 万条，视频发博占三成，微博与县融自有平台共生共建的模式已经初步形成。

在县级融媒体发力之前，微博已经与超过千家的县级媒体合作。此后，在县级融媒体发展的过程中，微博积极推动传统县域媒体向融媒体方向转型，例如协助长兴融媒、海淀融媒等融媒体中心的创新性探索，支持肥东发布、淄川发布等县级对外宣传账号的转型升级。

2019 年年初，我们建立并运营"微博县域融媒体"官方微博，通过平台汇聚各地融媒体中心信息，配合各地融媒体中心宣传需求进行日常资源投放和推广。截至目前，我们已赴中宣部重点关注的县融中心、融媒体 MCN 机构等进行交流，了解中心建设的进展、问题和需求等，并协助认证注册县融账号。我们积极开展县融微博培训及账号运营，帮助贵州、河北、四川、重庆、安徽、湖南、广西、甘肃等多省地市政府和融媒体机构开展相关培训。

同时微博参与站方或策划主题活动，共同策划参与#我和我的祖国#、#一句话证明你在海淀生活过#、#延庆身边事#、#乡村振兴看咱县#等平台活动，带动县域账号活跃度。

三、技术革新下的展望

访：您如何看待媒体融合发展的趋势？

陈： 网络风云变幻，技术也在不断迭代革新，我们从 PC 为主的一代互联网行至今日，移动互联网成为推动社会发展的核心动力，不但引发了用户消费习惯的变化，更催生着新旧媒体的进一步融合。马上，5G 时代也将全面走入我们的生活，我们虽然不能准确地预判未来，但可以通过对媒体发展的动态分析得出符合规律的一些趋势。

一是媒体融合发展正从探索阶段向更深层次迈进。

随着数字技术的迭代升级，媒体功能逐渐从相加到相融，此时的媒体分发内容开始借助微博等社交平台力量，基于用户标签并通过大数据分析进行精准推送，进而触发立体式、全方位的传播效果。我们预判，现在的媒体融合发展走势会随着 5G 的应用推广，形成更为广域的生态链，3.0 时代的媒体融合，应当是构建真正以人为中心的媒体生态圈，从而完成用户、终端、内容、服务的智能化深度融合。

二是视频化或成传统媒体转型的宝贵机会。

目前来看，视频化内容生产的门槛降低，且极具模仿化和社交属性，相较图文信息传播，视频、直播更加立体、更为具象，已成为多维场景中最受欢迎的内容表达形态之一。可以预见，5G 的到来将对媒体产业产生深远影响，VR/AR/MR、4K/8K 等视频技术将随着 5G 发展实现与生活的无缝对接，人与人、人与物之间不再有距离，5G 将彻底把电视与观众之间的墙推倒。5G 时代的传播内容、传播途径、传播形式、传播对象及其需求都会发生改变，因此传统媒体需要在视频、直播等方面开发与之相配的产品，并结合 5G 做出相应的战略部署，来应对这场即将到来的媒体"感官风暴"，这也是留给传统媒体转型甚至实现弯道超车最为宝贵的机会。

三是媒体融合的"借船出海"与"造船出海"并行不悖。

当前，媒体的自主可控平台化建设出现了许多新标杆，如浙江长兴融媒体集团、湖北广电的长江云、广东广电的触电新闻等。媒体一方面积极扩大影响力，借道各大商业平台进行信息分发；另一方面更为重视客户端、云平台和全媒体指挥调度中心建设并取得成效，形成了"造船出海"之势。但也有一些媒体选择入驻像微博一样技术成熟的平台，通过"借船出海"的方式节省资源成本，避免重复建设。无论怎样，这都将是未来媒体融合的发展趋势，而网络的最大特点之一就是开放共享，"借船出海"就意味着大家的利益捆绑在一起。在得用户者得天下的形势下，双方可以在用户分享等方面实现互利互赢和资源共享。

四、机遇与挑战并存

访：微博在推进媒体融合的过程中是否遇到了问题或困难？未来将如何进一步发挥微博的优势，助力媒体融合发展？

陈：媒体融合是时代大势，我们应该主动顺势、借势、造势，更要趁势而上。当然在媒体融合高速发展的过程中，我们肯定会遇到一些难题，比如技术壁垒问题、平台权益问题、版权管理问题、人才引进问题等，但我相信这些挑战和机遇一样都是并存的。未来，微博将投入更多资源，更好地发挥平台在各方面的优势，为媒体微博的发展赋能，为媒体融合发展助力。

一是融汇媒体力量，传递中国声音。

目前，微博平台共有3.5万个媒体账号，《人民日报》、新华社等权威媒体在微博发布的内容，都涵盖了图文、视频、直播等形态。新锐媒体也借势短视频快速崛起，仅梨视频的微博矩阵就有近70个账号，日均播放量超过4亿。无论是身边事、国家事还是世界事，媒体微博从未缺席。在微博上看新闻，成为很多人日常聆听主流声音的重要渠道，已成为新时代媒体融合的重要表现。

二是加速区域与渠道拓展，助力媒体融合。

我们一方面加大对地方、市、县级融媒体的资源投入与合作力度。媒体认证蓝V数量实现显著增长，主要体现在地方电视台和县融账号的增加。目前微博已经帮助一大批县报纸、广播、电视台完成了向县级融媒体的转型。

另一方面，传统媒体特别是地方电视媒体与微博平台同步传播的案例越来越多。2018年10月，微博与四川广播电视台签署战略合作协议，将与四川省、市州、区县三级电视台在 IP 打造、媒体资源库建设、跨领域联动等多个方面展开全面合作。截至目前，共有 5 个省市电视台的 20 档节目实现微博同步播出，相信这种做法将成为今后一段时间传统媒体和新媒体融合发展的趋势。

三是通过数据、产品与运营增强媒体影响力。

微博与视听平台一直是共生关系，2019年7月，微博与中国广视索福瑞媒介研究机构共同启动视频跨端传播价值评估模型研究，旨在通过打造电视媒体融合评估标准，拓展电视的新闻传播影响力，进一步加快媒体融合进程。与此同时，微博提供了同城推送、辟谣、原创标识等精细化产品，助力媒体发挥内容优势，帮助新闻短时高效精准分发。这些产品不但可以有效提升新闻传播效率，而且有助于在媒体深度融合发展的过程强化媒体品牌度与传播效果。

相信随着 5G 时代的到来，媒体生态还将发生新的巨大变革，微博参与下的媒体融合发展也必将迎来更加光明的前景。

访谈时间：2020 年 9 月 18 日

第三节　打开广播的想象空间
——访阿基米德创始人王海滨

"阿基米德的定位很清楚，就是传统广播转型的平台。我们会努力地把这个目标贯彻下去。我们希望未来能够成功对接 3000 家广播频率，大家携手一起实现内容上的转型和商业模式上的转型，走出困境。"

——王海滨

一、开发广播应用场景

访谈者：您在来阿基米德之前接触过互联网新媒体吗？

王海滨： 2009 年上海广播改革成立广播公司时，我是广播公司的副总，分管新媒体，从那时就开始研究新媒体。

访：阿基米德是何时开始筹建的？

王： 2014 年 6 月，上海广播做了一次变革。这是继 1992 年 10 月成立东方电台后的又一次变革。上次变革，全国首次出现了两家省级台并存于一个城市的局面。这次是把广播新闻中心、东方广播公司、第一财经广播和五星体育广播四大块全部合并，成立了一个东方广播中心。

当时领导层的核心意思应该有两点：第一，意识到广播的发展是有独特规律的，广播应该集合起来发展，所以要合并。第二，新成立的广播中心要全力拥抱移动互联网。我理解这就是上级为阿基米德确定的任务与定位。

2014 年 6 月 9 日广播中心成立。7 月 13 日，我们向集团领导汇报方案，10 月 10 日，我们拿出"两端"，正好 3 个月，阿基米德就诞生了。

访：阿基米德与传统广播有何不同？

王： 阿基米德和传统广播不太一样。我们试图通过阿基米德打开广播的一种想象空间。从这个角度入手，我们有一件事情是做对的，就是注重广播节目的场景感和交互性。比如晚上的情感类的陪护节目，上下班高峰的交通节目，等等，场景感下的交互能力很强。

我一直说，场景不生产什么东西，但是它激发人的需求。场景是在某种特殊的情况下、特定的场合下，你会对某个产品有特别强烈的需求。

阿基米德实际上就是利用了广播节目的场景感，把相关的人群聚拢在一起，做成一个兴趣部落。不同的主持人、不同的时段、不同的节目定位、不同的节目内容，在播出之后会形成不同的兴趣人群，听早新闻和听晚新闻的人都不一样，5 点钟爬起来听新闻和晚上 6 点钟听新闻的不一样。哪怕听同一档投诉节目的人群也不一样，听不同的音乐节目的人群都不一样。我们上海四套广播音乐节目，一套是针对 12 岁到 25 岁，一套是 25 岁到 30 岁，一套是 30 岁到 35 岁，还有一套是 45 岁以上，它的人群是完全不一样的。

在强场景之下，就知道人群一定是窄众聚拢在一起。当人群细分之后，所有的广告都可以成为服务，换句话说，你的所有的用户体验会更好，九个字：强场景、窄人群、聚服务。

访：您能简单介绍一下阿基米德的社区结构吗？

王：移动互联网发展了差不多5年。这个蓬勃发展的过程创造了很多新的概念，场景、用户、社群、直播等。它创造了这么多概念之后，其实终究还要回归本源。本源是什么？网络到最后还是必须跟真实社会发生某种映射关系，谁做得更好，谁可能就离成功更近。

阿基米德社区的结构是努力靠近真实社区。因为广播本身就有地域化的特征。听广播节目一般都是本地化听众会多一些。所以阿基米德希望能够把全国的城市人群按照广播节目的类别做一一的区隔划分，最后转化为社区。阿基米德未来会在这些社区提供插件服务模式，跟不同的广电集团、不同的节目组一起去做变现尝试，这是我们搭建用户社区的一个核心目的。因为BAT对于整个互联网的流量把控其实还是非常严的，包括微信所谓的点赞、封杀、导流，实际上是对流量的一种封锁、对用户的一种封锁。我们还是很庆幸，找到了一个很有意思的口子，能撕开冲进去，能捕捉到一些人群，下一步还会继续再做。

另外就是搭建节目社区。很重要一点是突破广播天花板。传统广播是单一的音频模式，面对全国的广播节目，要考虑怎样让它变成一个真实的用户社区，提供不同的服务模式。让人一旦进去，就产生不一样的商业模式，它的空间就打开了。通过提供服务，实际上是刺激用户从低频用户转变为高频用户，然后增加用户的黏性。

访：阿基米德自身靠什么盈利？

王：我觉得阿基米德眼下最大的问题不是收入，最大的目标应该是市场份额和用户规模，这是非常重要的，我们现在全力以赴在做这件事情。至于收入，我觉得目前没有必要过多地关注。

访：您主要目标是赚未来的钱？

王：对。

访：您刚才说目前可能最主要还是市场占有率的问题。现在网络音频的

市场在混战中涌现了一大批的 FM。您怎么看待这个市场状况？

王：我觉得，第一是好事。音频行业受到越来越多资本和创始人的关注，这是好事。这和美食街一样，一个饭店开得再好，生意也上不去，哪天开了一条美食街，大家的生意都很好，这是非常好的。作为一个老的广播人，我感激所有的这些音频应用。因为他们刺激了用户对广播的关注。第二是正常。目前所有的恶意竞争也好、虚报数据也好，它背后的核心，其实还是资本的问题。因为资本追求回报，注定了必须按照数据来获取更高的估值，然后通过估值吸引一轮轮的资本进入。所以从这个角度来讲，它处在混战之中是很正常的。而且混战可能很快就会撕出一个名堂来。可能有人会退出，可能有人被收购等。所以我觉得看待市场，好比看春秋、看三国、看战国的大乱或大治，最后真正一统天下的总有特殊背景。

访：在这个过程中，阿基米德会有哪些战略布局吗？

王：阿基米德的定位很清楚，就是传统广播转型的平台。我们会努力地把这个目标贯彻下去。我们希望未来能够成功对接 3000 家广播频率，大家携手一起实现内容上的转型和商业模式上的转型，走出困境。

二、突破转型困境

访：阿基米德是传统广播电台一次转型的尝试。您觉得现在我国传统广播电台面临的困境是什么？

王：传统广播电台转型的困境和所有传统媒体转型的困境实际上是一样的。首先应该是面对内容的态度和理解。在传统媒体构成要素中，人出现了不适应，传统媒体的介质出现了危机也造成了不适应。其次就是连接方式，传统媒体的连接方式永远是单向的，我播你听、我写你听、我播你看，到了移动互联网时代都是双向的、交互的。现在就是信源、受众、媒体三方交互的时代，最后产生了一个完整的内容构成，这才是新媒体时代。

连接方式发生了重大变化，终极目标也发生了变化。原来的终极目标特别简单，叫注意力经济。就是想办法制造各种内容，把人的注意力吸引过来，然后把它变现，特别简单，而且商业模式大家认可。到了移动互联网时代，发现"羊毛真的可以出在猪身上"，这是第一个。第二就是运营的边际成本可以为零。当互联网达到无穷大的时候，边际成本其实是零，所以你看到马云为了一个支付宝可以投十几个亿砸在滴滴打车上，然后让大家免费叫车，免费去使用网络买东西，让大家一毛钱看场电影，从而变成支付宝的用户，这些成本如果摊销在支付宝上，其实是极低的。所以，当一个行业的构成要素、连接方式、终极目标都发生变化时是很可怕的。我觉得时间不会太长，再过个半年、一年，传统媒体一定会慢慢想明白。

其实，改变就是找到新介质；或者找到适应这场变革的人群，或者找到我真正的终极目标；或者适应新的连接方式。这些都可以。只不过现在大家都在像无头苍蝇一样，满世界在创新，什么都在创新，这是不可能的。

访：如何才能走出困境？

王：传统媒体要通过创新走出困境的话，要做到以下几点。

第一，想明白你的使命和优势。有些传统媒体的使命和优势都在内容上。不管终端怎么变，界面怎么变，手机有多少个牌子，操作系统怎么更改，信息的传播方式是有终极呈现的，它只有四种形式：字、图、音、视。再多的传播方式都改变不了这四种方式，因为它是根据人体器官的接收程度呈现的，所以从这个角度讲，传统媒体转型成功就该是BBC那个路子，就是任何人用任何设备、在任何时间、在任何地点都能够接触到你的内容服务，就算是成功了。就要求你的内容必须有品牌化，比如我们能区分这是上海电台，那是《东方早报》。

第二，内容形式的多元化。所谓的融媒体其实不是说你一定要在 iPad 上，iPhone 上去接入，而是指你任何一条新闻都有文字、图片、声音、视频，这叫融媒体。如果说任何一个重要的事件，你能在第一时间拿出四种样态来传播内容，那是很牛的。

第三，就是你能抢占任何的界面渠道终端。你自己是否有一个终端这并不重要，重要的是只要事件发生了，可以保证全国的网民会上优酷、新浪、头条、阿基米德去搜你所传播的信息，那你就成功了。从这个角度来讲，无论是转型需要的条件也好，还是现实操作当中存在的问题也好，都可以迎刃而解。

三、警惕新媒体机构化

访：您如何看自媒体的发展？是不是存在专业的传媒人不如未经专业训练的自媒体人更容易赢得 10W + 的看法？

王：这个可能是误解。第一，就我认识的、我所了解到的情况来说，现在真正的那些"大炮"，能够影响到百万级的用户的，绝大多数是从传统媒体跳出去的，所以说不存在说自媒体不够专业的情况，没有这个概念；第二，到目前为止，已经能够证明从传统媒体跳出去的兄弟姐妹们的确可以过上比之前更好的日子。一年收入个四五百万、七八百万是有可能的。但是到目前为止，没有任何的证据可以说明，自媒体能够取代机构，能够变成像上海广播一年有八个亿收入的公司。除非自媒体今后向媒体机构转变，这是有可能的。但是自媒体一旦向媒体机构转变的话，就会遇到和传统媒体同样的问题——机构的设置、生产的效率，包括生产内容水平的持平，等等。

所以，一直以来我的观点都是，我们不用提防自媒体。我们提防的是新媒体机构。这些打着去中介、去中心化幌子的新媒体机构的诞生，是非常可怕的，因为它们一旦诞生，它的生产流程、生产效率和传播效率一定会优于我们。但是，到目前为止，没有看到任何迹象。就是在摧毁旧媒体之后，诞生了一个新的媒体，这个媒体是需要警惕的。比如像钛媒体、36氪，他们属于打着擦边球，知道他不能做时政，就做科技，虽然目前我们看不到他们有太多颠覆的力量，但是值得关注，值得警惕。

四、介质危机和传播效率

访：很多人认为阿基米德是媒介融合的一个实践。但也有些人认为，媒介融合是个伪概念。那您是怎么看待媒介融合这个概念的呢？

王：我觉得不是，我坚决不认同。我高度认同媒介融合的概念。因为媒介就是两个，一个是媒体、一个是介质，目前所有的危机，主要是介质危机。介质危机是指，报纸完蛋了，报社价值怎么体现呢？还有电视机完蛋了，电视台价值又怎么体现呢？包括收音机。你想，收音机都没有了，介质都没有，广播电台还赚什么钱。

所以这一轮主要的互联网革命在于介质，这是一场介质危机。内容，我觉得前所未有地丰富，需求量也是前所未有的。这是第一。

但到目前为止，互联网还是没有办法做到传统媒体这样点对面的传播。比如广播 FM 和 AM 这种点对面的传播，效率是很可怕的。理论上只要存在接收设备，可以瞬间传遍全世界……只不过广播诞生太早了，它 1906 年就诞生了。当时也是一个挺震撼的事，但现在已经不酷了。

微博的衰败，并不是说它的功能不行了，也是因为它不酷了。现在很多互联网人群，喜欢追求新的东西、酷的东西。所以媒介融合还是很有价值的。我认为，媒介融合是指，让传统媒体在转型的过程当中，能够找到新的介质、能够找到新的传播方法，这是完整的介质革命。这是介质危机，我觉得大家可能没有完全意识到。

第二是传播效率。实际上可能很多人没有意识到，整个传播的评价标准发生了一些重大变化，传播的评价标准原来叫生产能力。比如，上海广播有一个东广新闻台，20 分钟滚动播报一次。我帮它算过，全天差不多要 1200 条到 1400 条新闻进行滚动，哪来的人去生产啊？这就是生产能力。所以，我们过去判断一个媒体是否强大时，是用生产能力来判断的。但今天，我们判断新闻媒体的强弱标准已经发生变化。从生产能力转到传播效率。比如，我们传统媒体人经常说，你看我这个片子拍得特别好，为什么好？是因为我传到优酷上以后它迅速获得了 1000 万的点击量。1000 万点击量是什么东西啊？实际上就是传播效率。

传播效率在哪里？比如说两个人，一人负责东广新闻台每 20 分钟一次的新闻播报，另一人负责每天写完一条 10W ＋。谁牛？你们一定会讲 10W ＋更牛。其实 10W ＋不牛。因为像东广新闻台这种传统广播一年经济收入 4000 万到 6000 万，养活了近百人，为公众传递大量的重要的经济信息。但是，大家仍然认为 10W ＋更牛。

这就是因为，我们其实都意识到，生产能力已经转向传播效率。如果是转到传播效率，有几个重要的问题我们没法解决。传播效率的评价标准不在我们手里，这史无前例。从来没有说内容生产企业的评价标准不掌握在自己手里的，这是很可怕的。我们现在也知道，专门有点击量作假的一系列运作，我们无能为力。同时，这个判断标准也会发生质的改变。如果改变标准后，我们的生产流程无法跟上，那就显得捉襟见肘。

我认为只有当介质的依附问题解决了，只有整个团队适应了传播效率的革命之后，我们才有可能实现真正的媒体转型。

访：就您现在的体验来说，您觉得在未来我国的传统媒体会有怎样的发展趋势呢？

王：传统媒体现有的格局是一定会被解构的。未来媒体的发展一定是跨介质、跨地域、跨行政、跨媒体的融合。传统媒体和互联网的融合发展非常重要的因素是技术和思维。技术上传统媒体要意识到，这个变革必须是依赖技术所出现的变革，阿基米德所有的技术都是自己的，没有一分钱的外包。我们有一半的人都是做技术的，我们现在 74 个人，技术团队大概 40 人。我经常跟团队说这样一句话：新媒体变革不要迷信技术，但是要敬畏技术。还有就是思维，要重视交互思维，信息的产生实际上是在交互过程中完成的。交互是信息产生的一个必然的过程，已经不是调味料，如果你不能够交互，受众不能够参与到信息的生产过程中，如果你的信源不能开放式地接受各种增减和修缮，你的信息生产方式和终极的产品都是没有价值的，或者说价值是衰减的。

五、唱衰还是唱新

访：几十年过去了，您对网络音频行业的认知有什么变化吗？

王：人们对互联网的认知也是一个逐步完善、逐步丰富的过程。你们大概知道瀛海威吧。有个传说，我认为基本也是可信的，说当年它招人的时候，就问对方两个问题：用过浏览器吗？上过网吗？如果回答说，用过，上过，那好，就招进来了。就是说，在一开始，每一个人对网络的认知不是很全面。移动互联网也一样。我们传统媒体在转型的时候生产的很多 APP，在设计 UI 时，很多领导会按照自己的想法设计，包括设计那些按钮等。其实是不太成熟的……因为对移动互联网不太熟悉，才会有这种指手画脚。等大家的认知成熟后，就好很多。各级领导现在对移动互联网更多的是从战略和生态的角度去思考、去讨论，整体来讲是步入一个良性的状态。对我个人来讲也是这么一个过程，就是从不了解，到后来在实操的过程当中慢慢有些了解。

访：一直以来，都有人在唱衰传统媒体，也有一些不好的消息。比如挪威在2015年关闭了国家电台，您作为传统广播业出身的从业者，对这个问题怎么看呢？

王：唱衰？原来在唱衰，但这一两年其实不再唱衰，在唱新。因为有很切实的数字显示，所有的传统媒体都在下跌，报纸是断崖式下跌、杂志也开始断崖式下跌、电视实际上是大幅下跌，地面的本地电视媒体实际上是断崖式下跌。但是广播无论是投放，还是增幅，表现是非常好的。它都属于涨，它没往下跌。

很多时候，你可以发现广播是一个热门话题，大家在重新讨论广播为什么没有衰败。

访：是不是说，我国广播音频的需求在增加？

王：增加谈不上，因为去年全年的中国广播行业收入就134亿元，这种规模的行业不算大。我们整个行业差不多有3000个广播频率，600家市级，30多家省级，按这个规模去衡量，就知道这个行业规模太小了。它哪怕出现翻番，也就是300亿元嘛。而翻番对于行业来讲是震撼的，它是个细分行业，非常细分，是有玻璃、天花板的行业。

访：您觉得音频行业今后会呈现怎样的一个产业状况呢？

王：音频是一个很窄的东西。只要它窄，就永远有细分人群。我们不一定老是盯着上亿的用户，如果有一万人下载你的APP，天天和你互动，也能活得不错。所以，我估计之后一定会有一些很细分的小产品，小而美，我觉得一定会有，这是第一。第二，我觉得也一定会有一些巨头。这个巨头到目前为止到底是谁，没有定论。会有巨头最后把持一定的空间，是必然的。

访：那在您看来，未来的网络音频行业会有怎样的发展趋势？您觉得未来的核心是对接吗？

王：未来音频行业一定会有更多的应用空间。音频确实会和生活更加紧密地结合在一起，有很多东西会超出想象。就像大家司空见惯的这个音箱，它已经没有任何屏幕了，它就完全是声音操控了。全部的360度音箱、360

度话筒，五米范围之内的随意操控，可以控制 400 种以上的智能家电，没有任何问题。语音这块的空间其实还是蛮大的，在驾车等很多方面有一些你想象不到的空间出现。这是第一。

第二，声音需求还是有的。一些好的声音传播出来的信息，有人愿意听。我们还是希望把 PGC 传统广播的生产能力、生产内容品质做一些提高。阿基米德现在能够做到实时收听率的监测，这就很可怕了，就是让整个的广播更加直观，它能够很清楚地知道自己生产的东西，包括我前面提到的，我们对新闻选题的推送、节目组的用户群的分析，都可以提供。从这些角度来讲，整个传统广播更加数据化、更加直观化。现在看阿基米德的后台数据，可以很清楚地看到，这档节目在播出的时候几点几分出现了高潮，几点几分出现了下跌，甚至这档节目结束以后，在几点几分出现了一个小高潮，就知道这个时间段实际上是适合重播节目的时间。

访谈时间：2016 年 9 月 5 日

第四节　构建新型"耳朵生态"

——访喜马拉雅 FM 联合创始人余建军

"音频是内容最好的载体，除了知识，还有更多的内容值得我们去发掘和体验。从商业模式来说，内容付费是比广告更好的商业模式。对消费者来说，每个人的时间越来越稀缺，付费是非常高效、简单的，也是筛选用户体验的更好方式。只要有了付费模式，很多优质内容就会加入进来，社会交易成本和交易效率会更高，这个市场会越来越繁荣。"

——余建军

一、移动互联网音频市场的现状

访谈者：具体来说，移动音频和传统广播有怎样的差异？您怎样去看待两者的关系？

余建军：相比较于其他传统媒体，广播行业随着汽车总量的增长，其广告市场份额的流失没有那么显著。但是传统广播内容深度不够，很多都是陪伴式的聊天节目，在新媒体时代，用户的需求更加多元，对优质内容也提出了更高要求，传统广播面临着很大的挑战。

但是，广播与移动音频不是替代关系，而是错位竞争。

首先，移动音频和传统广播的使用场景不同，收听传统广播的高峰时段是每天上下班的通勤时间，但是收听喜马拉雅的高峰时间在晚上 8 点到 12 点，这个时间是错开的。而且，超过 2/3 的喜马拉雅用户使用终端是智能手机而不是汽车，在做家务、洗漱、睡前使用得更多。

其次，移动音频与传统广播的内容定位不同，广播的内容定位主要是新闻、音乐以及交通信息这三类，音频更多是知识类、娱乐类的内容分发。

最后，两者的内容形式差异很大，移动音频本质上是点播式的，可以精准选择用户感兴趣的内容，而传统广播是线性播出，只能换频率，不能选节目。而且我们发现，传统电台中，20 世纪七八十年代的主播转移到我们喜马拉雅平台上都活不下来，由此可见，传统广播和移动音频的差异性是很大的。

访：在此背景下，移动音频对传统广播市场造成了怎样的影响？

余：移动音频市场的发展对传统广播电台来说应该是喜忧参半，一方面，喜马拉雅在一定程度上会对传统广播电台造成分流；另一方面，我们跟他们也有很多合作。传统广播的内容在移动音频平台上也可以得到很好的推广，同时新媒体也敦促传统广播行业的转型发展。在融合的发展中，如何定位——是以平台为主，还是以内容为主？这都是新媒体时代广播转型发展所必须回答的问题。此外，对很多传统媒体人来说，移动音频市场的发展为他们提供了巨大的机会，很多人都愿意在新平台上创业。

从两个方面来讨论媒体产业："内容与平台"，传统广播要学会拥抱新媒体，选择适合的方向进行转型，或像湖南卫视一样构建自己的平台，或也可以与移动音频平台进行合作，提供更加优质的内容。所以传统广播和移动音频并不是一个零和博弈的问题，而是可以共生、共长、共赢。

二、优质内容与人工智能

访：随着人工智能的发展，音频的内容分发也越来越智能化，您刚才提到喜马拉雅是业内最早将大数据引入行业中的，那大数据具体发挥了怎样的作用？

余：从用户层面来说，喜马拉雅的内容是千人千面的，基本上每个用户打开看到的喜马拉雅都是不一样的，我们后台会基于用户使用习惯进行用户画像、建模，然后推荐用户感兴趣的内容，这是我们在内容分发方面的核心功能。

从内容产生者（主播）层面来说，我们会提供一套大数据后台，主播会得到：

一是用户的基本特征数据，例如性别、籍贯、年龄、工作等；

二是用户的使用行为数据，包括跳出率、播出率等数据参考。通过大数据后台可以精准地分析个性化内容，然后进行个性化推荐。例如田艺苗，你会发现早期她的粉丝并没有那么多，但完播率很高，跳出率很低，说明这个节目在垂直领域有很高的品质，我们就会针对这样的节目进行加权，推送到更多用户中去。我们后台运营会有一个数值，一旦超过这个数值，我们就会找到主播，洽谈孵化投资。

访：截至 2018 年 11 月，喜马拉雅已经拥有 4.5 亿个用户，占据了音频市场 73% 的市场份额，您认为目前整个移动音频市场是什么样子的？

余：目前，移动音频市场的竞争者很多，但是彼此的商业模式并不相同。有的更偏重于电台模式，将传统电台网络化，走传统内容聚合的道路；有的则更关注车联网领域，注重汽车场景；有的深耕小众市场；还有的是重点开发 IP 资源。喜马拉雅不是最早发展起来的移动音频，但是我们是发展速度最快、内容最丰富的音频分享平台。

实际上，用户快速积累的原因是多方面的，既有产品结构上的原因、运营上的原因，也有市场敏感度的原因，是多方面因素综合作用的结果。产业内的竞争是很激烈的，为什么我们能有 73% 的市场占有率，实际上谁更懂、更能贴近用户，谁的产品更好，更受用户的喜欢，谁的市场占有率就更高。我们站在一个普通用户的视角，当他有使用音频的需求时，会下载 3～4 个应用，一个一个去用，发现哪个体验好，就会留下哪个，其他的就会卸载了。

所以，产品本身的留存能力怎么样是非常关键的，喜马拉雅本身有很强的大数据分析能力，将内容与用户需求相匹配，定制全新节目。例如与马东合作，不是将《奇葩说》节目内容直接转换为音频，而是通过以用户需求为切入点，独立做一款全新的节目。付费内容的关键在于是否能够提供有价值的内容，用户登录之后，平台会个性化地推荐用户喜欢、有价值的内容，用户越用越喜欢、越贴心，就会留下来了。

访：基于丰富的内容资源，喜马拉雅是怎样进行商业化发展的？

余：喜马拉雅的商业化发展经历了广告变现、会员服务、内容变现、硬件生态等过程，目前是更为多元化、多维度的商业模式。

主要从三个方面来看，一是精准广告，通过大数据形成用户画像，上线"猜你喜欢"等系统实现精准定向广告投放或品牌软植入。

二是智能硬件，一方面，专注于生产有声智能硬件；另一方面，通过喜马拉雅开放平台，合作超过 2000 家品牌实现内容分发的场景化，将内容植入智能家居、汽车、音箱等各类硬件产品中。云技术的成熟，也为内容在各个平台的互通，乃至于场景化提供可能。

三是内容付费，支付手段的便捷化直接促使用户的付费行为，2016 年，喜马拉雅开启国内首个内容消费节"123 知识狂欢节"，在 12 月 3 日当天总销售额为 5088 万元。2017 年第二届"123 知识狂欢节"，内容消费总额达 1.96 亿元，实现了对首届知识狂欢节消费总额近 4 倍的超越。12 月 2 日早上 8 点 41 分，喜马拉雅官方宣布今年"123 知识狂欢节"内容消费额突破 1.96 亿元，打破去年"123 狂欢节"内容消费总额纪录。

数据显示，共有马东、吴晓波、龚琳娜、华少、乐嘉等 8000 多位"声音网红"，覆盖了 328 个细分品类行业，超过 138 万条付费内容，共同打造了这场狂欢盛事，付费内容数量是去年的4倍。

音频是内容最好的载体，除了知识，还有更多的内容值得我们去发掘和体验。

从商业模式来说，内容付费是比广告更好的商业模式。对消费者来说，每个人的时间越来越稀缺，付费是非常高效、简单的，也是筛选用户体验的更好方式。只要有了付费模式，很多优质内容就会加入进来，社会交易成本和交易效率会更高，这个市场会越来越繁荣。

访：在您看来，什么样的内容是有价值的优质内容，喜马拉雅的内容审核机制是怎样的？

余：在喜马拉雅，内容是否是优质的、有价值，还得用户说了算，用户用"脚"投票。如一个用户听一个音频，如果觉得好听就会继续听下去，不好听就跳走了。它有很多指标，包括打开率、留存率、留存时间等，都有些规律。我们通过大数据，将这些规律用数据的方式总结出来，来评定内容质量，所以是用数据的逻辑来解决这个问题。

在内容审核方面，目前占比是人工编辑在逐步减少，但不会彻底取消人工编辑，为了更好地把控风险，更好地让内容符合法律法规以及在监管部门许可范围内的底线与红线，相当于有两个关口把关。

一方面，人工审核内容都是通过先审核再发布，每天要审核几千上万条内容。编辑会根据最新的热点推荐一些内容，但是从整体上讲，编辑推送的内容占比是很少的，大部分是通过数据来说话。

另一方面，通过大数据算法审核，而喜马拉雅是业内最早做大数据的，除了有专门的大数据算法团队外，还通过喜马拉雅"猜你喜欢"这个功能，越加完善内容的推荐机制。

三、"耳朵生态"的建立

访：随着互联网与经济社会各领域的深度融合，以互联网为基础设施进行生态化发展已经成为很多互联网巨头的战略发展方向，能谈谈喜马拉雅是如何建立"耳朵生态"的吗？

余：喜马拉雅的长期目标是构建完整的音频生态圈，打造"新声活"，用户通过语音控制实现智能家居、智能穿戴的音频播放，实现音频的时刻相伴。

生态上游：内容生产由 UGC + PGC + 独家版权组成，同时为主播提供了一整套孵化系统。既保证了内容的专业性，也能够大量挖掘优质的草根内容生产者，以此实现内容的多样化、个性化。作为知识网红最集中的平台，定位为内容创业平台，会为内容创业者提供包含产品梳理、体系建立、发行、商业变现等一整套孵化体系，并进一步完善生态圈打造。

生态中游：提升撮合效率，行业内率先大规模应用大数据技术，也是音频行业内最早启用大数据技术的内容平台，并成立了专门的算法团队，基于音频内容的传播特点针对搜索及推荐算法进行系统性的研发。基于用户画像、使用场景进行个性化内容推送与服务。

生态下游：手机用户、汽车、智能硬件的场景分发最大化。喜马拉雅开放平台已接入智能家居、汽车、音响领域超过 2000 家品牌，而在处于风口的车联网领域，几乎所有主流车厂已全线接入。

访：喜马拉雅是如何将用户资源转换成实际经济收益，其中的关键是什么？

余：这里面会有很多关键问题要解决，第一个是是否有优质内容，第二个是如何将优质的内容精准分发到用户端，第三个是用户消费行为习惯的培养，看是否能形成长期、稳定的付费习惯。实际上，在这些环节我们仍旧出于不断探索的阶段，整个移动音频市场仍处于初期的发展阶段，未来还有很长的路要走。

在内容生产方面，我们希望各个领域里都有能提供优质的内容。从最早的媒体人生产内容，到后来的草根参与生产。如有一位主播，他是个汽车销售员，为用户讲述不同车型的相关知识，其效果很好。中国在不同领域都有很多很专业、很厉害的人士，喜马拉雅就要去发现这些人，扶持这些人，让更多在垂直细分领域的人能够通过平台来实现自己的价值。喜马拉雅在内容方面最终想达到两个效果，一是内容的无限丰富，只要用户有需求，平台就可以提供；二是用户能够各取所需，通过我们的推荐机制，每个用户都能以最简便的方式找到自己喜欢的内容。

这两个我觉得是终极理想状态，我们不生产内容，我们只是内容的搬运工。

在智能硬件方面，我们也做了一些尝试，如研发随车听、驾驶耳机，还收购了一个做高端印象的团队，目的都是为了与内容能连接起来，让平台的生产者和用户获得更好的使用体验，让细分领域有知识的人能够更有机会到达他的用户。

访：从"虚拟世界项目"到转向网络音频市场，您一直奋斗在互联网创业的最前沿，能结合您的个人经历谈谈目前的创业方向吗？

余：在互联网时代，时间是很重要的，要关注趋势的变化。从 ISP、三大门户网站、电子商务、社交网络到人工智能，互联网的创业是一波一波的。最好的创业模式是生长型，紧随用户需求才更有生命力。这是我理解的逻辑，最好的创业者不是算命式的，而是乘风破浪，利用"风"和"浪"让自己跑的更快。在这种不断试错的过程中，我找到了一些规律，现在再做项目，我会更关注于人群与场景是否匹配。

访谈时间：初访于 2016 年 9 月 5 日，补访于 2018 年 12 月 15 日

第八章

打通县域媒体融合最后一公里

县级融媒体中心建设在我国现代传播体系建设中发挥着不可或缺的基础性作用，肩负着舆论引导、信息传播、公共服务等多种功能，并通过整合基层社会资源，为公众提供更为落地、切实的信息服务。2018 年 8 月 21 日，习近平总书记在全国宣传思想工作会议上提出，要扎实抓好县级融媒体中心建设，更好引导群众、服务群众。基于巩固舆论阵地的迫切要求以及提升基层媒体传播力、引导力、影响力、公信力的现实需要，全国各地县级融媒体中心建设如火如荼地进行中。

目前，我国媒体融合的发展分两步走。一方面是以中央媒体机构、地方传媒集团为主体的"规模型"融合；另一方面是以地市媒体、县级媒体机构为单位的"精准型"融合，目标是形成中央媒体、省级媒体、市级媒体和县级融媒体中心四级融合发展格局。2020 年 9 月，中共中央办公厅、国务院办公厅印发《关于加快推进媒体深度融合发展的意见》，从重要意义、目标任务、工作原则三个方面明确了媒体深度融合发展的总体要求，要求深刻认识全媒体时代推进这项工作的重要性、紧迫性，积极推动传统媒体和新兴媒体在体制机制、政策措施、流程管理、人才技术等方面加快融合步伐；按照资源集约、结构合理、差异发展、协同高效的原则，建立以内容建设为根本、先进技术为支撑、创新管理为保障的全媒体传播体系。

经过近三年的探索，各地已经涌现出许多具有代表性的和当地特色的县级融媒体中心建设案例，他们依据地方实际，因地制宜，探索出解决本地问题、服务本地需求的县域融合道路。但仍有不少地区，囿于地方经济社会发展状况、固有体制机制瓶颈等问题，没能较好地推进县级融媒体中心建设，建设效果甚微。本章选取浙江长兴县、四川仁寿县和吉林农安县三地为典型案例，以访谈的形式记录这三地相对较早且有借鉴意义的县级融媒体中心建设历程。从中可以看到，县级媒体的发展瓶颈如何在融合中得到妥善解决，如何保证县级融媒体中心建设的效率和效果，如何重新获得用户关注，如何通过制度调整调动媒体从业人员的积极性等。对于这些问题的解答，或许可以为其他地区进一步落实县级融媒体中心建设、探索出符合自身发展实际的建设路径提供启示。

第一节　县域媒体融合的破冰

——访长兴传媒集团总编辑王晓伟

"这几年县级媒体日子不好过，它被边缘化了，很多地方开始滑坡了。机构是存在，但是它却做不好了，或者已经没有人去做了，又或者因财力、人力、物力等各方面的原因无法支撑，导致县级媒体在当地的功能跟作用几乎丧失，处在一个可有可无的边缘状态。"

——王晓伟

一、全国第一家县域传媒集团的发展

访谈者：首先，您能为我们介绍一下长兴传媒集团的整体情况吗？

王晓伟：按照中央有关深化文化体制改革的文件精神以及县委县政府关于组建传媒集团的决策部署，2011 年 4 月，长兴传媒集团由原来的广播电视台、宣传信息中心、县委报道组、政府网新闻板块等四个部分整合组建而成，是全国第一家整合广播、电视、报纸、杂志、网站、两微一端、数字电视网络公司、大数据公司等于一体的县域全媒体传媒集团。

历来有关意识形态、新闻舆论、宣传工作都是归宣传部管的，这一点合并前和合并后都没变过，这个首先要明确一下。合并之后，我们是按照事业单位定性的，到目前为止还是事业单位企业化运作。集团成立 10 年来，致力于打造以移动互联网为枢纽的现代化智慧型区域融媒体集团，媒体融合步伐走在了全国前列。目前，集团旗下有三个电视频道、两个广播频率、一份报纸、两个网站以及两微一端等，移动端用户已超过 160 万，另拥有有线电视用户 18 万户。集团现有员工 418 人，总资产 9 亿元。

近年来，集团在坚持围绕中心，服务大局的基础上，以创新发展、融合发展、智慧发展、品质发展、文化发展、人才发展等六大理念为发展战略，以大数据建设为引擎，以媒体融合为核心推动力，加快打造现代智慧型区域融媒体集团。在机制建设、"中央厨房"架构、空间布局、内容建设、技术改造、渠道铺设、平台搭建、人才培育等方面积极创新，在媒体融合的道路上继续迈开探索的步伐。集团总体框架是在党委会领导下设管委会、经委会、编委会三大条线。编委会经过多次架构调整，目前下设 9 个科室：采访部、编发部、外联部、音频部、视频部、特技制作部、应用保障部以及宣传服务部。

集团媒体融合做法被誉为"长兴模式"典型案例，历年来已获得 20 多个全国性媒体融合荣誉。2018 年 9 月，中宣部在长兴召开县级融媒体中心建设现场推进会，中宣部副部长、国务院新闻办公室主任徐麟出席并作重要讲话；2019 年 11 月，中宣部副部长蒋建国到集团参观考察。2019 年 4 月，媒体融合创新应用客户端——"掌心长兴"（3.0 版）全新上线使用；2019 年 7 月，获得由浙江省互联网信息办公室颁发的首张县级融媒体中心互联网新闻信息服务许可证；2019 年 9 月，由集团起草的全国首个《县级融媒体中心管理与服务规范》市级地方标准正式发布。

目前，集团全力打造"两轴一廊，双核多点"的发展新格局。两轴是指与包括但不限于人民日报、央视、央广、新浪、腾讯、今日头条等国内顶级媒体和互联网大平台建立战略实战合作伙伴为一轴。与复旦大学、浙江大学、中山大学、浙江传媒学院建立校媒智慧合作伙伴为一轴。一廊是指建立媒体跨区域战略合作伙伴关系。双核是指以融媒体中心为品质发展核心之一核，以智慧信息产业运营平台为智能发展核心之一核。多点是指媒体融合在集团全域推进。

访：长兴是县级融媒体中心建设的先行者，早在 2011 年就已经开始相关方面的探索，当时建设县级融媒体中心是出于怎样的原因？在您看来，县级融媒体中心建设的必要性体现在哪些方面？

王：中央从 20 世纪 80 年代，四级办台——"中央省市县四级办台"，就有关于县级媒体的明确政策要求。只不过这几年县级媒体日子不好过，它被边缘化了，很多地方开始滑坡了。机构是存在，但是它却做不好了，或者已经没有人去做了，又或者因财力、人力、物力等各方面的原因无法支撑，导致在当地的功能跟作用几乎丧失，处在一个可有可无的边缘状态。此时中央提出要扎实抓好县级融媒体中心，更好引导群众、服务群众，太有必要了。一是历来就有关于县级媒体的明确政策要求，这是一个政策需求。二是目前现状有些地方已经开始出现"水土流失"和"滑坡"，需要强力来把它重新加固，这是现实需要。三是从治国理政的角度来讲，有县域职责制，县域治则天下安；从治理县域的角度来讲，也需要有这么一个强大的舆论机构、运营机构来帮他固一固。否则中央声音无法传达到下面，很多地方它会走样变味。所以一是政策需要，二是现实需要，三是治国理政的需要。从这几点出发，我认为在全国范围内抓县级融媒体中心建设非常有必要，而且很及时。

二、聚焦用户中心的长兴模式

访：围绕"引导群众，服务群众"，长兴在县级融媒体中心建设中，具体有哪些探索和实践？

王：大框架搭建好后，我们着力大平台建设，不断探索传统媒体与新兴媒体融合的最佳模式，围绕科学建设"中央厨房"这根主轴，服务中心、做精内容、开展活动、抢占市场，重构新时代新闻舆论公信力、引导力、传播力和影响力。

第一，围绕中心服务大局，扎扎实实传播好党的声音。毕竟中央的声音站在天安门，要看基层，要看田埂，上面发出一个宏观理论政策，下面就要落实，谁来落实，就是县委县政府来落实。长兴传媒集团拥有广播、电视、报纸、杂志、网站、客户端、微信、微博等多种传播平台，传播形态也丰富多元。但不管传播载体形态如何演变、如何多元，媒体融合坚持党媒性质不会改变。我们在构建媒体融合发展格局的过程中，始终坚持党媒属性不动摇，保证媒体融合沿着正确的政治方向前进和发展。我们不断解读县委、县政府的政策，并取得成效。

比如，2020 年初新冠肺炎疫情发生后，长兴传媒集团充分发挥融媒体优势，及时传递中央和各级党委政府权威声音，在疫情防控与经济社会发展"两手都要硬，两战都要赢"的实践中彰显媒体融合的"新闻力量"。这种强信心、暖人心、聚民心的实践做法也得到了上级重点关注。一是 2020 年 3 月 6 日，中宣部《宣传工作》简报第 10 期刊载了《浙江长兴县融媒体中心助力"双胜利"》一文，对长兴台疫情期间宣传成效给予了高度肯定。二是 3 月 10 日，人民网、央视网、新华网三家央媒先后发表报道，对长兴传媒集团"掌心长兴"客户端多项便民服务应用、系列微广播剧《逆行的你》和《又见工友》，以及《云帮扶》战疫助农公益活动融合直播给予肯定。3 月 11 日，光明日报客户端再次点赞长兴传媒集团创作系列微广播剧，为战"疫"斗争注入强大精神动力的宣传做法。3 月 17 日，光明日报内版头条刊发再次报道长兴传媒集团在疫情防控中的典型案例。三是国家广电总局发展研究中心"国家广电智库"微信公众号在 2020 年 2 月、3 月连续两次报道长兴防"疫"战"疫"典型做法，内容分别为"长兴广电：开启智慧加持，充分发挥科技助力"和"'疫去春来'这个县台战'疫'助农'云帮扶'，真棒！"四是 2 月 5 日中国新闻出版广电网，以及 2 月 6 日中国新闻出版广电报头版刊发了《浙江长兴传媒集团 县级融媒也是精兵劲旅》，对疫情期间长兴传媒疫情防控阻击战进行了全面报道。

第二，有建设性地开展舆论监督，着力提升主流媒体传播引领公信力。为落实舆论监督工作，我们有三个载体。一是直击问政，上线的全部是乡镇党委书记跟局长一把手，问政的都是评议代表，点评的都是我们特约评论员和省内专家，县委书记、县长都是轮流在场的，我们通过广播、电视、新媒体同步来做。二是舆论监督，对长兴县做得不够好的地方进行曝光，或对有争议的事件加以引导。比如，2020 年疫情期间，集团推出的一篇微信文章《医生订餐被拒！肯德基：医院的外卖都不送》引发全城热议，不同的观点碰撞，最终显现的是在面对疫情时的坚持、坚韧和大爱，众多商家主动打来电话表示要为一线医护人员送物资，形成了一波新舆情。1 月 31 日，集团趁势策划启动《送给亲人》公益活动，每天组织爱心商家、志愿人士制作爱心夜宵，送到长兴医护人员以及各防疫卡点执勤人员手中，为防疫一线的工作人员加油。第一季活动于 4 月 8 日结束，累计开展 75 期，参与的爱心商家有 100 多家，爱心志愿者达 1000 多人次，累计慰问执勤卡点 1500 多个，慰问一线执勤人员 5000 余人，送出爱心商品 2 万件以上，总金额 60 多万元。三是不定期承包一些内参。长兴当然也有自媒体，但是没有声音能够盖过长兴传媒集团。"水土流失"和"滑坡"，最大的危机就是自媒体盖过了当地主流媒体的声音，但我们没有，长兴的主流声音来自长兴传媒集团，而不是来自社会上杂七杂八的声音，发挥主流媒体在舆论引导中的作用就是更好地引导群众。

第三，以"抢终端"为抓手，强力扩大新兴矩阵宣传触角传播力。倡导移动优先战略，建立立体多样、融合发展的现代传播体系，多层次多角度打造新媒体宣传矩阵。一是两微一端影响日益提升。自运营微信、微博和代运营乡镇部门微信、微博组成两微宣传矩阵，自主研发掌心长兴 APP3.0 版于 2019 年 4 月正式上线，一年来，我们在移动端的用户已快速突破 160 万，其中，掌心长兴 APP 粉丝量 28 万 +，两微宣传矩阵中掌心长兴、长兴发布等四个大号的用户达 58 万 +，掌心长兴抖音号上线运营 3 个月，粉丝达 62 万 +，点击量过亿，单条视频最高阅读量近 5000 万。二是移动直播精彩纷呈。成立新媒体直播团队，充分运用 4G 传输、流媒体传输、移动直播、无人机采集、全景拍摄等最新的信息传播技术，实现内容从可读到可视、从静态到动态、从一维到多维的多媒体化展示形式，积极探索新技术新媒体下的传播新形态，深化用户互动，已从每年开展直播 40 多场增加到 400 多场。2016 年，大型全媒体融合式直播《铁军红流》先后获得全国党员教育电视片观摩交流活动一等奖、浙江省新闻奖新媒体二等奖以及第五届"全国市县电视台推优展播活动"电视专题党建类一等奖；2020 年，我们的大型全媒体融合式直播《红旗美如画》获得浙江省新闻奖重大主题报道优秀作品奖一等奖。三是 H5、短视频、短音频等融媒体作品反响热烈。自主开发 H5 作品、短视频等新媒体产品，如 2015 年推出《浙江知性女县长隔空喊话河南任性女教师》短视频，阅读总量 3 天内突破 300 万，2017 年倡导保护生态环境主题的 H5 作品"寻水的鱼"阅读量 2 天内超 40 万，受省委组织部委托策划制作的主旋律作品《秸秆漫游记》荣获浙江省新媒体重大主题 H5 大奖。2020 年疫情期间，策划推出 H5 作品《让党旗高高飘扬》，利用地图定位的功能，让防疫一线工作人员上传现场照片和宣言，每上传一张照片就可以在地图上产生一个红旗，浏览量超 5 万，共收集一线照片 2000 余张；推出《我是党员我先上》浏览量超过 10 万。策划推出 14 集系列微广播剧《逆行的你》，5 集系列微广播剧《又见工友》，其中有 7 集被学习强国平台录用，被中国微广播剧公号征用，并将遵照国家广播电视总局指示，提供给湖北广电各频道播出。2020 年 2—5 月，我们在"掌心长兴"抖音号共发布 810 条短视频，获赞 1745.8 万，浏览量高于 1000 万以上的有 14 条。此外，还有 MV、VLOG、全景 VR 等多种融媒样态产品。

第四，以"媒体＋"为突破，全力释放媒体融合衍生项目影响力。立足自身媒体优势，在融合转型时通盘考虑，释放"一加一大于二"的成效，使集团媒体融合从单一的新闻宣传向集团整体同步融合迈进。一是量身定制，实行"媒体＋活动＋服务"战略。全力实施活动和营销高度融合的方法，对龙之梦项目、吕山湖羊美食文化节等大客户实行全方位服务，去年为乡镇、部门、企业量身打造各类活动 300 多场，并将本土活动与新浪微博、今日头条、《人民日报》等大网媒合作，扩大影响。二是跨界合作，实行"媒体＋互联网＋项目"模式。实施业态混合运营，先后推出"媒体＋会展""媒体＋金融""媒体＋车险""媒体＋教育"等项目。按照搭平台、输模式的理念，与河北、河南等地的 50 多家媒体达成融合模式、运营项目、技术平台等方面的对外输出合作。三是产业发展，开拓媒体 IP 化品牌优势，研发新产业构筑新营销。2020 年年初，集团以融合资源环境为核心，成立了融媒体资源运营平台，对媒体内容生产以及平台传播资源进行统一聚合，并不断延展产业链；成立了信息智慧产业运营平台，进一步优化集团旗下网络、科技、慧源等公司经营结构，全力发展智慧信息产业。

三、县级融媒体中心建设的"三座大山"

访：对于很多县域来说，一方面建设融媒体中心是一个势在必行的事，另一方面在体质机制上又会遇到很多阻碍。就您的经验来看，应该如何解决县级融媒体中心建设的体质机制问题，长兴融媒体中心在发展过程中有没有遇到什么困难？

王：2018年9月，中宣部在长兴县召开县级融媒体中心建设现场推进会，会后留了足足45分钟给现场提问，提问最多就是体制机制问题。对于很多地方县市来说，体制机制很难破。我觉得这个问题还不完全是一个台长、社长或者融媒体中心主任所能破的，是需要当地的县委书记、区委书记、市委书记来给政策。只有行政力量的支持，才能够确保县级融媒体中心建设往前走，否则是推不动的。

对长兴传媒集团来讲，从建设融媒体中心到现在10年来，也充分感受到盈利模式画风日变、政策资金扶持瓶颈、人才流失短缺、技术支撑失衡、版权保护落地难等所带来的困惑。第一个是资金压力，我们是负债经营的。我们搬过三次家了，从以前的广播站搬到新台，再从新台搬到新大楼，每次搬家、每次造大楼都是自己筹钱。办公楼建设、设备投入改造、网络工程等加在一起，我们负债大概3.4个亿，然后还有将近6000万元的一个应付款，也就是4个亿。所以碰到最大的问题就是资金压力。当然一方面是有负债，另一方面我们有营收，比如2017年2.09亿元，2018年2.28亿元，2019年2.51亿元，有现金流进来，但这个现金流还不足以把负债平衡掉。所以我们等于是每年都在借新账还旧账。资金压力对一个已经发展到一定程度的地方政府或单位，都是最大的困难。

第二个就是人才问题。我们到复旦大学、中国传媒大学、武汉大学、兰州大学等地方都进行过校园招聘，最后来自名校的人才留下来的不多，目前武汉大学还有一个。对这些名校毕业生来讲，第一志向是北上广深，再不济也要到省级，然后实在糟糕一点到地级，不太会到一个县级媒体来。在他们眼里，县级融媒体中心的平台太小。事实上他们这个想法一点都没错，跟《人民日报》相比，就是非常小的。我们和《人民日报》也经常沟通，他们团队也都是90后，要么是北大清华的，要么是人大中传的。我们的员工也是大学生，但是一般都是二本，有些是三本，也就是说生源我们跟人家是没法比的。生源按照目前标准评判，就是人才的一个基本标准，所以我们人才压力大，县级融媒体中心招不到一流人才。长兴传媒集团这些年的发展，我们更多是内部自我培养培训。我自己也是从最基层做起，我之前当老师，教了7年书，1994年全县范围内招聘，我以第一名考进来，我进来之后27年没离开过集团。从一个最基本的节目主持人开始做起，后来做编导、做导演、做大型活动策划制作，再后来主管新闻宣传，现在担任总编辑，我对这个很熟悉。我跟团队说，其实从一个门外汉进来5年打底，也就是1万个小时工作制。这1万个小时就能够让你从门外汉开始登堂了，然后再花5年，当然前提是你一定要用心，摸到门路。之后再花5年，你再用心，就可以变成一个在你本行业当中的老手，那就15年。24岁大学毕业，15年后，算他40岁，应该人生最顶尖的阶段。再过5年，你应该是在这个行业得心应手了。我做了25年下来，按说像我这样的管理层，66年的年龄都已经偏老了，但我总是跟团队说，搞新媒体、搞新闻的人，年龄可以老，心态不能老，要有颗年轻的心。我们也许比不过211、985，这你得认，我真的特别认。但是你只要努力，当人家在做的时候，你比人家多花一倍的时间跟精力投进去，你同样能够有成果。我觉得这几年下来，我们就是这么做的。当很多地方在放弃的时候，我们没放弃。当很多地方觉得反正县级单位朝九晚五，就相当于把自己等同一个机关单位，等同一个普通事业单位，过一些很安稳、很舒适、很安逸的日子。我们没有这么做，我不断在折腾团队，在蹂躏团队，带着团队走。你会发觉过了几年之后，它的变化一点点地出来了，你可能瞬间感受不到，但是以五年做一个时间单位，回过头来看，就不一样了。我们现在回过头来看，长兴传媒集团之所以能够出现今天的融合之变，是不断探索和实践的结果。

　　第三个就是技术困难。对我们县级融媒体中心来讲，最大的技术困难不是来自传统的广电技术或者报纸技术，而是来自移动互联网技术，这是我们的短板和软肋。《人民日报》一下子投入了很多资金成立科技公司可以做超大豪华的中央厨房，做很多新产品，包括浙报集团也是这样。我们虽然也有自己的技术团队，但是远远不够。我们在县级媒体当中这一步走得还算早的，我们自己研发的一些新媒体产品也成为一定区域范围中的现象级产品，在省里面影响力很大。但是跟《人民日报》的军装照、民国照，跟新华社的国家相册或者央视推出的一些东西比，就不在一个量级了。最基础的技术支撑，是县级融媒体中心缺乏的。我觉得即便我们走到现在，依然很缺乏。

一资金，二人才，三技术，这三块我认为似乎三座大山一样，压在包括我们在内的一些县的头上，但是我们仍在负重前行。近年来，我们在技术研发应用方面做了以下几件事情。一是建成融合平台。量身定制，设计建设"融媒眼"智慧系统，实现指挥端、电脑端和移动端三端融合，打破了电视、报纸、广播、新媒体原来的块状生产模式，形成以平台为中心的网状联合、信息共享、产品各异的生产模式。该系统先后荣获2018年第二届十大创新案例、2017—2018年度全国十佳融媒体，以及2019年国家广播电视总局评定的优秀成长型媒体融合项目案例等多项荣誉。并实现软硬件整体输出至延安市安塞区，目前已顺利建成。二是研发新型设备。鼓励传统技术转型，2017年自主研发的轻便式采编录播一体"易直播"设备常态化投入实战应用，哪里有新闻，就能第一时间到现场开展移动直播活动。三是研发高频应用。自主研发"掌心长兴"客户端，除接入本地政务应用外，重点研发民生服务应用达20余项。疫情期间，先后上线"口罩地图"和"口罩实名购买系统"等应用，实时更新全县药店的口罩储备情况，通过现代智慧技术手段协助政府科学管理口罩发放，解决了市民重复购买抢购屯货的问题。此外，还通过自主技术研发，开通了掌心生鲜线上农产品销售平台、文明诚信档案系统、文化礼堂系统等平台的建设，进一步充实了APP内容，提高了APP的可用性。四是提升智慧服务。围绕"优政、强企、惠民"目标，打造智慧长兴"1个核心平台 +5个协同平台"的云平台。成功构建县、乡两级协同的基层治理综合信息、工业企业亩均效益大数据、智慧档案、公安治安监控、"掌心长兴"APP服务、综合应急指挥、警保合作、智慧交通、智慧环卫等20多个综合性信息化服务平台，基本完成城乡协同治理、智慧政务服务、智慧民生服务、应急指挥决策、产业经济服务五大协同平台建设，初步实现了"党政主导、公众参与、社会协同、上下联动、统建共享"的基层社会治理新格局，极大提升了政府社会治理能力、强企惠民服务能力。

访：目前县级融媒体中心与省级广电系和报业系统之间有什么关系，这两个机构对县级媒体建设会产生哪些影响？

王：我们和省级媒体的合作，历来都很好。一方面我们的外宣需要向央媒、省媒发稿；另一方面他们也希望在县级媒体中占据一定的渠道。浙江报业和浙江广电对我们来说，都是"大哥"，浙江省还有第三家机构就是浙江出版联合集团，只是相对来说，它不是偏新闻的，是偏出版的。在浙江还有个现象跟其他地方有点不一样，浙江广电、浙江报业两家新闻机构没在与基层争夺。至少在长兴我是没看到他们要把触角伸到下面，一定要去下面跑马圈地。这跟这两家本身的实力有很大关系，浙江报业强在用资本来壮大传媒，浙江广电强在已经跻身为国内一线卫视了，资金比较雄厚，浙江广电集团70%的营收来自浙江卫视，其他的地面频道在这方面都是相对较弱的。所以正因为他们的发展都比较好，自身实力很强，至少目前为止没有干涉县级媒体。没有很在意要去榨小兄弟的钱。之前，可能和习近平总书记有关县级融媒体的讲话有关，广电集团想把他们的技术平台中国蓝推到县级媒体中。在2003年年底，整顿全国县级报刊的时候，浙报集团收购了九家县级媒体。这九家全部并入浙江报业集团的子公司，叫九星传媒。2014年与《义乌商报》开展战略合作，即"9＋1"计划。

2016年，我们和浙报集团的协议框架都签好了，他们社长跟我们县委书记签，然后他们浙报传媒的副总来跟我们集团党委书记董事长签，本来要把长兴变成9＋1，双方注资2000万元，我们出1200万元，控股60%，对方出800万元，占40%股。后来因为各种原因，没能继续往前推。浙江报业不是没动这个心思。它在全省范围选一些优质的客户在做，一旦做，就是大手笔，要进行战略注资。相对来讲，我觉得省媒和县媒的合作也要根据当地的实际情况来定。湖北的情况我就觉得很清晰，湖北云，咣当一下子全湖北所有的县都用这个云平台。我觉得每个地方都有不一样的特色，县级融媒体中心建设要尊重历史、尊重事实，湖北有湖北的特色，天津有天津的特色，北京有北京的特色，不能用一种模式来替换所有东西。

四、兼顾软硬实力，实现健康成长

访：当前，各省各县都在探索融媒体的发展模式，各处开花，似乎有"迷人眼"之势，您觉得未来融媒体的发展趋势是怎样的？

王：2018 年 8 月 21 日，习近平总书记在全国宣传思想工作会议上提出，要扎实抓好县级融媒体中心建设，更好引导群众、服务群众。随后，全国现场会一开，大家就纷纷启动了。毫无疑问，意识跟欲望与之前相比，呈现几何级增长。但是县级融媒体中心到底该如何建设？很多地方是蒙在鼓里的，一头雾水。我发现很多地方到我们这来交流，根本就还没做好准备，被动地仓促上马。其实就像一个人成长，速成肯定不行。人的成长跟种小菜种稻谷一样，得尊重自然规律。我们十年下来，一方面在自我加压，我们折腾、蹂躏、顽强地生长，另一方面也在脚踏实地地做事情，这十年的发展不是浓缩在一年当中完工的。

但从另一方面来说，领导重视肯定是好事情。以前县级媒体被边缘化了，现在领导在关注这个事儿，自然要把这个工作做好，未来应该能够有序发展。我觉得需要在软硬两方面同时具备：硬的就是技术支撑，软的就是管理体系、团队建设、体制机制、文化、内容这几方面，有的时候文化软实力反倒要超过硬实力。在软硬实力同时兼备的情况下，县级融媒体中心才能够健康成长，只占一头都不行。比如，财政拨款 2000 万元对融媒体技术进行投入，资金有了，但没有一个团队去运营，也没有一套体制和管理模式，没有人来做，也是徒劳的。有什么用？时间长了设备很快折旧了，科技进步、技术变化太快了，三年以后可能就是另一番天地了。这个是目前最大的担心，千万不要盲目地进行县级融媒体中心建设，否则十年以后再来看，可能又变成当下的县级电视台、县级广播电台、县级报社，这并不是中央精神。中央提出来扎实抓好县级融媒体中心，"更好地引导群众，服务群众"，可不是希望热闹一阵子，然后又荒芜了。

长兴传媒集团关于融媒体中心建设的下步规划，则是以全力全面打造全国一流区域互联网信息服务提供商为目标，以"改革创新"为工作总抓手，致力于服务创新、业态创新和体制机制创新，继续保持县级融媒体中心建设领先地位，写好长兴媒体融合发展"后半篇文章"。

具体包括三个方面。一是整合集约，夯实融媒建设的基础性工程。在坚持党管媒体原则下，加强内容建设，创新传播方式，强化宣传效果，巩固壮大党在基层的主流思想舆论阵地。顺应浙江省县级融媒体中心建设发展需要和新闻舆论工作新的发展潮流，搭建综合服务平台，融通建设"两中心一平台"（县级融媒体中心、新时代文明实践中心、"学习强国"学习平台），实现立体化"宣传大格局"，充分发挥媒体融合发展在创新社会治理中的重要作用。同时深耕下沉市场，提升技术能力，做足应用开发，集聚社区信息资源，服务本地，打造本地生活圈。二是优化生态，推进融媒机制的纵深化改革。继续实施移动优先战略，推进融媒机构重组，不断完善以移动端为排头兵的生产传播链条。同时整合媒体资源与产业运营，实现内容平台与营销平台真正的共融共通，牢牢把握集团作为县级融媒体中心样本的优势，积极寻找轻资产运作项目，目前正筹备搭建全国融媒体中心产业联盟基地，打造媒体融合生态圈。此外，做好融媒人才结构固本升级，打造人员生态机制，力争员工年优化率达到5%以上。三是产业重塑，拓展融媒发展的智能新业态。做大信息智慧产业，依托12000路治安监控、20000多路社会监控、车辆结构化、人脸结构化、AI分析等应用，全面建成长兴传媒新的业务城域网——智能监控专网，在此基础上拓展业务，力争成为县域内基础信息网络。依托"长兴云"和CIG平台数据资源，在保证数据安全性的基础上，整合雪亮工程的视频资源，到2020年底，力争为50个以上政府投资信息化项目提供云服务，为30个以上市场化运作的项目提供入云服务。同时推进技术研发移动化，不断壮大高层次人才队伍，积极争取参与5G建设和运维，引领媒体融合走上快车道。

访：软实力的建设可能需要很长时间，而且不同地区的经济、文化实力也有所差别，对于这种情况，您觉得该如何解决？

王：这种情况肯定会存在，比如东西部的差异。我觉得可以互通有无，进行模式的输出、培训、培养。一是长兴模式是可以往外输出的，可以复制。现在很多媒体过来希望长兴传媒集团牵头成立一个联盟，然后大家共同来做，这是一种模式。第二种模式就是我们的培养，2019年我们成立"融媒学院"，以开办媒体融合专题培训班的形式，帮助一些弱势的县市区来培养团队。到年底，共举办培训班 27 场次，培训 1700 多人。同时也以"融媒学院"为平台，向外输出"长兴模式"，与全国各地 50 多家单位达成跨区域合作，内容涵盖模式输出、集成技术、形象包装等多个方面，其中，融媒眼智慧系统整体输出陕西安塞，签约 807 万元。目前，上海松江区、吉林梅河口、河南滑县、浙江三门等多个地区已经按照长兴模式在孵化。我们是连方案带建设都给他们，帮助培养他们的团队。目前很多模式还处在摸索状态，我们有一个收费标准，分 A 套餐、B 套餐、C 套餐。我们最大的模式输出，就是我们整个的运作模式、管理体系、薪酬体系、考核体系、团队建设、文化建设、内容策划、创意，就是基于内容来运作的整套东西，正是很多地方所欠缺的。

访谈时间：初访于 2018 年 10 月 31 日，补访于 2020 年 7 月 6 日

第二节　打造具有地方特色和效用的网上综合体
——访原仁寿县融媒体中心主任李伦

"融媒体不仅是媒体，还是一个聚合地方的宣传、政务服务、基层治理等方面的超级聚合的大平台。虽然仁寿县融媒体中心现有的媒体平台包括仁寿县广播电视台、"大美仁寿"APP、"大美仁寿"微信公众号、"乐活仁寿"微博等，但目前融媒体中心的核心阵地是"大美仁寿"APP，这是我们的网上综合体。只有建设仁寿县自主的可控平台，才能在互联网上巩固壮大主流意识形态阵地，掌握新闻舆论工作的主导权。"

——李伦

一、转变理念，打造特色平台

访谈者：仁寿县在媒体融合建设的探索中，共经历了哪些阶段？为什么

会发生这些调整？

李伦：2016 年起，仁寿县将融媒体建设列为县委深化改革重点事项。在试错探索中，仁寿县媒体融合经历了从 1.0 到 5.0 的发展阶段，它体现了我们抓的重点，也体现了我们在里面的思考。

1.0 阶段。2017 年左右，县委宣传部整合县属媒体，将原来分属《眉山日报》仁寿版、广播电视台、宣传部的各类资源整合，停办报纸和同质性较高的微信公众号，上线"视听仁寿"APP，最终形成 6 个媒体平台，囊括"端、微、网、台"。当时我们认为融媒体就是把原来的媒体简单地相加，所以把原来的 11 个媒体整合成了 6 个。后来总结的时候才发现它就是加媒体，把媒体简单加在一起。

2.0 阶段。2018 年，在原有的 APP 上增加了政务、民生服务等内容，同时搭建有奖爆料舆论场，管理自媒体社交群，主导当地新媒体联盟。但"视听仁寿"APP 用户增长至 4 万便停滞不前了，是因为我们在实际工作中把自己当成了媒体人，总想着努力建好我们的 APP 从而干掉其他单位的 APP，无形中我们和其他单位的政务新媒体就互为敌对关系，用户数量自然就停滞不前了。

3.0 阶段。2018 年底，仁寿县融媒体中心对外宣称挂牌，同时将陷入瓶颈的"视听仁寿"APP 下架，重新打造网上综合体"大美仁寿"APP，开通"仁寿号"，吸引机构、个人入驻，用户在半年内增至 40 万。此时，我们的理念发生了很大的变化，网上仁寿应该是一个大的仁寿，是一个人人都喜爱的仁寿；应该是以仁寿作为我们网上的一个家，来加所有的人、所有的机构、所有的事情。因此，除了融媒体中心在里面可以发信息，发稿子，全县的各个部门都可以在里面发信息。

4.0 阶段。2019 年，仁寿县融媒体中心正式挂牌，在不断增加服务功能的同时，在"大美仁寿"APP 中新增问答、聚聚、曝光台、文明实践、清廉仁寿、智慧党建、农民工之家等栏目，推动了党宣阵地、政务服务、市场产业等多方面生长。这是一个升华的阶段，我们达到了"统领全县、统筹各方、统一思想"的目的，所以我们也取名为"仁寿统"。

5.0 阶段。按照"融媒并联、一端全通"的理念，通过技术手段与省内外县、市进行跨县、市的融媒并联，不同属地的 APP 之间可自由切换，实现了资源共享和信息流通，扩大了本地市场。这个设计的初衷，就是一个 APP 可以满足用户在不同地区浏览当地新闻和信息的需求，所以 5.0 版本就是并联加，我们通过并联的方式，利用定位功能实现资源的共享。

访：可以具体谈一下仁寿县融媒体中心建设过程中的独特之处吗？

李： 融媒体不仅是媒体，还是一个聚合地方的宣传、政务服务、基层治理等方面的超级聚合的大平台。虽然仁寿县融媒体中心现有的媒体平台包括仁寿县广播电视台、"大美仁寿"APP、"大美仁寿"微信公众号、"乐活仁寿"微博等，但目前融媒体中心的核心阵地是"大美仁寿"APP，这是我们的网上综合体。只有建设仁寿县自主的可控平台，才能在互联网上巩固壮大主流意识形态阵地，掌握新闻舆论工作的主导权。

首先，这是一个通过规制信息流鼓励人人发声的平台。"大美仁寿"学习了"今日头条"等内容分发平台的模式，吸引县内的机构、用户注册"仁寿号"，提供了相对自由的内容发布和意见聚合的平台。要求能在网上呈现的政府事项必须及时发布；鼓励社会组织、企业、商家发布活动信息；允许所有的人在平台上发布信息、交流互动，尽力囊括当地的政务要闻和民生琐事。客观上解决了县级媒体产能不足的问题，动员社会力量"为我所用"，提高了生产效率。

平台所有者，仁寿县融媒体中心则制定规则，对平台上的信息和信息主体实行统一管理。首先，会对注册用户的官方性和真实性进行认证，加 V 用户享有更高的权威性；其次，服务部的工作人员实行"三班倒"，24 小时不间断地监管、调整平台上的内容，"加精"、置顶质量较高的信息，移除违法有害信息，通过技术和人工的双重操作规制了平台上的信息流。

其次，这是一个通过培育多种业态开拓商业模式的平台。"大美仁寿"借助用户和数据优势，逐步向新的领域，包括传统行业以及传统公共服务业渗透。主要是将线下的和被商业平台把持的业态以创新和超越的方式移植到 APP 中，嵌入社会生活的方方面面。以购物为例，在新冠肺炎疫情期间，"大美仁寿"创造性地开通了"无接触购物"服务，合理配置资源，将商家、买家、骑手等参与市场交易的主体联结起来。每日订单在 2300 单左右，反响良好。

此外，为了扶持民营资本，培育社会力量，"大美仁寿"一反商业平台垄断的经济逻辑，承办广告营销业务时会组织联合县内自媒体，根据流量给予分成。

再次，这是一个通过加强双向沟通嵌入基层治理的平台。基层治理是仁寿县融媒体中心在顶层设计时就包含的应有之义，在具体实践中主要通过新闻、办事、问答、爆料等功能实现。新闻功能指汇聚所有政务新媒体在"大美仁寿"APP上进行集中宣传的、直达县域内媒体的所有新闻产品。办事功能则指实现一站式政务服务和全方位生活信息服务。"大美仁寿"APP开通申报审批、注册办证、社保办理等政务服务和水、电、气、医、行、旅等全方位生活信息服务。问答功能则主要提供民生方面的咨询服务，普通群众可以在平台上提问，有关部门则负责释疑解惑。爆料功能实现投诉受理、问题解决、建议直达。群众可以将六个方面的问题在平台上披露，并获得一定的奖金。各部门对问答、爆料事项的完成情况直接与每年宣传部对其评定的意识形态落实责任制分数挂钩。

以上功能在三个方面对基层治理发挥独特的作用：第一，提升了基层政务的透明度，政务机构可以以一种更贴近群众喜好的方式提供新闻和信息；第二，提高基层政务的回应性，管理者能够更精准地直面群众的个性化需求，提供相应服务；第三，促进基层部门的协同能力和问题解决能力。

最后，这是一个通过自下而上创新跨越区域并联的平台。仁寿县融媒体中心突破了地域的限制，积极开展跨县、市的合作。比如与省内外的县、市统一技术标准，实现"融媒并联"，根据平台特色互相输送优质内容，共享信息资源，互为流量导入口，在内容、渠道、运营、盈利模式等各个层面实现共建、共享和共赢的融合发展。

并联以后产生的商业收益用以支付各县的技术维护费，解决融媒体中心的造血问题。并联之后的数据则汇总上传至省里，方便从省一级层面规划和部署县级融媒体建设，加强省对县、市新闻舆论工作的集中把控和管理，确保主流声音下达到基层，基层声音唱响在全国。并联织网的模式遵循的是建构路径，充分考虑到基层的需求，允许各县有一定的自主发挥空间，对既定规则进行个性化的改写和创新。

二、深化改革，轻装前进

访：我们在调研中发现，改革是许多县级融媒体中心建设不可避免的环节，仁寿是如何进行的呢？

李：2018 年 11 月 14 日，习近平总书记在中央全面深化改革委员会员第五次会议时指出，要深化机构、人事、财政、薪酬等方面改革。这相当于给了我们一把尚方宝剑，使我们在建设过程中轻装前进。

组织架构方面，由县委宣传部部长担任仁寿县融媒体中心主任，以原来的广播电视台为主体，吸纳了宣传部一些负责新闻宣传和网信的工作人员，挂牌后对组织架构进行了调整，使其能适应新的工作流程和生产效能。调整后的部门主要包括总编室、新闻部、技术部、经营部、服务部、党建办和人力财务部，形成新闻宣传、政务服务、经营创收三大系统统一运行、互助发展的总体管理架构。资源整合后，宣传部下属的新媒体平台有的停办，有的交由电视台运营；政务新媒体每个部门在 1 个平台上只能开设 1 个；采取"关停并转"的方式，将无互动、无服务的僵尸号，以及粉丝量低于 200 的政务新媒体账号全部关停，"大美仁寿"成为全县唯一的综合信息平台。

平台运营方面，仁寿县融媒体中心借助合作公司成都益达搭建的技术系统，在平台运营方面实现了新闻生产流程的技术再造，主要分为策、采、编、审四个环节。打通了新旧媒体之间的生产隔阂，以扁平化的组织架构为保障，以"一次采集、多种发布"的流程为轴心，通过统一调配记者、共享素材资源、分平台编辑、县域媒体联合发声等工作机制，促进流程顺畅和高效联动，实现人力、物力、财力资源的统筹协调，探索出适应新的技术特征和工作需求的融媒体报道模式。

经营管理方面，主要通过设立国资公司龙悦传媒来负责融媒体中心的经营创收。龙悦传媒主要处理融媒体中心对外业务的承接、洽谈和监管，具体落实则交由负责内容生产的新闻部。既坚持正确导向，保证了采编业务的相对独立性，又激活产业发展的活力，实现了"专业人做专业事"。此外，龙悦传媒还与融媒体中心的技术合作方、大数据技术服务公司成都益达有限公司成立了合资公司聚民科技，并控股了当地最大的自媒体所属公司横溢科技。利用自身内容优势灵活地参与市场，释放媒体融合衍生项目的活力和影响力，在经营管理模式和发展路径上不断创新，推动经营发展方式转型升级。2019 年，融媒体中心收入超过 1800 万元，是 2018 年的 6 倍。

人才管理方面，仁寿县融媒体中心按照"人员能进能出、干部能上能下""队伍精简高效、阵地可管可控""绩效动态考核、薪酬能多能少"的原则实行配套的制度改革。仁寿县融媒体中心制定了全新的薪酬分配和绩效考评制度，薪酬分配制度以工作业绩为主要依据，同工同酬，在逐步缩小编制内外员工的收入差距的同时，适当拉开绩效薪酬分配档次，调动员工积极性。目前，仁寿县融媒体中心编制共有 70 个左右，其余均为临聘制，财政每年按照全额拨款的方式认领 100 个人的工资和绩效，其余均从中心营收中支出。此外，仁寿县融媒体中心还创造性地设立了"补差工资"，如果达到了一定的工作年限，可以先将基本工资按照补差的方式发放一次，其他的绩效考核则按照统一的标准来进行。

三、总结经验，发现问题

访：仁寿县进行融媒体中心建设的过程中，有哪些体会、心得可以分享的吗？

李：我们是先做的融媒体中心建设，然后进行的机构改革。鉴于这一建设过程，仁寿县创新提出由县委常委宣传部长来兼任融媒体中心主任的做法。在建设过程中的四点体会，也加深了我们对中央一些精神的理解。

第一，融媒体不仅是媒体，也是一个聚合地方宣传、政务服务、基层治理等方面的超级聚合的大平台。如果按照以前的方式由电视台台长兼任融媒体中心主任，他是无法协调各方面关系的。所以为了真正推动融媒体建设，发挥其作用，我们采取了由常委宣传部长来兼任融媒体中心主任的做法。

第二，我们融媒体中心就是要达到聚民心的作用。但是怎么聚民心呢？后来我们想明白了，聚民心首先要聚人气。

第三，受众在哪里，我们的宣传要做到哪里。互联网是没有边际的，必须把老百姓聚在一起来做宣传，我们才能达到效果。

第四，主力军要进入主阵地。什么是主力军呢？刚开始我们对主力军的理解比较狭隘，认为主力军就是我们负责宣传的人。后来发现主力军应该包含四方面的人，一是做宣传的人、宣传文化系统的人、融媒体中心的人；二是党员领导干部，他们既是党员又是领导，水平高一点，如果参与融媒体方面的宣传，产生的效果肯定不一样；三是所有体制内的人，他们都是党的领导干部；四是愿意参与全县宣传的自媒体人。主阵地要如何理解呢？主阵地、主战场应该是我们主导的阵地、主导的战场。如果是别人主导的就只能打败仗。像今日头条，我认为它是别人的品牌。所以我们明白建融媒体平台一定要把 APP 建好，这就是我们主导的战场，要把全县人都吸附到这个平台上来做宣传工作。

访：多年的融媒体中心建设过程中，您觉得主要存在哪些问题呢？或者分享一些您在实践中的思考。

李：仁寿县融媒体中心一直致力于打造线上综合体，形成了自己的特色，但在实际建设中仍存在一些问题。

当前融媒体中心面临的最主要问题是工作量过大，自身的力量难以支撑。在平台不断上线新功能、开拓新业态的背景下，为实现政务服务功能，融媒体中心要和全县的部门、乡镇沟通，帮助统一信息端口，办理数据迁移。其中牵涉到的数据较为庞大，有些涉及国家信息安全、公民个人隐私和财产安全等问题，融媒体中心有限的人力资源难以支撑数据运行的稳定性和安全性。此外，作为受县委宣传部管理的事业单位，在统合全县部门、指导政务新媒体工作的时候也面临着因行政级别和权限导致的身份上的尴尬和为难。

第二大难题就是县级融媒体中心建设，尤其是技术发展缺少整体层面的沟通和规划，也没有统一的标准和规范，各个系统存在彼此不兼容的情况。目前各大技术开发商和提供商仍然处于开发技术、争夺市场份额的阶段，技术的先天壁垒导致一个省、一个市内的不同县融媒体中心无法并联，很难实现对外和向上的技术对接，无法真正形成横纵联通的媒体通路。

现阶段，和其他基层单位一样面临着人才流失的问题。所以，仁寿县融媒体中心对编制的认定还是较为严格的，多余的编制就给那种以后在我们这里工作五六年并且干得非常好、愿意留下来的员工。拿来解决他的待遇、身份问题，我们更愿意帮这样的人解决后顾之忧。

在经营方面，目前"大美仁寿"只做了"冰山一角"，还有许多功能如金融、娱乐、医疗等亟待开发。我们一方面可以搬运其他平台上的商业模式，另一方面可以进行创新，在我们的平台上进行改良，让它长出不一样的果实，"大美仁寿"APP是一个无限生长、万物增长的平台。

访谈时间：2020 年 2 月 20 日

第三节　县级党政事务和服务的融合试点
——访农安县县委宣传部部长徐志成

"无论是中央厨房还是融媒体中心，更主要的其实不是做一个平台，而是对已经失去阵地的重新占领。随着互联网的发展，媒体环境，人的信息接收习惯发生了巨大的变化，传统媒体对老百姓思想的影响越来越弱化。现在老百姓看新闻的很少，其实看了也不信。"

——徐志成

一、县委宣传部要掌握主导权

访谈者：目前农安县县级融媒体中心的工作模式是怎样的？

徐志成： 农安县县级融媒体中心目前有网站、官方微信微博、农安之声APP、农安发布的头条号，基本涵盖了政府网站、社交媒体、聚合类信息流产品等不同新媒体类型。这些新媒体主要由互联网信息中心（以下简称网信中心）和县委宣传部负责。其中，县委宣传部主要是来负责统筹协调，网信中心负责具体工作的展开，包括各个新媒体平台的运营。例如，网信中心负责网站、头条号，官方微博微信的运营，主体部门提供相关资料后，网信中心新闻科负责打磨成公众易于接受的新闻语言，而宣传部负责农安之声 APP。

而新闻科主要抓新闻这一块，正面宣传及时到位，负面减压高效有力。农安县是拥有120万人口的大县，舆论导向和新闻传播工作都是需要统筹的。例如，快要进行农业生产的时候，就需要发一些春耕生产的相关知识。同时要管理好各个媒体单位，电视台和网站，把握好导向，把握好节奏，做好正面的宣传，负面上减压。120万人的大县，面积5400平方公里，每天都发生新闻，特别是负面，老百姓的一些诉求，包括各种发展过程中存在的一些问题，要是老百姓通过互联网来向社会发声，或者通过网络渠道进行上访的话，新闻科就要维护舆情稳定，需要沟通、解答、阐释，一个县的新闻科工作量相当大。

为了做好融媒体建设，管好宣传舆论工作，坚守意识形态阵地，人员、渠道、平台、媒体资源必须都由县委宣传部统一管辖。我干工作不是为自己挣口袋，而是为事业积聚人、财、物、平台设备等所有的要素保障。没有要素保障工作很难开展。所以关于县级融媒体的体制机制问题，我认为一个地方党委宣传部要说电视台、网站，包括文化局配合不到位，我认为是不对的。他和你不是一个级别的，那不叫配合，那叫行政命令。我的阵地就要听我的，党的阵地，发布声音，传递信息，答疑解惑，还需要常委部长跟他沟通协调吗？党的声音、党的政策，那是刚性的，是必须传递的，这是政治担当，政治责任所在。所以说我们的网信工作、宣传工作那不是求来的，是必须得做。农安的融媒体之所以推进得这么快，没有任何需要共同协调的地方。我沟通只是对外沟通，跟省市沟通、汇报联络新华系统。在农安县内部不存在沟通传递，无论是网信办还是电视台，你们是做这个事的，就要把具体工作做好。

二、集党政宣传与便民服务为一体

访：农安县是从什么时候开始建设融媒体中心的？当时是出于怎样的原因？

徐：关于融媒体我一直在探索，这些年我一直从事新闻工作，有一些体会和感悟。咱们新闻人，就得不断地学习、不断提升，通过把握事物未来发展的趋势和规律，来调整工作节奏，我认为这是作为干部的一个基本素养。形势发生变化了，环境发生变化了，老办法、老渠道压根适应不了工作节奏。2013年随着移动互联网的发展，必然带来人阅读习惯的改变。原来读书看报是一个主要的获取知识、获取信息的载体，移动互联网兴起之后，人们获取资讯主要来自手机，甚至不是电脑，PC端已经不管用了。为了适应人们阅读习惯发生改变的新形势，作为县委宣传部部长，必须调整工作的节奏和重点，把工作重心转移到移动端，这样才能够更多地凝聚人心、鼓舞士气、占领舆论阵地，所以那个时候我就开始侧重于手机端。

2013年，我们与新华社合作了一个"掌上农安客户端"，凡是下载我们客户端的用户都送东西，因为要想增加应用的黏性、增加用户活跃度，必须让老百姓尝到甜头，所以当时也花了不少钱，当时应该说做得也不错。但是后来客户端在技术上也包括人员上慢慢地呈现下滑的趋势。2016年，我带领团队到了襄阳、武汉、山东平邑等几个县，专门考察学习人家的新媒体建设。回来之后，我直接到电视台，成立了新媒体部，叫了四个年轻的大学生，开始实施"幸福农安公众号"。因为当时电视台的台长由县委宣传部主管新闻的副部长兼任，科长兼任网信中心主任，采用这样的人事安排是为了保证所有的媒体都能够跟县委、县政府保持高度一致。这样就把"幸福农安公众号"做出来了，当时有几万的关注量，成为日常在手机上传递党政声音，发布信息、政策、动态的平台。我们属于试水比较早的。

2018年2月，省委宣传部新闻处请我们三个县宣传部部长，要搞一个试点工作。因为他之前来过农安，对农安的组织框架、运行模式很感兴趣而且高度认同。所以吉林省融媒体中心建设的试点方案是2018年2月下来的。就是要在全省打造一张网，对一个县而言，让我们自己去探索，没有一个固定的模式。因为我很早之前就一直在融媒体方面进行思考和探索了，就把我们原来很多想法变成了实践，也把很多原来我们正在做的加速推进。所以从3月份第二次调度会上，处长问五一能做出来吗，我说没问题。后来我们就做下来，有的点没做下来，搞到六一、七一。现在我们已经完全公众化了，只是还处于适应阶段，没有到一个广泛的发动下载阶段，就只有几千人的下载量，广泛下载要十万才能算。

访：您能具体介绍一下农安之声 APP 的功能和定位吗？

徐： 农安之声的定位一是党务、政务信息发布的平台，二是百姓生产生活的一个便民平台。老百姓在该平台上既可以获取农业、畜牧业生产知识，也可以实现各种生活缴费和网上办事，我们跟政务大厅连接起来，老百姓可以在我们的 APP 上办理执照，足不出户实现费用缴纳，也包括他的日常生产生活的一些方便服务。这样既能为百姓打造一个便民的平台，同时也能增加我们 APP 的黏性。

靠这些增加黏性，最终目的是实现更多的人使用和下载，方便党的声音能够及时传递到群众中去。所以我借便民活动来增加黏性，增加活跃度，让老百姓愿意用、愿意下载，愿意看。他只要愿意看，愿意阅读，这里有很多咱们党的声音需要传递给他，能传递到位。现在基层做新闻宣传工作，就需要牢牢占据老百姓的头脑。如果思想阵地咱们不去占领，别人就去占领了。我们这个平台就是要打造多功能，让愿意玩、愿意热闹的、想学知识的、想方便办事的，全能找到自己所需要的功能和应用。

所以农安之声客户端，是集党务政务、媒体聚焦、便民服务于一体的发布平台。原来我们有两个微信号、微博平台，包括网站和电视台，都是媒体分割的局面，电视台做电视台的，网站做网站的，这属于工作分割，利益分割，需要把这种分割的局面打通，实现融合。我们的农安之声，自己的官方微博微信、电视台、网站全部入驻，我们将其整合在一个框架之下了。

访：除了信息发布方面，目前农安县"融媒体中心"的"融"字是怎么体现的？

徐： 真正的媒体深度融合就是把现在的所有媒体资源整合起来，通过一个大平台去展示。我们还有一个新闻采编平台，相当于中央厨房，中央厨房必须有足够的存储量，我们有数据中心，和中国联通合作的，所有的信息可以存储五年。记者前线采集的信息以及各部门发布新的信息，就是我们的新闻源，采集完信息后，将数据、信息放到云存储空间中，每一个平台根据自己的新闻生产习惯来进行精确的内容抓取，完成采编、制作。以前采编新闻，电视台和网站得派两伙人、两辆车去现场，现在融媒体中心出一次就可以，全采回来。相当于到市场去买菜了，买了很多菜，统一放厨房。每个人都有权限，都可以根据自己的需要，到大数据库中抽取信息，电视台可能需要更多的画面，那就在里面抽取画面，网站不需要太多画面，主要是文字类，那就抽取文字内容。而流程环节就相当于这个菜是怎么个吃法，这个就需要根据媒体自身属性来进行，是愿吃"蒸的"还是"炸的"，自己定。但最后还有一个导向问题，做出来的是"菜"，是融媒体中心指挥范围的事。

访：这个中央厨房是哪个部门在做？

徐： 部里在做，我认为真正的融媒体中心和新闻中央厨房，不应该交给任何一个媒体机构来做，一是他们之间互相沟通协调不到位，二是他们没法站在党委的立场去思考问题。应该由县委宣传部统领全局，把握政治导向，把握宣传节奏，把握政治底线。而电视台的工作人员要考虑的是怎么能做出一个好的新闻产品。

无论是中央厨房还是融媒体中心，更主要的其实不是做一个平台，而是对已经失去阵地的重新占领。随着互联网的发展，媒体环境，人的信息接收习惯发生了巨大的变化，传统媒体对老百姓思想的影响越来越弱化。现在老百姓看新闻的很少，其实看了不信。我们的阵地在削弱，怎么能够有一个上升的势头，需要有一个全媒体能够引导百姓的思想，规范他们的行为，不靠党委宣传部是做不到的。我们需要扭转下滑趋势所带来的群众思想变化，就需要重新打造一个全新的平台和机构。

访：咱们县融媒体中心涉及不同的平台，那人员编制问题是怎么解决的？

徐： 现在人员还没有做到融合，我们还在解决这个问题。我觉得融媒体中心一定要成为一家人，必须有自己的番号，如果都是八国联军，一批一批地上来，没有长期思想和稳定是做不好的。所以我的想法是把它变成一个副局级建制，有 15 和 20 人的编制，有日常的经费，有工资的保障，业务工作场所这是根本。打仗的人如果连部队番号都没有，师出无名，也打不好这场仗。我们初步的组织架构是这样的，县级融媒体中心主任必须由县委宣传部部长担任，同时，县里两个主流媒体——电视台和政府网站——的负责人做中心副主任和主编，电视台和网站这两个分支机构在中心的领导下独立开展融媒体工作，分设网信组组长、电视组组长、广播组组长以及中央厨房负责人，因为编制很紧张，我们也没有设计太多。我们也跟省里申请了，我们不要资金，而是要番号，要编制，要平台。省里对融媒体中心建设也有很大的决心，也很重视，我想很快我们就能解决这个问题。

三、融媒体中心建设要有阵地思维

访：通过调研我们发现，有的县级融媒体中心是靠省里在做，像农安县主要靠自己在做，这是两种不一样的模式。当时农安县选择自己建设融媒体中心的出发点是什么？

徐：融媒体中心如果没有自己的大脑，没有自己的心脏，没有自己的系统，就叫名义上的融媒体中心，不是真正的融媒体中心。假设省里统一做一个"飞鸽舆情互动系统"，发出一个指令，我是总负责人，可以要求所有的工作人员半夜12点爬起来，予以响应。但如果说我只是一个点，一个工作人员或者一个线头，我能半夜12点给别人打电话说，赶紧给最高权限，我要把其他人动员起来处理舆情危机吗？不太现实。对一个县而言，需要保一方舆情稳定，如果没有自己的心脏，没有自己的大脑，没有自己独立的一个操作系统、指挥系统和处置系统，怎么能高效。

我们建设融媒体中心资金压力非常大，花了1400多万元，后期还要建云存储中心。但这件事不是资金不资金的问题，而是认不认可的问题。哪个县投1000万元都很费力，农安也很吃力，但是要想办法去解决。我们和新华社合作，新华社给我们开发的系统，我们并没有花钱。因为新华社要在我们这里做试点。我们和新华社沟通，如果新华社想在基层打出品牌，展示技术优势，农安是最好的选择。一方面，我们明白融媒体是什么；另一方面，我们做事都非常有激情、有干劲、能吃苦。从试点情况来看，我们团队每周六日都没歇过，经常挑灯夜战，两个月就把试点做起来，五个月已经运行很成熟，所有渠道都很畅通。新华社现在一直帮助我们全力打造这个试点。我们也想办法，克服了很多困难。

县级融媒体中心建设，不是做一个媒体，是巩固党在基层阵地的需要，是要引导群众思想的需要。如果单做媒体，不需要我们宣传部费力气，我们考虑的是阵地问题，坚守意识形态阵地，这是关键，所以由县委、县政府亲自抓，它是影响大局的事，如果级别不够，站位不高，是没有办法推进的。如果每个县都做到了，全省不就省心了么，每个省都做到了，全国新闻宣传思想就巩固了，党中央就省心了。作为一个地方党委宣传的负责人，需要有阵地思维，需要底线思维。在农安县，必须让群众听到主流声音，需要有自己的力量、渠道、技术手段守住舆论阵地，这是我们建设县级融媒体中心的出发点。

访谈时间：2018 年 7 月 3 日

第九章

媒体融合理论探索

　　自 20 世纪 70 年代尼葛洛庞帝预见计算机、印刷出版业和广播电视业三者汇聚将产生强大创新活力以来，媒体融合作为传播学领域的流行语，受到学界的广泛关注。学者对这一概念及其形成原因进行多视角诠释，由最初对媒体形态融合技术的猜想，逐渐扩展到对媒体所有权融合的探讨，再到融合文化下对个体行为的分析；与此同时，互联网的超文本技术和交互特征使其具有媒介属性，为技术融合提供可能，网络服务提供商与传媒集团的世纪并购佐证了媒体产业经营正呈现融合形态，网民个体游历于社交媒体进行内容创造也被认为是融合的表现。媒体融合的研究热潮随后延伸至对其概念的抽象解读，不断有学者尝试在媒介的不同维度对媒体融合进行验证，这直接导致了对媒体融合的滥用与误读，亦有观点呼吁应反思媒体融合在研究话语中的复杂性。

　　我国于 2014 年正式提出媒体融合政策，以此作为指导主流媒体转型的重要方针。在此之前，我国媒体机构已实践先行，在技术层面或经营层面进行了不同程度的融合尝试。如何在以互联网为代表的新媒体冲击下、在现有体制内维持自身发展，是我国主流媒体关注多年的问题。在具备技术、市场、制度、文化等融合要素的基础上，我国已探索出以实现主流媒体新媒体化为最终目的的媒体融合发展本土化路径。

　　本章所访谈的学者，既是媒体融合的研究者，也是我国传统媒体改革的亲历者，他们从概念到内涵，从可行性到路径选择，都进行了大量的探讨和争鸣，与融合实践的探索与创新相辅相成。通过对彭兰教授的访谈，能看到学术界从历史维度对媒体融合发展所作出的深入解读；赵子忠教授则从用户角度，探讨技术发展对媒体融合的影响；而宋建武教授通过对传统媒体的长时间观察，认为媒体融合已经是必然与客观的趋势；谢新洲教授更是剖析了媒体融合发展的根本逻辑与进路，直言当下媒体融合发展所面临的问题，并寻求理论与实践的合作。

第一节　媒体融合：化学变化还是物理捆绑

——访中国人民大学彭兰教授

"现在不管用不用媒体融合或媒介融合这个词，大家都在寻找一个方向，就是传统媒体怎样能在这个时代实现新生。我个人认为，不管你选择的道路是什么，不管你用什么样的概念，只要你最终找到你的道路就可以了……媒介融合是否能够成功，'中央厨房'能持续多久，这个我不好判断，但是智能化的趋势应该可以判断的。"

——彭兰

一、见证互联网成长

访谈者：您第一次接触互联网的情形还记得吗？

彭兰：我是1991年在人大新闻学院留校当老师的，当时我的第一个教学任务是讲授激光照排这门课程。新闻学院的领导觉得计算机在未来新闻传播中的应用是大的方向，恰好我本科有计算机的背景，可以在激光照排实验室的建设和相关教学中发挥我的特长。

几年的教学中，我一直对计算机的技术发展很关注。1994—1995年之后，一些专业的计算机类报刊越来越多了，有关互联网的讨论也越来越多。作为老师，一定要上网先去了解一下互联网是什么。当时我家里没有网络，我是在一个公司里第一次接触到互联网。恰好在这个时候，人大新闻学院领导注意到这个动向，让我在1997年1月的时候给新闻学院的老师做一次讲座：互联网是怎么回事。

我第一个接触的是《人民日报》的网络版，非常简单，页面有几个菜单，点进去每一篇文章就是一个标题加正文，但这已经让我感受到了媒体新渠道的表现形式。之后又看了《纽约时报》的网络版，就在座谈中谈到了一些观察。至于在媒体领域能渗透多少当时还不知道，但对动向一直在深入观察，因此，很幸运成为这个领域最早关注互联网的学者之一，赶上这个浪潮。

我对新媒体的关注和思考越来越多，就提出把激光照排这门课进行改造，希望学生也接触互联网，我和实验室的老师申请在学院实验室里提供电话上网。当时通过电话线上网，网速很慢，我们去买"猫"（Modem）的时候，有两个不同速率，我们还在犹豫选 28.8kb/s 的，还是 33.6kb/s 的。当时学校网络中心的老师就提议，买那个慢的，因为中国网速达不到那个快的。可见，当时就算是做技术的人，也没想到互联网在中国能够这么快速的发展。

1997 年下半年，我们学院实验室就能上网了。我就在激光照排这门课里加入与互联网相关的内容，但那个学期学院派我去英国访学，我在给学生们讲完第一课互联网是什么后就去了英国，另一位老师接着讲怎么上网。虽然当时条件艰苦，但同学们可以在学校就看到怎么上网，也是打开一扇大门。

在英国时，我用电子邮件和学生交流，同学们用一个公共账号和我交流，也是蛮费劲的。9 月到 12 月在英国访学这 3 个月期间，每天在那里的实验室如饥似渴学习并打印大量资料，关注数字化出版这个方向（这是当时学院给我的任务），看媒体在这个时代的变化。当时 BBC、Times 都已经上网了，比起国内《人民日报》网络版算很丰富先进了。英国访学对我接触、了解互联网是个好机会，这 3 个月如果在国内，我获取的信息可能会少很多。

访：您当时是否接触过早期的 BBS 或者网络新闻组？当时，学界的态度是什么？

彭：那个阶段，我个人接触 BBS 或新闻组比较少，因为做新闻传播，所以主要盯着网上的媒体，真正开始关注 BBS 是在强国论坛出现后，但更多的还是关注互动空间给我们媒体带来的影响。

刚才说的更多是直觉和外在的推动，但仔细回想我把新媒体作为研究方向还是和本科背景有关系。我本科学的计算机，后来到人大读新闻双学位。我开始在人大当老师的时候，一直在寻找自己的研究方向，因为从新闻传播角度研究激光照排的空间很有限。1998 年，我写了一篇文章，将激光照排作为报业进入数字化大门的技术基础，这是我对激光照排认识的一个提升。但后来我的主要研究转向了互联网。

从 1997 年开始，真正进入互联网这个世界之后，突然发现我过去的计算机专业背景和新闻传播是可以结合起来的。从英国回来，我就试图在这方面做一些研究。到 1999 年，这方面的思考就越来越多了。当时在浙江有一个全国记协主办的关于互联网的会议。当时我自己去不了，就托别人帮我带了论文去会上。当然，现在看这个论文是很不成熟、很粗浅的，但是，在互联网刚刚起步的时候，有关互联网的这些思考很快就被别的研究者关注到了。当时《浙江日报》有一个网站叫"浙江在线"，他们就想用互联网的方式去传播学者的研究。他们看了我那篇托人带过去的文章后，觉得我很有想法，就给我开了一个专栏。

我可从来没有受过这种待遇——可以在这样一个平台上把你的想法源源不断地进行传播。所以在外在因素的推动之下，从那个时候开始越来越多集中在这个研究领域。在一定意义上，也要感谢"浙江在线"给了我这样一个机会。如果没有一个不断产出的渠道，可能有些思考没有及时传播的话，自己也没有这么强烈的动力和愿望。

当时国内对于网络传播是什么样的判断？1994 年北京广播学院（现中国传媒大学）的《现代传播》杂志主编朱光烈写了一篇文章叫《我们将化为"泡沫"——信息高速公路将给传播业带来什么？》。这篇文章在学界引起了比较大的关注。当时说的信息高速公路指的就是互联网。那在这样一个时候，大家都不知道互联网，也没有接触过，朱光烈老师就说我们的媒体要化为泡沫，意思是说专业化的媒体会受到极大的冲击，可能有一天就不复存在了，更多的是公民参与。朱光烈老师在那个时候的想法是有远见的。虽然当时有很多人不太认同。

但是，总体来讲，学界对于这一事情还是抱有比较清醒的关注，包括我的博士导师方汉奇老师。你们都知道方老师是新闻史学大家，研究的是古代史，但是好多人可能并不知道在研究互联网方面，方老师是走在前面的。1995 年，他就发表了有关互联网的文章。当时他到河南大学做过一次学术讲座，谈的就是互联网。后来他就把这个讲座内容整理成一篇论文发表。所以，好像大家眼里方老师是只关注古代史的学者，其实他也在关注互联网这些非常前沿的学术动向。

业界对于上网的热情应该是从 1997 年开始越来越高涨的。1997 年 1 月 1 日，《人民日报》网络版正式推出。到 1997 年底，有越来越多的媒体开始有比较简单的网络版形式。而它的第一次高潮到来应该是 1999 年。1999 年是中国互联网发展的第一次热潮，媒体上网也是跟整个业界的热潮比较吻合。当时有一个印象，就是大街小巷各种人都在关注这样一个很新的事情。虽然有一些人并不了解它，但是看到互联网的报道也会感到很兴奋。当然更多还是来自业界和媒体的热情。互联网业界的人和媒体人有那么一种指点江山的气氛。应该说 1999 年对于互联网的发展来说还是一个非常重要的转折点。

访：那这种比较向上的气氛从哪一年开始往下转？

*彭：*其实也很难说有向下转。泡沫的破灭在业界体现得更明显，当时的三大门户新浪、搜狐、网易，虽然都在纳斯达克上市，但是在泡沫到来之后也受到一定冲击。我印象比较深的大概是 2001 年 9 月，当时北京有一个有关互联网的论坛，网易的丁磊缺席。按说当时这样一个级别的互联网论坛，网易应该有一个最高领导在那里，但是却缺席了。到底是什么原因，我也不是太清楚。但是在那个会议的时间段，却洋溢着一种比较微妙的情绪。那可能就是一个低谷期。

但也有一个很有意思的插曲，就是我刚才说的这次会议上，当时国新办主任，后来去人大新闻学院当院长的赵启正先生，在会上发表致辞。从致辞上可以看到，赵启正对于互联网的发展趋势有一个明确的判断。他说了这样一个比喻，虽然互联网有泡沫，但就像啤酒会有泡沫却并不代表啤酒本身是泡沫一样，互联网发展过程中出现的泡沫和互联网本身是不是泡沫也不是一回事儿。他由此强调互联网发展过程中会有一些曲折，但总体来讲它未来一定是前途无量的。据说，他说完这番话后，有几个在美国上市的互联网公司的股票在那几天都有一个很明显的反弹，当然这个我没有求证过。但这个事也说明像赵启正这样的一些领导者对于互联网是持积极推动的立场的。

二、对两个十年的观察

访：您的博士论文就是对中国网络媒体发展的第一次总结，当时是基于哪些考虑做出的选择？

彭：其实也是各种因素推动的吧。我当时在考虑博士论文选题的时候，觉得是不是也应该做一点比较古老的资料挖掘才叫史。后来方老师说，我还是要发挥自己的特长，做跟互联网相关的历史研究。当时恰好在我做论文的时候，中国互联网发展的第一个十年差不多已经完成了，所以后来跟方老师商量，准备写这一段发展史。

当然做这样的选题时，有一些老师比较担心。在我开题的时候，有几位老教师说，中国互联网发展才这么多年，现在做史是否合适。第一，就是时间太短；第二，就是我们现在离它太近。做史的话相对要有一些距离感，看一些东西才会比较准确。你离它太近会有一些主观代入因素。这个的确也是一种非常有道理的提醒。但是后来还是做了这个事情。

我在写中国互联网第一个十年的中间，发现这个事情是一个很紧迫的事情。因为看上去新媒体的资源无限丰富，信息是海量的，但是当你真要去做一些资料收集的时候，会发现存在巨大的挑战，在传统媒体时代反而没有这样的问题。就是转瞬即逝的这种信息，好多前几天发生的事情，你去网上找完整的资料都已经很困难了，各种各样的原因可能消失了，或者沉到某个地方去了。在那个时候你想要对七八年以前的事情进行收集和整理的话，其实难度也是很大的。

虽然早期互联网上的信息还没有这么多，但是，它毕竟还是一种数字化的形态。所以在我做的过程中，感觉这个事情是非常必要的。要把这些转瞬即逝的东西抓住，要把一个正在发生的事情相对比较完整地描绘出来，这个难度一点不亚于对过去的历史进行梳理。所以，应该很感谢方老师让我坚定地去研究这样一个事情。

访：如今，中国网络媒体又一个十年过去了，您觉得中间有什么比较显著的特点？

彭：这是我特别想回答的一个问题。因为在写完第一个十年之后，知道我写那本书的人都会问我一个问题，就是你会不会写第二个十年。我的回答都是"写不了"。

因为在第一个十年中间，它的定位是网络媒体，那这个网络媒体是一个相对比较确切的对象。就是它包括传统媒体在互联网上成立的网站，还有就是像新浪、搜狐这样获得了新闻登载资质的新闻网站。那个时候的网络媒体，是从媒体的线索沿袭下来的，是有资质做大众传播的这一部分主体。所以对它进行研究相对来说是可行的。

但是当我们进入第二个十年，从 2005 年开始，Web 2.0 这个词开始流行了。其实 Web 2.0 传播模式跟 1.0 有很大不同。这种不同我在很多文章中都提到过。我们过去的网站是大众传播的一个延续，还是点对面的传播模式。但是到了 Web 2.0 的时候，它变成了一种基于人际关系网络扩散的机制。我觉得最大的变化可能就是传播模式和传播机制。每个人都成了媒体，不管你是做新闻发布者，还是传播者，或是别的各种角色。所以在这个视角下去考察互联网和媒体的发展，可能会发现很难用研究新闻网站的那种传统思维去研究第二个十年的发展。

为什么我做不了？因为这时它覆盖到社会的各个层面，以一己之力去做这样一个大视角的全景扫描或者全程记录是很难的。

三、理性看待融合未来

访：大家现在也都比较关注一个热点就是融合。先前叫媒介融合，现在改成媒体融合了。您怎么看待这种变化？

彭：其实，媒介融合我们也算是关注得比较早的一批研究者。差不多 2005 年就开始关注媒介融合。但是你刚才提到两个词，一个是媒介融合，一个是媒体融合。虽然这两个词都来源于 Media Convergence，但是，实际上在今天，它们已经发生了一些微妙的差异。有时，把这个差异梳理清楚，是我们理解一个事情到底是不是可行的关键。

我认可媒介融合。当我们梳理这个词的来源时，我们可以看到尼葛洛庞帝在 20 世纪 90 年代说的印刷业、广播和动画这几个产业之间的融合。现在大家提的"媒介融合"这个词来自美国麻省理工学院的普尔教授，他指的是基于一种数字平台，所有的媒体都会汇流到这个平台。后来中国学者将之总结为"多功能，一体化"。所有媒体在这个数字化平台上都会多功能，然后肯定大家会更接近，最后融合在一起。这个词我是同意的。包括我们最早研究媒介融合都是从技术基础上去讲的，包括网络化技术去关注媒介融合。

但是，今天我们讲的媒体融合是不是包含媒介融合，似乎大家对它的解读有一些差异了。媒体融合更多强调的是组织机构的融合。有一些媒体集团为了实现这种融合，它会人为地做出一种行政性的融合，捆绑起来，可能把原本不同的媒体做成一个集团。我们在行政上造成的这种融合到底可不可行？我有一些担忧。

因为大家不是因为利益驱动，只是为了实现这个融合的目标，这是一种物理性的捆绑。但融合，其实我们要的是一种化学性的变化。物理性捆绑是我们今天看到的一种很典型的现象和做法。但是这条路是否走得通，我们还需要观察。这是我在第一个层面上对媒体融合的担忧。

第二个担忧是，当人们从传统媒体的视角去谈媒体融合的时候，他们强调了另外一个东西，就是新老媒体的融合。其实说的就是我们传统媒体要利用好新媒体。听上去没有错，但是谁融合谁就需要考虑了。传统媒体认为，以我们过去的力量和权威，以国家给我们的政策，我们应该理所当然地去融合新媒体。但事实上，现在的情况是我们传统媒体正在被新媒体侵蚀。我们要有一个基本判断，就是新媒体正在改造传统媒体。新媒体在各个方面都会对传统媒体造成冲击。那么我觉得这就是一个传统媒体的新媒体化过程，是传统媒体必须去适应新媒体的发展趋势和市场特点。传统媒体必须根据用户特点作出根本上的改变，甚至某种意义上这是传统媒体脱胎换骨的过程。

我不像某些学者一样绝对排斥媒体融合这个词，包括"全媒体"这个词的提法，但我们应该理清基本思路。好多人认为，媒体融合就是做全媒体，可能对于有能力的大型传媒集团，比如浙报集团、湖南卫视等他们可能有能力做全媒体，但如果要求所有媒体都去做全媒体，都要去建一个"中央厨房"，这到底是不是一个必然的选择，我认为可能未必。

现在整个市场在全媒体化，过去分开的报纸市场和广播电视的市场现在融在一起，这个大的市场是全媒体的，但并不意味着每一个媒体都应该以全媒体的形式进入整个市场，应该根据自己现有的资源和现有的特长来决定。有些媒体为了去迎合全媒体把自己的战线拉得很长，腿伸到各个地方，反而把自己的优势削弱了，最终造成在每个方面都失去了特长和优势。所以，如何看待全媒体，也是需要我们认真考虑的一个问题。

访：我们在采访传统媒体的时候，他们对于媒体融合的方式方法都感到很困惑，您觉得该从哪些方面着手解决这种问题？

彭：这些年我的很多研究都和此相关，即传统媒体到底如何转型、如何在新媒体时代实现重生。我们可能注意到，1995 年国内就有媒体开始上网了，1997 年《人民日报》、中央电视台、新华社等主流媒体开始上网，似乎开始得很早。新浪是 1998 年才成立。为什么主流媒体走了这么多年，整个效果不尽如人意？其原因既包括管理政策、现有体制上的约束，也有传统媒体思维惯性的原因。

为什么在那个年代新浪能很快地成长起来，成为门户时代的代表？它的思维、对整个市场的判断与传统媒体的想法和做法是不完全一样的。新浪当时是提出要做一个中立的、客观的信息集纳平台，不过多强调内容的原创，但希望在自己的平台上把不同来源的信息进行整合，让人们到这个网站就能看尽天下的新闻。但这种思维在传统媒体时代是没有的。

在传统媒体时代都是强调原创，自产自销，自己的媒体传播自己原创的内容。当然传统媒体时代也有文摘性质的报纸出现，而且很火。所有从某种意义上说，新浪沿袭了文摘平台的思路，并把它发扬光大，因为它在空间和时效性方面有更多的优势，很好地满足了当时市场的需求。

总体来说，新浪提供给我们不同于传统媒体的思路，包括强调平台是中立的，不过分强调导向、强调内容的灌输，这也是市场环境给它留下的发展空间。对新媒体用户的了解，与新媒体用户之间的共鸣，是它成功的另外一些因素。

我个人认为，传统媒体转型不太成功，另一个比较重要的原因是文化。

传统媒体文化与新媒体文化是有差异的。当然三言两语很难说清楚，我以前也专门写过一篇关于两者文化差异的文章。

简单来说，我把传统媒体定义为所谓庙堂式的文化，是高高在上的，是具有特许经营资质的，是具有权威的地位。过去传统媒体抱着这样一种姿态，心态上不自觉地会有一种俯视受众的心态。另外，它是封闭式的，生产系统是独自占有，没有别的力量干扰它，也没有别的力量来挑战它。我们过去认为，传统媒体或专业媒体说的一定是对的，因为当时没有别的方式去检验它是否正确，所以过去大家都仰望它，把它看作"无冕之王"。

但新媒体时代把这一切都改变了，新媒体是去中心化的、分权的，至少互联网开始出现时，的确是对传统媒体的权力产生冲击的。新媒体文化我把它称作江湖式的文化。大家在江湖上拼杀，一开始都是平等的，你有能力你成为老大，我有能力我成为老二，中国整个新媒体的江湖也是大家靠自己的本事在厮杀的过程中才形成一个新的格局。这种文化更多的是开放的、分权的，更多的是要吸纳用户参与。

所以这两种文化有很多方面都是不太一样的，传统媒体要去适应这种新的平台，如果文化没有改变过来，只是做了新的产品，但一看就与新媒体的气质不吻合，就很难在新媒体平台上得到足够多的呼应。我认为这是传统媒体在转型过程中的一个障碍因素。

还有，过去传统媒体人脑子里只有一个东西——内容。虽然我们今天把内容称为产品，但当把内容贴上一个产品的标签的时候，如果做法和思维都没有任何改变的话，贴上这个标签是没有用的。而新媒体真的是有产品思维的。当他去做一个栏目策划的时候，他会用产品经理方式去策划和运营，而传统媒体还是由编辑做了一个他认为叫"产品"的东西。实际上当从内容转向产品的时候，也是需要配套的思维、配套的机制，甚至配套的人来完成的。

除了内容转换为产品需要经过一定的挑战外，内容产品本身也只是一条腿，金鸡独立很难长期支撑下去。像新浪、腾讯及其他一些新媒体公司，他们往往是几种产品共同支持，社交的加上内容的，再加上一些相关的服务，这三者形成一种强有力的支撑的时候，内容才可能更好地发展下去。

最典型的就是腾讯，它是做社交产品起家的，之后才去做了门户网站腾讯网，但很快它的流量就上去了，内容也得到一定的认可，不是说完美，但至少在一部分用户心中是成立的。

为什么腾讯网流量能上去，就是因为 QQ 空间和它捆绑的关系。做完这个之后，腾讯又转型做微信，微信也同样是内容、社交加服务三者的结合。当然，并不是说让每一个传统媒体都来做这三者，但很多传统媒体转型的时候都在从这三个方面去探索新的道路。比如浙江日报报业集团对游戏平台的收购、社区运营等，都在试图寻找内容加社交，或内容加服务的新模式。但这种转型并不是所有媒体都很容易转过来的，因为毕竟过去的根基是在内容这一块儿，甚至我也不认为所有媒体一定都要涉足这三方面。可以有自己的特长，但如果自己做不了，可能就要找外面的合作伙伴来支持。

还有一种可能性，十多年前我就有这样一个判断，在整个大的媒体市场发生变化的时候，有一部分传统媒体会退到起点的位置，就是只做内容生产者，不用自己建网站，不用做新闻分发。它如果跟渠道合作很好，特别是当它的内容足够专业，用户足够需要，它可能做一个单纯的内容生产者就够了。

媒体选择的道路不应该是千篇一律的，大的思维可能是三足鼎立的，即内容＋社交＋服务，但是每个媒体应该根据自身特点作出不同道路的选择。

访：像今日头条这样的产品出现实际上已经是新闻传播的一个新方式，您看这是一个趋势吗？

彭：应该是一类未来比较主流的新闻分发的平台。昨天我带学生去今日头条听讲座，之前我也和他们管内容审核的人交流过，听完之后我更肯定了这样的判断，算法分发平台未来会是一个比较主流的平台。

虽然大家对个性化分发会有各种担心，但在一定意义上做算法的平台也意识到这个问题，也试图做一些调整和纠偏，包括对内容。我们认为，今日头条可能全是机器在做内容的挑选和分发，但昨天我们在调研后发现，在机器背后是大量的人工。当然未来他们是希望由机器来完成更多的工作，但现在还是机器和人工相互辅助的形式。人在这个过程中经验的积累有可能为未来机器算法的优化提供很多依据。在今天这个时代，通过这样一些新的平台去完成新闻的分发应该是不可避免的事情。

在今日头条刚出来的时候，有点类似新浪刚出现时的情况，当时大家都抵制，说你侵犯了我的版权，但是我们都看到了后来新浪的发展。我们大致可以想象，今日头条经历了这些质疑之后自身机制可能会越来越完善。当然还有可能有其他一些机制出现，不一定仅仅是今日头条这样的。我注意到很多新媒体都有可能成为新的分发平台，比如淘宝、高德地图等，最近有很多人都在讨论淘宝媒体化的趋势，这一点我在去年以来就一直在关注。可能未来新闻分发的渠道会越来越多元，越来越多地把过去只能由传统媒体控制的分发渠道进行切割和瓜分。会融入大量与我们日常网络应用相关的渠道和场景，比如淘宝是生活场景内容植入，高德是和地理位置相关的内容场景分化。

访：关于媒介整合或者媒体融合有不同的观点，甚至有人认为它是个伪命题，您对此如何评价？

彭：媒体融合或媒介融合只是一个词，不能说是个伪命题，倒是经常听到有人说它是一个"伪概念"，当然这个说法也未必成立。有些新媒体的人也会激烈地说，传统媒体和新媒体是油和水的关系，在组织和文化方面的融合是不太可能实现的。

我认可媒介融合这个词，是因为在技术层面已经毫无疑问是一个基本的事实了。在技术融合的前提下，到底要不要一定去做组织和文化的融合，在不同的实践层面大家看到的东西不尽相同，所以给出的答案也不尽相同。

并不是所有传统媒体在思维上一定有错，我也听到来自传统媒体自己的一些反思，包括现在融合方式或设立的目标有没有问题等。但现在不管用不用媒体融合或媒介融合这个词，大家都在寻找一个方向，就是传统媒体怎样能在这个时代实现新生。我个人认为，不管你选择的道路是什么，不管你用什么样的概念，只要你最终找到你的道路就可以了。

浙报集团也会用媒介融合这个词，但是大家认为他今天做的方向是很成功的。在一定意义上说这个词不是不能碰，但不能机械地被这个词所束缚。融合也好分化也好无所谓，最终的道路是成功的就可以了。

说到这个话题我顺带说一下，十年前我参加一个博士关于媒介融合研究的开题时，当时郑庆东老师也参加了。他曾经是中国人民大学新闻学院编辑教研室主任，也是一位非常有远见、思维开放的老师，他提到媒介融合是不是还有另外一种可能性，就是除了融合之外，还可能会出现分化。他的话给我很大启发，我后来写了一篇文章就是《媒介融合中的"合"与"分"》。合，可能并不是目标，合只是一个道路，但最终有可能还有分化，最终是更丰富的市场，更个性化的内容，更多元的手段，包括更多元的信息传递的终端。现在媒介融合主要关注点是合，但是，分，更值得关注。

四、智能化趋势

访： 您对中国网络媒体未来发展的趋势作何判断？

彭： 对长远的事做一些判断是比较困难的，但有个基本的判断也是我去年一直提到的，就是智能化。大的智能化的趋势的兴起应该是可以判断的。媒介融合是否能够成功，"中央厨房"能持续多久，这个我不好判断，但是智能化的趋势应该是可以判断的。刚才我们提到的今日头条的兴起，未来可能还有很多跟智能化相关的趋势，像机器化的新闻写作、基于传感器的新闻采集，都是大的智能化发展趋势下今天我们能够看到的现实。

访谈时间：2017 年 7 月 14 日

第二节　融合的核心与未来

——访中国传媒大学赵子忠教授

"我一直反复讲，微信是腾讯的，个人开个微信公众号就拥有了腾讯吗？微信公众号是什么？就是高铁上的一个座位。你买了张高铁票，上去卖茶鸡蛋，就号称拥有高铁产业。你知道上面卖茶鸡蛋的有 50 万个……'头条新闻'能不能运营下去，我并不关心，但是这种模式是创新的。面对大数据的挑战，很多企业都生死不知，尤其是那些还停留在运营'微信''微博'的企业。"

——赵子忠

一、宽带是融合的核心

访谈者：赵老师，您好。您最早在清华紫光做市场总监，后来传媒大学任教，为何要选择跨界？

赵子忠：对我来讲，都是一个行业。从我自己的认识来讲，都是社会学习，在企业里学习企业的这套文化和方法，在大学里有大学的文化和方法，但不管是大学还是企业，都要应对社会问题，大家是采用不同的机制和方法去应对社会问题，只是应对社会问题的方法和看问题的角度不同。

实际上，当时的 IT 是 IT，信息化是信息化，媒体的数字化是媒体的数字化，彼此之间基本产生不了流动。也就是说，搞 IT 的人和搞媒体数字化的人是没有关联的。现在讲媒体融合，所以关联度大了。关联度大的核心问题，实际上就是互联网给的工资高，没有什么别的动因。

访：您刚才说到媒介的融合。这个概念提出来已经有十多年，现在已经上升到国家层面，您觉得融合的背景是什么？

赵：我觉得媒体融合概念已经提了很长时间。1994 年的时候，基于媒体融合的背景，基于媒体形态的发展，提出了媒体融合这个概念。然后，融合在海外发展得很快，该融合的就融合了，包括三网。2014 年 8 月 18 日，习近平总书记在中央全面深化改革领导小组第四次会议上强调，推动传统媒体和新兴媒体融合发展，要遵循新闻传播规律和新兴媒体发展规律。因为现在的年轻人基本不看报纸，基本都在网上，报业捂着盖着，实际上没人看，写的工作报告很好看，没有意义。因此，本质上，为什么要融合？融合就是你根本就不行了。

访：国外融合案例中，您印象比较深刻的是哪一家？

赵：国外的媒体融合比较早，大约都是在 1996 年前后。比如，著名的有线电视公司 Comcast 的宽带互联网接入业务在 1996 年就开始做了，一直做到现在，做得非常好，这就是媒体融合。

访：您刚才提到宽带，您觉得它对融合有哪些意义？

赵：宽带是网络化典型的标志。你们研究的这个课题，其中有个非常重要的基点就是网络。宽带的发展是网络化的核心动力，而且是唯一的网络化核心动力。我们最早的时候上网是用双绞线，56k，然后在双绞线上配了很多的解决方案，如 SDN，大家还是觉得太慢，又上了 ADSL，然后 xDSL，然后到各种 PNG、GPNG、EPNG，到现在上到光网。因此，没有带宽，我们现在说的所有平台都没有意义，它决定了整个互联网发展的基础。

比如，在北京，如果把公路都改回到双向两车道，北京的交通怎样？这是决定性的。交通和道路的问题跟网络带宽问题基本很类似，这就是宽带的意义。宽带在谁手里？在电信、联通，广电的有线网之所以发展不起来，就是因为没有宽带资源。

访：广电网、电信网还有互联网络融合的政策推出多年，但是进展非常缓慢，您觉得是什么问题？

赵：1996 年，海外做三网融合的时候，当时国内有一场讨论，即中国的网络、电信和广电要不要做三网融合。当时的政策是，广电不准做电信，电信不准做广电，所以十几年是不允许三网融合的。2010 年国务院才提出进一步加速推动宽带网络建设、进一步推动三网融合的指导政策和意见，以后才开始提三网融合。实际上，已经没有意义了。

三网融合的所有相关政策，打架之前的，打架之后的，我们都参与过。1996 年前后我还是个学生，记得有一次去听周其仁教授的课，周教授讲的就是数网之争，就是广电网、电信网、宽带互联网的竞争，这是我印象最深刻的。一直到 2010 年，才重新提出"三网融合"。但是，物是人非。第一个，计算机的网络已经发展起来了，我们称之为互联网，到了 2010 年，广电网和电信网已经不值钱了，所以谁跟谁融就谈不上了，互联网已经如日中天。1996 年讨论这个问题的时候，电信网和广电网还是如日中天，互联网只是后起之秀，所以，大家谈论融合问题。到了 2010 年，互联网已经扬长而去，剩下这俩还在谈融合问题。

访：目前为止，您觉得有哪些成功的例子吗？

赵：谈不上成功了，只能讲一些案例吧。比如在杭州，杭州的有线电视网成立时就把网通的宽带收购了，相当于有线网在建立初就基于电信的宽带网，于是就有了华数。华数的强势就在于它有两张网——有线网和宽带网。华数在上面做了很多业务，就做得很有意思，做出很有特点的业务模型。之后，它又跟杭州市政府合作，建了一个城市 Wi-Fi 网。尽管这个城市 Wi-Fi 网的效果和功能现在一般，但是无线加有线网络的结合是一个很好的值得肯定的模式。为什么它的宽带网加有线网做得很好，就是因为这两个技术都好，而到了 Wi-Fi 和城固网融合时做得就一般。并非因为这不是一个商业机会，而是因为他们在 Wi-Fi 上投的钱实在太少。投入 5 个多亿，根本不可能完成这件事。所以，不是没有机会，也不是没有模型，而是他没有力量。

访：现在看来，移动互联这一块，比如 Wi-Fi 之类的，大家都挺看重的。

赵：商业 Wi-Fi 可能大家都在做，现在已经花掉无数钱，而且很可能永远看不到挣钱的那会儿。这十几个亿的钱或几十个亿的钱谁来出？这是一个问题。商业 Wi-Fi 的核心模式是免费的，投入都是基础性投入。因为收费的 Wi-Fi 一般人都不会用。

二、今日头条是新型平台

访：听说您一会儿要参加今日头条的活动。您觉得今日头条作为一个新闻搬运工的角色定位，该如何处理与内容生产者之间的关系呢？

赵：最近一两年，我在研究大数据。大数据对互联网来讲，以我自己的认识，就犹同当年，搜索引擎对门户网站。门户网站成立的时候，我们不觉得门户网站会有问题。但搜索引擎一出来，大家都觉得，哎呀，这个门户网站怎么会这样？没有大数据之前，我们的业务形态是这样；有了大数据后，就成了今日头条那样。今日头条是新形态的平台。

新形态的平台中，版权问题很尖锐。但是，百度搜索版权算谁的？没有人提这问题。所以，我觉得对今日头条的版权问题，大家可以提，但不一定有用。因为过几年，当你还没有跟今日头条讲清楚之前，就会有另一个新的平台让你去面对，有另一个版权问题要思考。我认为，这都是三五年的事情。因此，从政府管理部门来讲，没有必要急于去管，因为要看看下一个是谁？这是非常重要的一个问题。

访：有人说，这种模式是互联网对传统媒体的一种影响。您觉得呢？

赵：我觉得这种理念相对传统。这种人都不是互联网的原住民，都是外来户。外来户会说：哎，互联网怎么这样？其实互联网生来就是这样。互联网是什么？这么多年成长起来，从来都是这个问题。比如，Uber 打车软件，跟所有人都打架。传统思维会问，为什么这样？按惯例，出租车就应该交"份子钱"，出租车公司要管它。管它干嘛？理由是，保护乘客出行安全。理念上是这么讲的。所以，来了个 Uber，什么车都有，原来那些开出租的、管出租的都不高兴，因为不知道怎么去管，这就是互联网原创。还要像过去那样管吗？同样，原创的互联网版权问题，所有人都站在道义一边，也用不着管。

三、传统媒体需要网络化

访：您如何评价传统媒体的数字化进程？

赵：如果他们只是数字化，就基本上停留在 1999—2000 年左右的水平。如果他们不能完成网络化和移动化，就没有什么前途和未来。

第一，他们都没有完成网络化。因为他们就不知道什么叫网络化，还是传统新闻思维。就像大学生现在上的课一样，有一半都是传统的，一半是新的，老师自己都教糊涂了。学生还好，因为天天在网上玩，有点原住民的意思。传统媒体的问题是，他不太懂互联网是什么。

第二，移动化都在做。大家都在玩手机、做 APP、做微信公众账号，但是唯一没明白的是：这是人家的。我一直反复讲，微信是腾讯的，你开个微信公众号你就拥有了腾讯吗？一个微信公共账号是什么？就是高铁上的一个座位。你买了张高铁票，上去卖茶鸡蛋，就号称拥有高铁产业。你知道上面卖茶鸡蛋的有 50 万个。所以，你说他们完成移动化，他们只是完成了移动化给别人打工。

APP 是给苹果、安卓打工，微博、微信也是给其他人打工。所以，他们基本完成了移动化打工，很难受。虽然很难受，但也没得选呀！得用微博、微信、客户端，学界也在呼吁弄，我从来没有这样呼吁。我认为四个字：走投无路。这就是现实。

四、云计算和大数据是未来的基石

访：根据您多年的研究，全球新媒体有哪些发展趋势？

赵：这几年到国外去近距离地感受全球新媒体的变化，我的感想就是：大学研究是海外新媒体发展的一个模式；硅谷的创新是另外一种模式；"Facebook"，"Twitter"和"YouTube"又是第三种模式。但是在中国就只有BAT模式，模式太过单一。这对于中国互联网发展来说最麻烦。我们不能让企业家裹挟一切、主宰一切，实际上企业家也不能做到所有。企业家的孩子接受教育需要老师，生病也不能由企业家应对——世界需要多元化，互联网也是。

所以说，中国互联网发展到现在，并不健康，生态环境单一化，过于商业化。从2008年到现在，新媒体的发展就是一直在搬家——这几年互联网就没有新意了，从PC到移动端耗了5年，其间只有"微信"还具有创新性，剩下就没有完全创新，都是把互联网的内容搬到APP上、搬到手机上。

访：您觉得未来影响我们互联网发展的主要因素将是什么？

赵：从海外回来以后，我觉得互联网的模式就是两大技术体系：第一大体系是云体系——云计算，另一大体系是大数据。云计算和大数据是未来的基石，其他跟他们相关的终端类型，比如机器人、无人机等，都是体系的外化。"云计算"的问题是要借助大量的技术投入，大量"云计算"的技术能力、理论和应用。

我们的很多模式都是借鉴国外的，但是"云计算"不好借用——当规模小型化的时候可以模仿，而在小型化基础上规模开始大型化时，模仿在短时间内就无法完成。不仅如此，"云计算"的研究工作越来越多，是积累完成的，是大量精英的长期工作，模仿就更麻烦了。"云计算"是由多个模块累积而成，可能在叠加上万个模块以后，我们就不知道要抄哪个了。因为"云计算"研究是由多个精英群体分别做出来的，这些精英群体可能包含上万人，而每个人的智力水平都和我们差不多。除非是大规模模仿，否则根本无法照搬"云计算"的模式。"云计算"就会在很多行业产生颠覆性影响。目前虽然能量还没有完全释放，但效果正在显露出来。这就是未来。

另一个就是大数据。大数据是海外建立的函数和模型。大数据更拼科学家，而不是政治家。大数据的基础研究是计算科学和数学，文学已经没有意义了，历史学也不能证明。大数据带来了一个平台识别，刚才讲的"头条新闻"就是新闻领域的大数据，是给每个人推送个性化需求的新闻，而且它能同时推送十亿份。因为要适应千人千面，只有经过巨量运算才能办到。本来这套东西是电商的，但是用到新闻领域就有了新意。这是大数据给新闻带来的变化，技术平台有了本质性的变化。"头条新闻"能不能运营下去，我并不关心，但是这种模式是创新的。面对着大数据的这种挑战，很多企业都生死不知，尤其是那些还停留在运营"微信、微博"的企业。

访谈时间：2015 年 10 月 14 日

第三节　媒体融合需要取舍
——访中国人民大学宋建武教授

"媒体融合转型是一种客观趋势。它既是互联网技术的拉动，也是整个社会结构转型的结果。媒体融合本质上就是主流媒体的互联网化。它不是把旧的保留住，再去搞个新的，然后融在一起。如果我们从整个社会获得信息的效率角度看，传统大众媒体的逻辑是以最低的成本让所有的人获得同样的东西，而精准分发的逻辑是以最低的成本让所有的人获得他想要的东西。显然，精准传播让用户获得的满足度更高，付出的代价和成本最低，两者的逻辑不同。"

——宋建武

一、从广告变现向用户变现的转变

访谈者： 宋教授，能否请您简单介绍一下最初接触互联网的情况？

宋建武： 我接触互联网应该是比较早的。1995 年 11 月我买了一台 486

台式机，实际上不是成品机，而是买配件攒了一台，然后接上"猫"（Modem），通过电话拨号上网，主要是用来收发邮件，一些比较重要的信息也会上网查。因为那时上网很贵，收入少，平时不太舍得用。

访：那您可谓是中国第一代网民。作为传媒经济学专家，您觉得互联网对传统的媒介经营产生了怎样的影响？

宋：应该说，在互联网时代，在一定意义上讲，特别是发展到移动互联网以后，广告与新闻共生的态势整体上讲越来越弱。因为传统大众媒体属于典型的以广告作为价值补偿的商业模式。其中，新闻是一个公共服务，通过影响力变现，具体表现即广告变现。而移动互联网是一个基于个人终端的传播，在某种意义上讲也是个人化的传播，结合人工智能的发展，移动互联网能够识别和判断每一个特定用户的特点。所以，整个互联网的商业模式正在向所谓的用户变现发展。

从信息分发角度看，与精准分发模式相关的信息流广告，严格来说，只能叫一种商业信息，它不再具备过去广而告之的传播特征，变成了精而告知。因为它向特定的人推送特定的信息。从接受方看，很难说一定要去区分广告、资讯还是新闻，是否有用最重要。从这个意义上说，广告与新闻的共生模式正在变化和改变之中。

从未来看，随着信息的精准分发，传统的广告模式一定会被取代，它和整个互联网的平台化相适应。因为互联网的平台化使得多种资源开始在同一平台上集中，对特定用户价值的发掘，可以通过多种产品和服务去实现，即所谓羊毛出在猪身上，最后是牛买单。整个新闻传播变现的价值链条拉长。归根结底，它是一个根据用户潜在需求，提供多方位的全面的充分满足，以实现用户价值变现的过程。

访：在变现方式变迁的过程中，我们国家媒体经营模式改革经历怎样的发展历程？

宋：我觉得可能需要从两个方面来说，一个是传统媒体机构，另外一个是在互联网时代兴起的，具有媒体功能但按照我们国家相关规定又不完全属于媒体的平台。

对于传统媒体来说，它的变现模式经历了以下几个阶段。

　　第一阶段是20世纪90年代初。那时候我们的媒体市场化刚刚开始，采取的经营方式是"堤内损失，堤外补"。堤内是什么？它是狭义地指报纸的发行收入。当时广播电视几乎没有广告收入，主要靠党和政府的事业拨款运转。所谓的堤内损失，主要指报纸亏本发行产生的损失，靠经营广告以及其他业务补偿。在多种经营理念指导下，当时很多媒体经历过所谓的"上山养过羊，下海养过鱼"。

　　第二阶段是20世纪90年代中期以后。随着媒体改革的深化，特别是中国市场经济的发展，产生商业信息传播的需求，跟传统媒体相关的广告资源大幅度增加，为整个传媒业的转型创造了一个黄金时代。这个时期开始出现以广告为主的经营模式。某种意义上讲，它是回归到大众媒体的商业模式的一个本源或者主流。

　　第三阶段是进入互联网传播时代以后，特别是移动互联网发展起来后。比较典型的就是2012年所谓移动元年之后，主流媒体以报纸为代表，广告增幅开始出现大规模下滑现象，甚至负增长，最近的一两年广播电视也快速下滑。在这种情况下，媒体开始寻找一些新的多元价值补偿模式。基本上选择"影响力变现"路径，即利用媒体在社会方方面面的联系去获得资源，经营资源。比如做投资，包括房地产的投资经营等，减缓广告主业下滑的压力。

　　现在看来，广告的下滑，不是单纯的经济问题，更多的是媒体手段以及信息供给方式的落后。大家都知道传统媒体的用户越来越少，读者越来越少，观众也越来越少。而且，广告变现模式本身存在着很大的问题，就像早期美国的一个广告主所说，我们都知道企业在媒体中投放广告的费用有一半是浪费的，但不知道是哪一半。现在借助多种技术手段，可以锁定用户，广告主开始放弃传统的广告投放方式，也就开始远离传统媒体。

　　这种商业信息的传播，严格意义上讲，已经不是传统的大众传播条件下的广告。它其实是精准的商业信息传播。进入互联网平台期，又有一些新的变化，比如腾讯、阿里巴巴这样的超级大平台，它们的广告和经营方式又开始出现一些新的变化，出现了我刚才提到的所谓的"羊毛出在猪身上，最后是牛买单"的一种情况。

　　互联网平台之所以会不惜代价去收购很多用户的入口，也叫流量的入口，其实很大程度上是因为平台只要有足够的用户，就有足够的办法实现价值变现，它的变现途径是多样化的。而传统媒体，包括传统的门户网站，由于缺乏这种变现能力，表现出对广告的依赖。当它们遇到更有传播力、广告效果测量更精准的所谓的"头条化"的分流平台时，就会出现替代现象。

访：传统媒体经营模式创新过程中，出现一些经营与主业不相关业务的现象。比如浙江日报报业集团通过收购地产和游戏公司，来回哺新闻业。您觉得这种模式会持续下去吗？

宋：我跟浙江日报报业集团有 20 多年的合作，对他们的情况比较了解。实际上，浙报集团没有靠游戏来养新闻。浙报收购游戏业务，主要是为了让自己的互联网化转型有更强有力的动力。要成功上市，它需要收购一个公司，注入更加具有变现能力，现金流更强的、盈利能力更强的业务。当然，历史上，它赚到的最大的一笔钱确实是来自房地产，收获 1.82 亿元净利润，相当于此前三年的传统媒体的利润贡献。但它并不存在非主业养活新闻的现象。从浙江日报报业集团的经验看，通过多业发展，特别是通过投资，打开传统的封闭的盈利模式，让更多的资源进入，意味着集团有更多的触角能够伸到社会的方方面面。

从互联网转型的角度来说，游戏公司可能是比较边缘化，但是它是目前互联网企业盈利的主要模式。另外，游戏公司的互联网运营思路和互联网技术，对于主流媒体来说都可以借用。因此，对主流媒体经营非主业项目要实事求是地分析。

二、主流媒体整体转型是趋势

访：中央提出的传统媒体与新兴媒体深度融合包括经营与管理的融合。浙报集团对经营模式的探索某种意义上也是媒体融合的一种表现。您如何看待正在进行的媒体融合？

宋：早期我们认识的融合，更多的是在外部的技术压力之下，主要是在互联网的压力之下，在经济和读者市场的压力之下，开始的一种转型。当时我们的研究，尤其是我个人的研究，更多关注的是传统的报业如何完成转型。当时的研究结论是，主流媒体一定会整体转型成为新媒体。现在看，这个结论还是正确的，在理论逻辑上与现在作为国家媒体融合的战略一致。

　　我觉得这种认识的正确性来自我们对整个媒体发展趋势的一个分析和判断。从人类对信息的需求，对传播的终极理想角度看，它一定会出现一种大的传播体系。大的传播体系能够兼容以前所有的传播格式和传播手段，能够满足人们随时随地以任何方式接收和传播信息这样的需求。

　　这让我想起小时候躲在被窝里拿着手电看书的一种心情。那时候我爸爸妈妈也肯定是不让孩子这么看书的，那时候我就想，要是有那么一种东西，不用打着手电，钻在被窝里也可以很方便地获得信息就好了。后来发现，移动终端，特别是移动智能终端具备了这样的特点。

　　移动智能终端其实是反映了一种技术进步。在数字化基础上，终端和网络出现了融合，终端和网络的融合使得信息的格式也必然融合。这种融合慢慢又影响到整个传播业态，迫使主流媒体不得不转型。中央提出，人在哪儿，重点就在哪儿。这是实事求是的。我们不能去维护一个完全就没有人看的平台。从这个角度上看，媒体融合本质上就是主流媒体的互联网化。它不是我们有些同志所理解的，怎么把旧的也保留住，再去搞个新的，然后融在一起。

　　严格意义上讲，我不赞成融媒体的提法。融媒体如果是指互联网媒体，它本身就兼容所有的以往的信息格式。如果我们把融媒体理解为互联网兼容传统媒体，从发展的趋势看，就越来越变得没有必要。比如，下一步随着电视整个网络渠道双向改造，很有可能传统的电视模式会被颠覆。传统的电视是专用网络、专用终端和特有的信息结构，但是现在的直播、短视频等对原有的传播渠道完全是一种颠覆。因此，我们必须看到在整个媒体演变过程中，科学技术是第一生产力。另外，改革开放这么多年，我国整个社会结构、人民群众的需要也都发生了很大变化。一代新的、有专业知识和技能、独立思考又有表达能力和表达欲望的人和互联网的技术很好地融为一体，出现了我们今天互联网整体上"百花齐放，百家争鸣"的局面。这些是我们整个媒体演进的基本动力。

　　访：您怎样理解媒体融合转型？

　　宋：大家对媒体融合的理解，有自己的出发点，我个人的认识是这样的。

媒体融合转型是一种客观趋势。为什么？我们刚才讲，它既是互联网技术的拉动，也是整个社会结构转型的结果。与20年前30年前相比，我们社会中具有比较高的传播能力和传播素养的人，多得多。所以，我们在互联网上看到很多过去根本就没有写作经验的人，在网上很快成为"网红"。当然，这个网红指的不是靠颜值取胜的，而是文章写得好，大家愿意追捧者。他们为什么会有这个机会？因为他们本身有素质、有条件，互联网给了他们一个空间。互联网在本质上是一个开放、互动、平等、普惠、共享的平台，它大大解放了整个社会的传播力，它给几乎社会上所有的人提供了一个进入公共领域、公共空间，参与公共交流、共同讨论和表达的机会。这种变化，可能在传统媒体人看来，很难接受和理解。因为传统媒体其实是由少数精英掌控的。

一定意义上讲，我不很赞成新闻专业主义提法。如果说新闻专业主义在当年作为与资本抗争、与政府监督和对峙的一种力量，可能有其进步意义，但是今天有些人用新闻专业主义口号，实际上是想继续垄断话语权。在互联网时代，我个人不认为这种做法是一种进步。如果我们从整个社会获得信息的效率的角度看，传统的大众媒体的逻辑是以最低的成本让所有的人获得同样的东西，而精准分发的逻辑是以最低的成本让所有的人获得他想要的东西。

显然，精准传播让用户获得的满足度更高，付出的代价和成本最低。它和传统的大众传播的逻辑不同。《浙江日报》前任社长高海浩同志曾经提到，媒体融合首先是人的观念的转变和融合，他真正认识和体会到互联网传播的逻辑，参与到互联网传播之中。今天的主流媒体有些也是比较接地气、接网气的，得到了比较好的响应。比如新华社的"刚刚体"。它为什么会在网上得到追捧？就因为它和网言网语是一致的，体现了互联网的一种平等。

互联网时代把公众对信息的选择权逐步强化。你可以传，但是我可以不点击。互联网平台有一个共同的特点，即把海量的内容聚合起来供公众选择。门户网站是聚合起来之后的列表式呈现，百度和谷歌通过搜索呈现，今日头条则采取主动推送式，但仍然是根据需求。

中央关于媒体融合的战略提出后，有一个阶段，一些业界的同志，包括一些领导机关的同志一直在讲所谓此长彼长。2016年2月19日，习近平总书记在党的新闻舆论工作座谈会上指出，融合发展关键在融为一体、合而为一。这是很重要的指导思想。我们可以去推论一下，只有在互联网技术基础上，才能够融为一体，合二为一。主流媒体内部很难发生这种变化。美国的传统媒体也没有解决好融合问题。《纽约时报》的很多精力是放在怎么去开发一个阅读墙、付费墙上。它单方面地看到了优质内容的作用和影响力，但忽视了在互联网上，群众是真正的英雄，在传播过程中，你的传播对象对你的接受，才是最优质的财富，最大的财富。

因为互联网是一个信息的传播活动，没有对象，传给谁？更不用说，我们的公共信息传播，其目的就是要让最多的人知道，这也是为什么传统的新闻媒体会通过广告实现价值补偿，也是为什么《伯尔尼公约》和我们的《著作权法》中都规定新闻没有版权。作为公共信息，必须以最低门槛，最高、最快的速度向所有人发布。

三、媒体融合与垄断的思考

访：现在很多互联网公司在提倡建立所谓内容生态闭环。比如收购很多IP，生产内容在自己的专有平台上播放。您觉得它会形成一种信息传播的垄断吗？

宋：在中国，这样的垄断可能还难以完全实现。因为这些平台没有新闻的研发权。因为新闻本性是一个公共信息，整体上是刚需，但是具体由哪个媒体提供，可能黏性不强。也就是说，人们不一定只看某个媒体提供的信息，这种情况少。但人们需要一种能够与社会建立一致性的公共信息。从这个意义上说，我们国家的互联网平台不可能是一个完全的内容闭环。它首先缺乏新闻这种公共信息。当然，他们可以通过和主流媒体合作，用聚合的方式获得部分信息。另外，我们前一阶段的媒体融合比较侧重于发展"两微一端"，也给他们创造了这样的条件。比如各种政务微博、政务头条号等一定程度上把相当一部分公共信息聚合到商业平台，后者通过推荐机制，将其推送给需要者，一定程度上规避了传播公共信息的限制。

建设"两微一端"在一定阶段也是必要的，因为主流媒体没有建立起互联网平台的时候，借助民营的互联网平台去扩大主流声音，是必要的，但是从未来发展看，如果主流媒体停留在这一阶段，可能就会造成某些后果。第一，舆论主导权不那么稳固；第二，也是最关键的，自身没有变现能力。现在出现了一种符合逻辑，但也很耐人寻味的现象，即在媒体融合中，主流媒体的互联网内容越做越好，互联网的民营平台越做越大。这种情况是否符合中央关于媒体融合的初心，还需要再去研究和讨论。

访：您对媒体融合有何展望？

宋：媒体融合会成为我们未来一个时期主要的发展目标。媒体融合可能会越来越清晰地表现为主流媒体的互联网化，要建立一种我们的党和政府能够有效控制的互联网传播平台，这是重要的一个方面。

另外，既然是一个互联网的平台，就要遵从互联网发展的逻辑，包括技术逻辑和商业逻辑。从技术逻辑上讲，传播的效率要越来越高，传播的成本要越来越低，手段的便捷性要越来越强。我想，互联网技术在这方面能够不断地创造奇迹。另外，一定要找到自己的商业模式。互联网的商业模式其实是一个平台化的模式，它在一个平台上用多种多样的业务，去满足不同的用户多方面的需求，这就必然会造成平台整体的外在规模越来越大，突破过去传统媒体那种单一功能、单一结构的样态。

从这个意义上讲，证明了列宁的新闻观的正确性。列宁说我们的社会主义的媒体应该是社会主义建设的"脚手架"，是社会主义建设的组织者。从历史上讲，媒体本身就是一个多功能的结合体。当然，公共信息的传播，事件真相的提供，是它的核心功能，或者说是社会期待它的核心功能。但是另一方面，正是这些信息具有公共性，我们不能完全让它以竞争的方式出现，因此就要有一种转移价值的实现模式，就有了广告。从媒介经济学的角度看，如果说信息的成本完全由使用者来承担，就必然会造成所谓的"知识鸿沟"。有钱人可以获得更多的信息，没有钱的得到的信息越来越少，从而加剧社会的不平等，也正因此才有一个转移支付的机制。而这种机制的奇妙之处就在于它不是人为设计的，它就是在这样一个矛盾关系的运动中产生的。

同样，我也不认为我们今天公共信息的获得要靠竞争性方式，我也不赞成现在互联网平台上出现的打赏的机制。因为这种机制都会造成人们在进行传播活动的时候，不是以公共参与、公共表达为主要目的，而更多的是为了获得商业利益，为了让自己有更大的影响力，有更多的用户，获得更大的商业利益，可能会扭曲平台发展的意义。因为本来互联网平台的出现，是给这些原来没有条件掌控媒体的人提供便利，让他借助互联网技术可以更方便地去传播、去表达。如果我们最后把它做成了一个逐利的场所，可能就违背了初衷。我觉得互联网空间应该主要用于公共讨论、公共参与、公共服务，不能没有底线地鼓励和允许过度商业化的做法。

访谈时间：2018 年 5 月 15 日

第四节　融合的最终目的是成为新型主流媒体

——访北京大学谢新洲教授

"大部分媒体机构对媒体融合的理解仅限于跟风式的媒体渠道扩展，以平台粉丝数去衡量内容的传播效果，这实际上曲解了媒体融合最终掌握话语权的真正要求。媒体机构应在完善多元化经营链条的基础上，衡量媒体市场发展与用户信息需求后，积极发展属于自己的内容平台，步入融合正轨。"

——谢新洲

一、媒体融合的缘起与本土化发展

访谈者：谢老师，能请您介绍一下，媒体融合这个概念的缘起吗？

谢新洲："媒体融合"的概念在 1983 年就提出来了，它的内涵在实践中不断演进，随着技术进步、制度完善不断丰富，与当时经济发展等社会宏观要素紧密相关。我认为，对媒体融合的思考从不是单一角度的现象论证，应从历史发展角度关照这一概念产生、变化的各个阶段，结合媒体融合的具体实践，对媒体融合现象及背后的形成逻辑进行梳理、分析。

媒体融合概念的诞生与时代背景密不可分。20 世纪 80 年代，以信息产业为代表的高新技术产业在美国蓬勃发展，计算机及相关硬件研发在这一阶段取得重大进展，可实现信息采集、存储、处理、通信的电子计算机以合理的价格进入寻常百姓家。与此同时，美国高校间建立 CSNET（计算机科学网络），提供文件传输与电子论坛服务，TCP/IP 协议连接在 1982 年成为标准网络协议，互联网的初步架构已完成搭建。在这一背景下，索尔在 1983 年出版的著作《自由的科技》（*Technologies of Freedom*）一书中，颇有预见地提出，随着数字技术的发展，一种被称为"各种模式融合（The Convergence of Modes）"的过程正在模糊媒体之间的界限，并最终形成传播形态的聚合，具体表现在多种媒介功能会在同一平台进行合并。

媒体融合的概念最早于 20 世纪 90 年代引入中国。进入中国后，伴随中国互联网的发展进程及媒介生态的快速变迁，媒体融合呈现出具有鲜明中国特色的发展进路。总体而言，媒体融合与数字技术的发展密不可分，早期与信息化、数字化进程相耦合。

访：您认为媒体融合在中国的发展经历了怎样的阶段？

谢：总体而言，媒体融合在我国媒体的改革中主要包含三个层次的由表及里的渐进式实践：第一，媒体融合首先表现为传统媒体在数字化时代的"抢滩登陆"，实现内容的数字化与网络化，对传播渠道进行物理性的搭建与扩张。第二，传统媒体通过媒体融合，借助新型技术手段，在形式上实现新旧平稳过渡的同时，发挥传统媒体的资源优势和专业优势，在网络时代凸显影响力与公信力。第三，面向用户需求，建立内容共享平台与机制，将传统媒体的新闻属性转换为信息与服务属性，扩大传播规模与效果，最终实现整体的新媒体转型。具体而言，目前主要包含"媒体内容数字化""媒体形式网络化""媒体主体平台化"三个阶段。

媒体内容化是指原本必须依靠媒介实体才可存在的信息突破原有形态限制，通过计算机语言统一转码，以二进制数字代码形态实现输入、储存、处理，多种媒介形态在这一技术路径下统一集成，这一过程符合媒体融合在技术层面的实践。数据库出版在这一时期快速发展，国内的第一个中文期刊文献数据库——"中文科技期刊数据库"是重庆维普资讯有限公司的产品；1993 年 2 月，北京万方数据股份有限公司成立，推出了我国第一张数据库光盘；1996 年 12 月，中国知网建立了"中国学术期刊全文数据库（光盘版）"。而后随着互联网技术的发展，出现了以北京超星数字图书馆为代表的数字图书馆。

　　媒体融合初始阶段是媒体形式网络化。媒体融合随着我国 1994 年 9 月接入国际互联网逐步发展，主要体现在报纸、电视、广播等大众媒体以网站的形式进入互联网。出于早期技术限制，文字数字化更容易实现，因此报纸与杂志较其他大众媒体更早地拉开"上网"序幕。1995 年 1 月，《神州学人》作为我国首家中文媒体以 www.chisa.com 的域名上线，《中国贸易报》在同年成为我国首家进入国际互联网发行的报纸机构。与此同时，与互联网信息服务关系更紧密的门户网站开始陆续诞生。1997 年 1 月，中国互联网第一家商业网站 Chinabyte 开通；同年 6 月，丁磊创立网易公司；1998 年 2 月，搜狐公司成立，并推出当时我国第一个搜索引擎；同年 11 月，腾讯公司成立；同年 12 月，四方利通公司与美国华渊资讯公司合并成立新浪网，定位为门户网站。门户网站从成立伊始就把快速、及时的新闻信息发布作为立身之本，以争夺赖以生存的广告用户。随着互联网技术的进一步发展，以手机报为主的 SP 业务也成为媒体形式网络化的重要体现。

　　媒体融合发展阶段以媒体主体平台化为特征，微博等社交媒体快速崛起，逐步建立以用户生产内容为核心，以用户关系为连接的集内容生产、分发于一体的综合性平台，媒体主体需充分与互联网融合，利用平台优势打造新媒体产品。如传统媒体依托微博平台开设官方认证账号，在网络空间中继续维持主流媒体品牌效益，同时利用用户创造内容，使用户与传统媒体互为信源，增进共识。传统媒体开设的微信公众号则是利用微信所具有的点对点传播功能，依托庞大的社交关系网络，提升其内容的公信力、影响力和亲和力。同时，主流媒体还会利用今日头条等内容分发平台实现信息的精准推送，利用抖音等短视频平台增强内容的娱乐性和感染力。此外，也不乏一些传统媒体尝试脱离商业内容平台，建立新闻客户端等自主内容终端，实现内容生产与传播的自主可控。

我国媒体融合发展的过程中，互联网是非常关键的要素，它与传统媒体的互动是媒体融合发展的关键部分。我始终认为，媒体融合的本质是传统媒体的新媒体化，需要利用新媒体技术与新媒体特质帮助传统媒体跟上时代发展潮流，实现真正的融合。

二、媒体融合本质是新媒体化

访：当前媒体融合正在全国范围内如火如荼地展开，您觉得现在有哪些值得关注的融合模式？媒体融合应重点关注哪些方面？

谢：媒体融合没有一种模式是放之四海而皆准的，关键是要以问题为导向，看到模式背后的理念、逻辑及其具体执行和效果呈现，回答"该模式能否实现掌握话语权的终极要求""能否提升信息服务能力以增加用户黏性""能否优化经营管理模式以实现可持续发展""能否切实解决实际工作中的瓶颈和困难"等关键问题。应该鼓励各地各媒体根据自身能力和需求，因地制宜，精准融合，用发展的眼光看待发展中的问题。

2019 年年底，新华社成立了首个智能化编辑部，利用 AI 技术、大数据技术等建立了人工智能平台"媒体大脑"，新技术直接参与新闻生产与传播；新华社还联合搜狗公司推出了全球首个 AI 合成主播"新小萌"。这些全新尝试体现的是媒体融合的技术驱动特征，媒体融合应紧跟技术发展前沿。

2020 年 5 月，上海报业集团与东方网联合重组，前者拥有澎湃新闻、界面等优秀的新媒体产品，后者是全国重点新闻网站、新三板挂牌公司，二者强强联手，是地方媒体融合向纵深发展的典范。浙江日报报业集团采取了"互联网＋"多元化运营方式，重构信息传播渠道，建立起"三圈环流"新媒体矩阵。一些地市采取"市县联动"的方式，通过资源整合，打造兼具信息服务能力和地方特色的综合平台，实现规模效益和品牌效益。这些探索的背后，是从横向或纵向上对传播体系的优化，也是推动媒体融合向纵深发展的题中之义。

在具体的内容生产与传播上，伴随移动互联网的发展，移动端已成为许多报道的首发渠道。以"两会"报道为例，过去传统媒体多选择在网页端进行"新媒体报道"的首发，近年来新华社、央视、《人民日报》等主流媒体则纷纷确定了"新媒体移动优先报道方案"，在微博、微信、客户端等平台实现"两会"资讯的实时推送，然后在网站上登出全面、完整的报道信息，筛选其中一部分与深入追踪报道构成传统端的内容信息，由此形成"移动端讲快、网页端讲全、传统端讲深"的梯度报道格局，既保证了平台内容的差异化，又实现了传播效果的最大化。

从这些案例能够发现，面对新媒体的冲击，传统媒体一方面开始主动运用新媒体技术以革新自身的内容生产与传播方式，另一方面也转换了自己的经营视角，更面向市场、面向用户，在新媒体的助力下思路更为开阔。以用户为导向的媒体融合发展思路正在被更多主流媒体所接受，并运用于实践之中。

访："两微一端"已经成为媒体融合的"标配"，您认为建好"两微一端"是否意味着融合成功？

谢："两微一端一号"是当下最为主流、最具规模的媒体融合实践做法，其初衷是借助新媒体技术手段，让主流声音占领网络舆论场。目前大部分媒体机构对媒体融合的理解仍仅限于跟风式的媒体渠道扩展，以平台粉丝数去衡量内容的传播效果，这实际上曲解了媒体融合最终掌握话语权的真正要求。

根据我们对近二十家媒体机构的调研结果看，他们虽均基本完成"一个媒体机构＋多个社会化媒体平台"的"1＋N"建设，甚至有的已经形成体系化、层级化的新媒体传播路径与传播效果评估方法，但绝大多数平台建设呈现出只看数量、不看效果的盲目扩张态势。有相当一部分媒体机构因社会化媒体平台准入门槛低，要求部门机关无论大小都进行"两微一端一号"建设，并认为平台数量达标才是衡量媒体融合成功的重要标准；平台运营手段也仅停留在以"新平台＋传统内容"为主要形式，以"占领"社会化媒体平台为主要手段的简单相加阶段，缺乏对用户需求的针对性考察；各平台间存在内容的机械搬运，内容同质化严重，造成不必要的资源浪费和用户分流；媒体机构内部鲜有对新媒体平台运营策略的培训，平台运营缺乏长期系统的规划，"僵尸号"现象泛滥。

上述问题的出现，归根结底是对媒体融合缺乏深刻认识。对于媒体融合

244

的理解过于简单化，仅停留在"概念"本身，知道"要融合"，但不知道"为什么要融合""融合了能怎么样"以及"怎样融合"。媒体融合应有问题意识，利用新媒体技术和平台的最终落脚点是推动问题的解决。所谓"新媒体化"，不只在于利用新媒体平台进行内容传播，更重要的是借鉴新媒体的平台运营方式、内容生产和传播方式、经营管理方式，创新传播策略，提高传播效果，探索多元化经营模式，实现自我革新，提升造血能力，促进可持续发展。

三、融合向纵深发展，体制机制改革势在必行

访：您在很多场合都强调过体制机制改革对我国媒体融合发展的重要性，您认为当前主流媒体融合是否完成了符合融合发展要求的体制改革？

谢：概括而言，当前融合模式还难以应对市场环境。自2009年起，我国媒体机构尝试转向现代企业制度，股份制改造从未停歇，意图运用上市融资等经济手段，增强市场竞争力与媒体影响力。经营模式融合的理想状态是为媒体机构整体融合发展提供必要的资金支持，颠覆传统盈利模式，做出真正适应市场规律、符合用户需求的产品。然而目前我国媒体机构依然存在靠国家补助、只求社会效益的尴尬局面，媒体融合迫使他们进入市场，却难以承受市场的竞争与压力。

它主要涉及两方面问题，一是媒体自我改革的进程，二是外部挑战。

媒体的自我改革主要指转企改制。它是经营模式融合的改革路径，在媒体融合的整体布局中承担资本积累的重要角色，也是达成媒体融合最终目标的必经之路。过去媒体机构依靠政府拨款与广告收益维持生计，转企改制的主要目的是扭转媒体机构单一盈利模式，通过股份制企业改革，发行股票进行直接融资，获得长期稳定的资本性资金；同时将重新获得的资金投入内容产品研发中，增强市场竞争力，形成资本积累的良性循环，改善媒体机构的经营模式。

经营融合的外部挑战主要指互联网企业进驻媒体市场。它是经营模式融合的现实挑战。随着媒体机构逐步进入市场，以转企改制为核心的经营模式融合取得阶段性成效，但与此同时，互联网企业快速崛起，不断重构着媒体

行业的产业链条，以多元化、扁平化特征冲击着内容生产方式、传播渠道、用户需求与经营模式。另外，近年来，互联网企业凭借海量用户基础，着力建设基于人际关系的内容平台，用户在其中承担内容生产与内容传播的双重角色，这在一定程度上削减了媒体机构专业化的优势。互联网企业携带充足的资本力量，以合作、投资、收购甚至创业的方式角逐媒体市场，不断扩大着各自的媒体版图。腾讯于2006年与《重庆商报》展开合作成立地方门户网站"大渝网"，随后这种模式在全国推广，如"大浙网""大楚网"等，其中，腾讯控股超过50%的地方门户不在少数；阿里巴巴则从2013年开始逐步投资或收购各类娱乐、财经、科技等垂直领域媒体，整体收购了第一财经、《南华早报》等较为成熟的大型媒体集团，将媒体机构的内容优势带入企业其他领域；百度作为目前国内用户量最大的搜索引擎，也是大多数媒体机构内容合作导流的重要平台。抖音和快手这类短视频平台也有中央媒体的入驻，如央视新闻、新闻联播的抖音、快手账号都已拥有千万粉丝。

互联网企业抢滩传统媒体市场的速度，远远超过媒体机构转企改制进程，这一现象已经引起许多媒体从业者的担忧，媒体融合面临着来自市场竞争的现实挑战。

访：您可否从体制机制的角度，谈谈是什么原因导致当前媒体融合未获得理想效果？

谢：概括而言，主要由于缺乏理念和机制的全面创新，所以，媒体融合工作并未获得理想的效果。具体可以从以下几个方面探讨。

一是媒体管理理念未能实现"新媒体化"。有的媒体机构不重视新媒体的业务，将推进媒体融合当作一项政治任务来完成，为了融合而融合。对新媒体的重视仅仅停留在口号上和文件里，传统媒体仍是主体，新媒体仅是作为信息搜集的补充手段，忽视了新媒体在媒体融合中的核心地位和作用，也就没能将新媒体的思维渗透至具体业务层面。有的媒体领导用管理传统媒体的思维与经验来管理新媒体，往往在传统媒体业务与新媒体业务之间人为设置壁垒，以条块分割的思路来管理新媒体业务，视网络事件如洪水猛兽，对待复杂的网络传播现象采取"一刀切"的管理方式。这种"官僚主义"和"长官意志"与互联网的"草根属性"格格不入。

　　二是体制壁垒根深蒂固，难以形成全盘格局。我国传统媒体大多在国家事业单位体制内进行管理，而互联网新媒体则是从市场环境中发展起来的，体制的不同导致了新旧媒体存在资源与地位上的不对等。虽然国家在媒体融合方面加大了投入，但正如我刚刚所说的，一些媒体的传统思想观念没有转变，始终把传统媒体作为主体和主导，把新媒体业务作为附属和附庸，人力、物力、财力集中在传统业务上，新媒体业务得不到必要的政策和资源支持。

　　三是缺乏符合实际情况的创新性融合设计。媒体改革和融合的路径探索还处于模仿和摸索阶段，例如"中央厨房"模式一经提出，各媒体纷纷效仿，有的甚至盲目照搬，却不问这种模式是否真正符合本媒体的实际情况。目前传统媒体的融合思路没有打开，还是主要采取"增量改革"的方式，缺乏创新式、越顶式的全盘设计。各模块之间貌合神离，对内容缺乏有效整合，没有形成信息共融共享的统一平台。改革不愿意触碰庞大的传统媒体业务，难以见到大刀阔斧的媒体融合创新。追根究底，媒体融合发展缺乏市场机制和用户导向，传统媒体同时背负着经济压力和政治任务，改革动力不足。

　　总体上，现在各家媒体的内容生产、发布、传播大都从传统媒体的视角出发，并没有严格按照网络传播的规律来运营新媒体产品。实际上，互联网讲究的是市场化、产业化程度，而传统媒体重视的是媒介程度。传统媒体和新媒体的运作模式不同，要想真正进入互联网产业，就要主动适应这一产业的游戏规则。

四、寻求融合突破

访： 看来，媒体融合并非易事，您觉得需要从哪些方面寻求突破？

　　谢： 媒体融合推进中遇到的困难千差万别，而且，媒体融合并非单一的目标与结果，而是动态发展的过程。因此，很难一概而论。不管是学者还是媒体从业者，对媒体融合的理解都是一个循序渐进、不断修正的过程。推进媒体融合的具体思路，也需要审时度势、因时而动。突破当前媒体融合工作中名大于实的发展瓶颈，需要借助来自政府、学界、媒体从业者的协同力量，从内容生产、平台整合、管理理念和体制等方面进行协同创新。

第一，政府的管理重点由过程管理向宏观管理与效果管理转变，建立以结果为导向的管理体制，让政府和媒体在媒体融合发展中各归其位。具体来说，政府管理从具体的业务指导和干预中抽身出来，将主要精力放在上游的顶层设计和下游的效能评估上，在中游的实施阶段，应将尽量多的主动权放归媒体，充分发挥市场的竞合机制，尊重市场的喜好和用户的选择。

第二，积极推进媒体管理体制创新，建立现代企业制度，摒弃对新旧媒体的差别对待。将当前修修补补的增量改革，变为猛药去疴的存量改革。在生产、传播、技术、经营、营销等各个环节进行专业化运作。对传统媒体业务和新媒体业务一视同仁，促进二者优势互补，既要用新媒体技术改造传统媒体业务，又要在新媒体业务中借鉴传统媒体业务的专业优势。着手解决传统媒体由于体制原因所遗留的各种历史问题，例如离退人员安置，职能部门冗余等，减轻负担，轻装上阵。

第三，探索建立基于社会效益与经济效益双重标准的退出机制，集中优势资源发展创新型媒体。针对当前传统媒体产能过剩、尾大不掉的问题，从市场效益的角度出发，建立淘汰机制和退出机制，对无法适应市场要求和新媒体发展趋势的媒体机构果断"劝退"。在强调经济效益的同时，不放松对社会效益的要求，在市场逻辑与政治逻辑之间找到平衡点。坚守底线，不失本心，有所为有所不为。

第四，从以渠道为导向的平台扩张，转向以内容为核心的平台整合，丰富产品与服务形态，优化产业结构。新媒体的发展带来内容传播介质、呈现方式和产品形态的快速革新，新的媒介产品、媒介业务不断出现，持续冲击着传统的媒体产业结构。媒体融合应是建立在理念、技术、平台、内容、服务等多个层面创新基础上的产业融合、系统融合。媒体管理者要以更开放的心态，采用多种方式灵活、大胆吸纳有影响力的互联网媒体和自媒体。与有影响力的第三方新媒体平台展开合作，既要造势，也要借势。

第五，把媒体资源向新媒体业务倾斜，在人力、物力、财力和话语权上赋予新媒体作为主要渠道的优先性。将重点资源、精锐团队用在新媒体业务的第一线，给予新媒体部门充足的话语权和决策权，充分发掘新媒体的活力与创造力。在人才选拔上，应不拘一格，善用老人，敢用新人，完善激励机制，让员工和媒体成为命运共同体，激发媒体从业者学习和拓展新媒体技能的积极性。

媒体融合所关注的不仅仅是简单的业务叠加，也不仅仅是某一个媒体组织的市场命运，而是要求每一位研究者、决策者和执行者站在媒体生态和信息循环的视角，对媒体产业与非媒体产业的联结和渗透，对媒体转型与社会变革的交织和共鸣做出思考和判断。

访谈时间：初访于 2018 年 12 月 20 日，补访于 2020 年 6 月 5 日

后　记

　　互联网是 20 世纪最伟大的发明之一，以空前的连接能力改变了信息传播模式、资源分配方式和社会组织形式，不仅渗透进生产生活的各个方面，也深刻影响着国际政治格局。从 1994 年中国通过一条 64K 的国际专线全功能接入国际互联网开始，互联网已经从信息存储与传播的工具逐步演变为媒介、平台、空间与社会。尽管中国接入互联网的时间并不长，但历史进程却是风云激荡的，积淀也厚重而深远。人们对于历史的遗忘是快速的，互联网的发展亟待有人去记录和传承。对于互联网的研究，我们利用史学和跨学科方法，主要有两条路径，一是收集、考据文献史料，二是利用活史料，即访谈，来还原真实的历史。

　　北京大学新媒体研究院谢新洲教授团队从 2013 年开始，在大量收集、梳理文献史料的基础上，尝试利用深度访谈的方法为这段波澜壮阔的历史归位。研究团队至今已访谈 200 余人，从中发现媒体融合是访谈对象聚焦的话题，同时也是理解互联网重塑互动方式、社会关系、社会结构的一个绝佳侧面。

　　本书按照时间线索，共分为报网互动、台网互动、网络论坛、数字出版、新闻门户、全媒体、内容聚合平台、县域媒体融合和理论探索 9 章，以此串联起丰富而生动的一手访谈资料，揭示出媒体融合在我国的源起与发展路径。本书涉及的访谈对象共 31 人，其中既有中央及地方媒体的从业人员，也有商业平台的从业人员，还包括一些对媒体融合进行了深入观察和研究的学者。他们绝大多数都具有从传统媒体向新兴媒体转型的个人经历，他们是媒体融合的见证者，更是参与者和推动者，他们的人生道路也在融合的探索中改变了方向。和这些在不同阶段有影响力的人物进行对话，重现丰富多彩的历史画面，记录求索者刻骨铭心的记忆，倾听实践者和思想者深刻的体察。本书既关注宏观层面媒体融合发展的历程，描述发展图景，提供有益经验，也关心微观层面个人的每一份思考与努力。

由于本书访谈持续时间较长，每个人的身份都可能发生改变，均以书中标注为准。感谢所有的访谈对象在百忙之中抽空接受我们的访谈，并包容我们在成稿和校对期间的多番叨扰。与你们的交谈本身已使我们受益良多，若能有幸借由本书留下你们的洞见，向外界展现这段泪水与汗水交织的奋斗历程，也算是我们为媒体融合作出的微薄贡献。

感谢为了这个课题付出努力的所有老师、同学。本书由谢新洲组织统筹访谈工作并主笔编写，参与访谈的有陈春彦、杜智涛、田丽、王玮、黄杨、杜燕、林彦君、朱垚颖、石林、宋琢、杨璐、陈佩贤、李冰、李昊、李雨昂、李昕、师振伟、张翼、赵丹彤、梅元龙、严开、熊倚加、黄雨婷、曾轲、张博令、柴玥儿、孙艳鹏、曾卓、张博诚、沈漪澜，参与编写的有陈春彦、黄杨、石林、杜燕、宋琢、林彦君、温婧、朱垚颖、袁圆。本书为国家自然科学基金重点项目"新媒体发展管理理论与政策研究"（项目编号：71633001）的研究成果之一。

最后要感谢所有曾经或正在为媒体融合而不懈求索的人。由于时间和精力有限，本书无法将这些人一一囊括。风起于青萍之末，浪成于微澜之间。媒体融合固然是历史的选择，受制于中国特色传媒体制的框架，但正是你们一点一滴的探索，让我们看到了媒体人的主体性、价值感如何被激发，又如何在政治和经济的夹缝中从细微处影响这艘巨轮的航向。

凡是过往，皆为序章。本书目的不在于对已然发生的事情盖棺定论，对于媒体融合这样一场尚未完成的轰轰烈烈的实践，我们永远满怀热忱，迎接它展开新的篇章。